혼자가 편한
사람들

내향인의 잠재력을 높여주는 책

혼자가 편한
사람들

도리스 메르틴 지음 | 강희진 옮김

비전코리아

Contents

PART

2

내향인은
절대
약하지 않다

내향인 장점
극대화하기

PART

3

더 이상
두려움은
없다

내향인 콤플렉스
활용하기

| 자신에게 맞는 독서법 안내 |

내향성에 관한 다양한 관점을 모두 알고 싶다면, 이 책을 처음부터 끝까지 꼼꼼히 읽는 것이 정석이다. 하지만 그럴 만한 시간이 없다면 자신의 유형에 맞는 부분들만 선별하여 읽어도 된다. 각 챕터가 시작될 때마다 '주도형 / 섬세형 / 비범형 / 은둔형' 중 주로 어느 유형에 해당되는 내용인지를 도표로 표시해 두었다. 혹은 아래를 참조하여 자신의 유형에 해당되는 내용들을 골라서 읽을 수도 있다. 각 유형 뒤에 나오는 숫자들은 이 책의 면수가 아니라 각 챕터 넘버임을 참고하기 바란다.

주도형master-mind: 1, 4, 5, 8, 10, 11, 12, 14, 17, 19, 20, 21, 22, 24, 26, 27, 28, 30, 32, 33, 36, 39, 41, 42, 43, 44, 45, 47, 49, 50, 51, 58, 59

비범형nerd: 1, 2, 4, 5, 8, 10, 12, 13, 14, 16, 17, 21, 22, 25, 27, 28, 29, 30, 33, 34, 36, 39, 40, 42, 43, 45, 46, 48, 50, 52, 55, 56, 58, 60

섬세형highly-sensitive: 1, 3, 5, 6, 7, 8, 9, 10, 11, 15, 18, 19, 20, 23, 24, 26, 27, 30, 31, 32, 33, 35, 37, 38, 41, 42, 43, 44, 47, 48, 49, 50, 51, 53, 54, 56, 57, 58, 61

은둔형cocooned: 1, 2, 3, 5, 6, 7, 8, 9, 10, 13, 15, 16, 18, 20, 23, 24, 25, 27, 29, 30, 31, 33, 34, 35, 38, 42, 43, 46, 47, 48, 49, 50, 53, 54, 55, 56, 57, 58, 62

내향인의,
내향인에 의한,
내향인을 위한 책

> 굳이 입을 열어야 할 필요는 없다.
> 말없이도 원하는 것을 얻을 수 있다.

책이나 영화에서 우리는 '조용한' 사람들을 많이 보아 왔다. 감수성이 지나치리만치 풍부한 괴테의 베르테르가 그랬고, 말수 적은 제인 오스틴의 다아시Mr. Darcy가 그랬다. 《해리 포터Harry Potter》 시리즈의 헤르미온느 그레인저와 《헝거 게임The Hunger Games》 시리즈의 논리적이면서 신중한 여주인공 캣니스 에버딘도 그랬다.

실존 인물들 중에서도 그런 사람들을 어렵지 않게 찾아볼 수 있다. 영화배우 엠마 왓슨, 골프 선수 마르틴 카이머, 패션 디자이너 가브리엘레 슈트렐레, 페이스북 창시자 마크 주커버그, 독일 최초의 여자 총리 앙겔라 메르켈에게는 한 가지 공통점이 있다. 바로 말없이 조용히 자신의 목표를 달성한다는 것이다. 그들의 사생활은 철저히 베일에 둘러싸여 있다. 젠체하지도 않고 가식도 없다. 모두 다 사회적으로 성공했고, 그래서 많은 이들의 관심을 받고 있으며, 대체로 유쾌한 성격들이다. 그럼에도 불구하고 매우 겸손하고 매사에 조심스럽다. 부끄러움을 심하게 많이 탄다는 느낌이 들 정도다. 한마디로 '내향적', '내성적'이다.

'내향적인'이라는 뜻을 가진 독일어 '인트로버티어트introvertiert'는 '안'을 뜻하는 라틴어 '인트로intro'와 '향하다, 돌리다'를 뜻하는 '베르테레vertere'가 합쳐진 단어로, 말 그대로 '안쪽으로 향해 있다'는 뜻을 지녔다.

내향적(내성적)인 사람들을 굳이 멀리서 찾을 필요도 없다. 우리 주변에도 많은데, 다음과 같은 성향을 보인다면 내향인이 분명하다.

- 아무도 자기한테 말을 걸지 않고, 누구도 어깨너머로 자기가 뭘 하는지 훔쳐보지 않을 때 비로소 집중이 되고 머리가 잘 돌아간다는 이유로 남들보다 일찍 출근하는 여직원
- 번뜩이는 아이디어로 회사를 '히든 챔피언hidden champion(규모는 작아도 경쟁력 있는 우량기업)'으로 이끌었지만, 임직원 앞에서 프레젠테이션을 하거나 회식 자리에서 잠깐 일어나 간단한 인사말을 하라고 하면 귀까지 빨개지는 IT 전문가
- 방과 후 친구의 생일 파티에 가거나 함께 어울려 공을 차는 대신 자기 방에 틀어박혀 상상의 세계로 빠져드는 아이
- 청중이 빽빽이 들어찬 넓은 강당에서 강연하는 것보다 몇 명이 나누는 가벼운 수다를 더 두려워하는 인기 강연자
- 놀이터에서 자녀들이 뛰노는 동안 다른 엄마들과 수다를 떨기

보다는 들고 온 잡지책에 몰입하는 엄마
- 부하 직원의 건의를 일단은 잠자코 듣기만 하다가 나중에 혼자가 되었을 때 그 사안에 대해 심각하게 고민한 뒤 이메일을 통해 해당 직원에게 "정말 괜찮은 아이디어인 것 같군. 좀 더 연구해 보게나!"라고 지시하는 상사
- 평소엔 말수가 적다가도 사이클이나 알프스 등정 등 자기가 관심 있는 분야에 대한 얘기가 나오면 갑자기 활기를 띠는 친구

눈에 띄지 않게 한 걸음 뒤로 물러서 있기를 좋아하는 내향인의 성향은 요즘 시대가 요구하는 이상과는 거리가 멀다. 요즘 사회는 쾌활하고, 발랄하고, 쉽게 다가갈 수 있고, 타인과의 대화를 즐기는 사람을 요구한다. 하지만 내향적인 사람들은 등장하면서부터 큰 소리로 모두에게 인사를 건네는 법도, 갑자기 헛기침을 하며 자리에서 일어나 멋진 말들을 쏟아내는 법도 없다. 겉모습도 평범하기 짝이 없다.

이러한 '다름'은 외향인의 눈에는 이상하게만 보인다. 못마땅하기도 하고, 심지어 상대방이 나를 무시한다는 오해를 품기도 한다. 무슨 일이든 적극적으로 나서기 좋아하는 사람들에게는 묵묵히 자리를 지키는 사람들이 왠지 다가가기 힘든 사람, 뭔가 좀 이상한 사람쯤으로 보이게 마련이다. 만일 내향적인 사람이 어쩌다가 자신들보다 돈을 더 많이 벌거나, 더 빨리 승진하거나, 어떤 분야에서 자기들보다 더 뛰어난 감각을 발휘하기라도 하면 사태는 더 심각해진다. 이 경우 내향인은 금세 "돈 좀 있다고 잘난 척하네", "우리 같은 보통사람들은 상대조차 하기 싫다, 이거지!"라는 비난을 사게 된다.

사실 내향적인 사람, 소심한 사람, 예민한 사람들이라 해서 어떤 일에 기뻐할 줄 모르는 것은 아니다. 타인과의 접촉을 싫어하는 것도 아니다. 그냥 외향적인 사람과는 바라보는 방향이 다를 뿐이다. 심리학적으로뿐 아니라 생리학적으로도 차이가 있다. 그들은 태어날 때부터 이미 두뇌 활동이 더 발달되어 있고, 외부 자극에 민감하게 반응한다. 인지능력을 관장하는 신경전달물질, 즉 도파민에도 더 예민하게 반응하도록 태어난 것이다. 좀 더 쉽게 설명하면 다음과 같다.

말이 많은 이들은 자극과 흥분을 즐기는 반면, 말수가 적은 이들은 자극과 흥분이 조금만 지속되어도 금세 지쳐 버린다.

내향인은 오늘의 피로를 풀고 내일을 위한 에너지를 충전하기 위해 자기만의 시간과 공간을 필요로 한다. 외향인이 퇴근 후 동료들과 함께 밥을 먹은 후 여럿이 어울려 영화를 보러 간다면, 내향인은 최소한 회식 자리를 거부하지는 않지만 그 이후에는 집에 가서 혼자 조용히 TV를 보거나 영화를 감상하고 싶어 한다. 세상이 싫거나, 사람이 싫거나, 대화가 싫어서가 아니다. 자기만의 시간과 공간이 반드시 필요하기 때문이다. 외향인이 시끌벅적한 생일 파티를 좋아하고 친구는 많을수록 좋다고 생각하는 반면, 내향인은 혼자 있을 때 혹은 둘이 있을 때 가장 행복하고, '소수 정예'의 친구만 있으면 된다고 생각하기 때문이다.

내향인과 외향인이 세상을 인식하고 받아들이는 방법에는 너무나도 큰 차이가 있다. 외계인과 지구인의 차이라 해도 좋을 만큼 서로의 거리가 멀게 느껴질 때도 많다. 내향인 중에는 주변 세상을 둘러 보며, "여긴 내가 있을 곳이 절대 아니야"라고 생각하는 이들도 있다. 또 많은 내향인이 고속철 안에서 끊임없이 울려 대는 휴대전화 벨소 리나 사흘 내내 '부어라 마셔라'를 반복하는 친한 친구의 결혼 파티 같은 것들로부터 불쾌감이나 불편함을 느낀다.

"세상은 아무래도 나처럼 조용한 사람보다는 목소리 큰 이들을 위 한 무대인 것만 같아!"

그런데 이제 시대가 조금씩 달라지고 있다. 수잔 케인Susan Cain의 《콰이어트Quiet》와 실비아 뢰켄Sylvia Löhken의 《조용한 사람 큰 영향Leise Menschen》이 베스트셀러를 기록한 이후, 내향성과 외향성의 차이가 사 회적 이슈로 대두되었다. 해당 주제는 〈슈피겔Der Spiegel〉이나 〈타임 매 거진Time Magazine〉의 표지도 장식했다. 안젤리나 졸리 같은 유명 인사나 아이폰 같은 최신 상품의 전용 공간을 내향인이 비집고 들어간 것이 다. 이후, 경제계는 눈에 잘 띄지 않는 외톨이들이 외향적인 직원들보 다 조금 더 합리적이고, 창의적이고, 공감능력도 뛰어나다는 사실에 눈길을 돌리기 시작했다.

아직은 내향인의 전성시대가 도래했다고 주장할 수는 없다. 그러 기엔 아직 부족한 게 많고, 너무 앞서가는 느낌이다. 하지만 내향적인 사람들을 보는 시선이 예전과 달라진 것만큼은 분명하다. 외향인들 의 생각이 달라진 것이 그러한 변화의 원인들 중 하나일지도 모르겠 다. 요즘 시대에 넘쳐나는 번아웃burn-out 현상과 스트레스, 언제 어디 서든 연락 가능한 상태를 유지해야 한다는 강박관념 등에 시달리면 서 외향인들의 생각도 많이 달라진 것이다.

이제 외향인들도 안다.

즐거운 삶, 깊이 있는 삶, 지치지 않은 삶을 살기 위해서는 마음의 재생과 내적인 행복이 반드시 필요하다는 것을!

베스트셀러 작가 엘리자베스 길버트Elizabeth Gilbert는 자전적 이야기를 담은 《먹고, 기도하고, 사랑하라Eat, Pray, Love》에서 매우 탁월한 방식으로 내향성에 대해 서술했다. 작가는 인도 아쉬람에서 침묵과 침잠 속에서 여유를 찾을 수 있다는 사실을 깨달았고, 거기에서 치유를 얻었다. 그녀는 은밀하게 말한다.

"그리하여 나는 앞으로 더 이상 아쉬람에서 어떤 파티에도 참가하지 않기로 결심했다. 여기저기 쫓아다니는 것도 그만두고, 시시콜콜한 농담을 주고받으며 수다를 떠는 일에도 종지부를 찍기로 했다. 나는 스포트라이트를 받을 필요도 없고, 주변 모든 대화에 내가 끼어들 이유도 없다. 약간의 인정을 받겠답시고 '입으로 탭댄스를 출' 이유도 없다. 이제 달라져야 할 때가 왔다."[1]

스타 작가인 파울로 코엘료Paulo Coelho도 그만의 탁월한 언어로 명상과 침잠이 삶을 긍정적으로 변화시킨다는 사실을 백만 명에 가까운 독자들에게 설득시켰다.

조용한 사람들에겐 느림의 미학이나 명상의 필요성을 자세히 설명할 필요가 없다. 조용한 성격의 소유자들은 원래부터 혼자 있는 것을 즐긴다. 프랑스의 샹송 가수이자 작곡가인 조르주 무스타키Georges Moustaki의 〈나의 고독Ma Solitude〉이라는 노래가사에 그러한 내향인의 성향이 매우 잘 묘사돼 있다.

"그것(고독)은 나의 여자친구가 되었어, 마치 부드러운 습관처럼…… (중략) ……아냐, 난 결코 혼자가 아냐, 내 고독이 함께하니까 (Je m'en suis fait presqu'une amie / Une douce habitude / ……Non, je ne suis jamail seul / Avec ma solitude)."

내향인의 뇌는 몇 날 며칠 이어지는 휴식을 완벽한 즐거움으로 인식한다. 어쩌다가 자기 능력 이상으로 무리를 할 경우, 내향인의 뇌는 모든 것을 내려놓고 잠시 숨을 고르라는 신호를 끊임없이 내보낸다. 이와 달리 외향인은 아름다움을 즐기거나 힐링의 시간을 갖기 위해 특별히 따로 결심을 하고, 다이어리에 표시도 하고, 결국 인터넷을 끊거나 며칠간 금언 수행을 하면서 그 결심을 실행에 옮긴다. 이러한 행위들은 내향인에게는 지극히 평범한 일상에 지나지 않는다.

한편, 바쁜 일상에서 이따금씩 벗어나 에너지를 재충전하면서 내향인은 다음과 같은 장점들을 축적한다.

**정확한 상황 분석력, 어떤 사안에 심층적으로 접근하는 능력,
남의 말에 사려 깊게 귀 기울이는 능력, 갈등을 지양하는 성향,
체계적으로 일을 처리하는 능력, 세부적인 사항까지 파악하는 능력,
눈에 보이고 손에 잡힐 만큼 확실한 결과물들을 제시하는 능력,
자주적으로 사고하고 행동하는 능력,
위기를 기회로 전환시키는 능력, 비밀 준수 능력,
자기 자신을 실제 자신의 능력 이상으로 포장하지 않는 겸손함**

이 모두가 비록 화려하지는 않지만 상대방에게 확신을 심어 주는

덕목들이다.

그런데 요즘처럼 요란하게 돌아가는 세상에선 그것만으로는 충분치 않다. 현대 사회를 살아가는 우리 대부분은 인간관계를 넓혀야 하는 부담감, 늘 어떤 일의 중심에 서야 한다는 부담감, 끊임없이 자기 PR을 해야 하는 부담감에 시달린다. 외향인조차도 때로는 버겁게 느낄 정도다. 그래도 외향인의 상황은 내향인에 비해 훨씬 낫다.

내향인은 자기 자랑이나 포장 분야에 있어서는 그야말로 '젬병'이다. 목소리를 조금 내는가 싶다가도 금세 꼬리를 감추고 만다. 그게다 그냥 조용히 살고 싶은 게 진짜 마음인데, 사회적 요구 때문에 어쩔 수 없이 자신을 드러내기 때문이다. 하지만 요즘 사회는 내향인에게 선택의 기회를 주지 않는다. 따라서 내향인은 타고난 성향을 거스르지 않는 동시에 사회적 요구에도 발맞추는 방식으로 일하고, 살고, 소통할 길을 찾아야만 한다. 그렇지 않으면 금세 존재감 없는 사람으로 전락하고 만다.

이 책이 궁극적으로 목표하는 바도 내향인으로 하여금 지식, 확신 그리고 전략을 통해 자신을 좀 더 드러내는 방법, 상대방에게 깊은 인상을 심어 주는 방법을 깨닫게 하는 것이다. 다시 말해 지식, 확신, 전략을 통해 '조용한 승리'를 이루게 하려는 것이다.

- **지식**: 이 책을 통해 독자들이 내향성의 다양한 의미를 조명하고, 내향인의 전형적 유전자(내향인 유전자, 즉 IntroDNA©)를 자기 판단과 계발의 도구로 적극 활용할 수 있게 되기를 희망한다.
- **확신**: 이 책을 통해 독자들이 자기 안의 내향적인 성향들을 타

고난 중대한 '밑천'으로 생각할 수 있게 되기를, 다시 말해 신중함과 자주성, 예리함과 창의성의 원천으로 인식할 수 있게 되기를 희망한다.

- **전략**: 이 책을 통해 독자들이 자기만의 내향적 재능을 십분 발휘하고 강화하는 방법을 발견하기 바란다. 나아가 느리지만 꾸준하게 타고난 성격을 극복하고 한 걸음 더 발전할 수 있는 계기를 마련하게 되기를 희망한다.

마하트마 간디는 "조용한 방식으로 세상을 변화시킬 수 있다"라고 말했다. 흔히들 외향적 성격만이 요즘 세상에 적합하다고 믿지만 내향적 성격 속에도 매우 많은 장점들이 내포되어 있다. 크게 외쳐야만 세상에 자기를 알릴 수 있는 것은 아니다. 그 사실은 이미 영화감독 알프레드 히치콕과 가수 마이클 잭슨, '로리오트Loriot'라는 별명으로 더 잘 알려진 비코 폰 뷜로우⦁를 통해 증명되었다. 영화감독이자 배우인 소피아 코폴라, 소설가 조앤 K. 롤링, 싱어송라이터 앨라니스 모리셋의 삶은 그 사실을 증명하는 살아 있는 증거들이다.

내향인이 자기만의 고유한 방식으로 위대한 일을 해낸다는 사실을 입증한 사례는 그 외에도 무수히 많다. 물론 내향인이 외향인보다 더 뛰어나거나 더 잘났다는 말은 아니다. 외향인이 해낼 수 있는 일이라면 내향인도 분명 해낼 수 있다는 뜻이다.

⦁ 비코 폰 뷜로우(Vicco von Bülow: 1923~2011)는 문학, 만화, 영화, 연극 등 다방면에서 재능을 보여 준 독일의 풍자가이자 종합예술인이다.

세상에는
많은 내향인이 있다
: 내향인 유전자 분석하기

내향인이라고
모두 다 같지 않다

내향인 중에도 남의 말에 진심으로 귀 기울여 주는 이들이 있는가 하면, 감정이입이라고는 전혀 할 줄 모르고 오직 자기 분야에 대한 지식만 훤한 이들도 있다. 마음이 비단결처럼 고운 사람이 있는가 하면, 성격이 과묵하고 신중한 사람도 있다. 또 멋진 발명가도 있고, 생각이 깊고 오묘한 이들도 있으며, 숨은 실력가도 있고, 소심한 성격이지만 사회적으로 성공한 이들도 있다. 타인의 마음을 잘 헤아리는 따스한 성품의 소유자들도 있다.

어떤 내향인은 자기 PR에 실패해서 결국 자기 능력 이하의 업무에 만족하며 살아가고, 어떤 내향인은 조용히 스타트업start-up 기업을 운영하다가 어느 날 갑자기 백만장자 대열에 이름을 올리기도 한다. 수수께끼 같은 인물인 칼 라거펠트Karl Lagerfeld(독일 출신의 패션 디자이너)

도 내향인에 속하고, 현대판 신데렐라 신화를 이뤄 낸 영국의 전 왕세자비 다이애나 스펜서나 현 왕세손비 케이트 미들턴도 내향인에 속한다. 지금까지 열거한 이들 사이에 눈에 띄는 공통점은 없다. 즉 내향인에도 여러 유형이 있으며, 다들 저마다의 방식으로 내향성을 표현하고 있다. 주변 사람들 눈에 전혀 내향인으로 비치지 않는 내향인도 있다는 말이다.

내향인의 개념

'내향적'이라는 개념은 1920년대, 스위스의 심리분석학자 카를 구스타프 융Carl Gustav Jung이 처음 사용했다. 융은 행동양식이 외부로 향한 이들은 '외향적extraverted', 내부로 향한 이들은 '내향적introverted'이라 정의 내렸다. 그러면서 한 가지 단서를 달았다. 내향성과 외향성, 이 둘 중 하나로만 똘똘 뭉친 사람은 아무도 없으며, 비중에 차이가 있을 뿐 우리 모두는 두 가지 성향 모두를 지니고 있다는 내용이었다. 이에 따라 융은 외향성과 내향성이라는 두 가지 요소를 다시 쪼개어 총 8가지 유형의 모델을 제안했다. 그중 넷은 외향적인 면이 강한 유형이고, 나머지 넷은 내향적인 면모가 더 강조된 유형이었다.[2]

미국의 모녀 연구팀 캐서린 쿡 브릭스Katherine Cook Briggs와 이사벨 브릭스 마이어스Isabel Briggs Myers는 이러한 융의 심리유형론에 기반해 '마이어스-브릭스 유형 지표MBTI, Myers-Briggs Type Indicator'라는 모델을 개발했다. MBTI는 인간의 성격을 총 16가지 유형으로 구분한 일종의 성격

테스트로, 8개는 외향성, 8개는 내향성에 초점을 맞춘 모델이다. 현재 MBTI는 전 세계적으로 가장 많이 활용되는 성격 분석 도구이고, 특히 인적 자원 관리 분야에서 자주 활용되고 있다.

MBTI 모델이 개발되던 시점과 거의 비슷한 시기에 독일 출신의 영국 심리학자 한스 위르겐 아이젠크Hans Jürgen Eysenck도 외향성과 내향성이라는 서로 대비되는 한 쌍의 성격 유형에 관한 연구에 착수했다. 아이젠크는 외향인과 내향인의 행동방식의 차이를 생물학적으로 설명하고자 했으며, 내향인의 뇌가 외향인의 뇌보다 자극에 더 민감하다는 가설을 제시했다. 아이젠크는 또 '신경증neurotism'이라는 개념을 도입하면서 '①감정이 안정적인 외향인, ②감정이 안정적인 내향인, ③감정이 불안정한 외향인, ④감정이 불안정한 내향인'이라는 4개의 카테고리도 고안했다.

오늘날 외향성과 내향성이라는 두 가지 특성은 성격 분석에 있어 없어서는 안 될 중요한 특징으로 자리 잡았고, 빅 파이브Big 5 이론부터 DISCDominance, Influence, Steadiness, Conscientiousness 행동 유형 검사에 이르기까지 거의 모든 성격 분석 테스트에서 활용되고 있다.

내향인의 특징

이제 '내향적'이라는 단어를 모르는 사람은 거의 없다. 하지만 내향적이라는 말의 뜻을 물어보는 간단한 질문에 선뜻 답할 수 있는 사람도 거의 없다. 사실 지금까지도 내향적이라는 말에 대한 명쾌한 설명이나 정의는 제시되지 않았다.[3] 융과 아이젠크 그리고 노동심리학자인 막스 프라이드Max Freyd도 내향성 혹은 외향성 안에는 여러 가지 단면들이 포함되어 있다고 지적했다. 더 나아가 내향인의 대표적 특징이 비사교적이고, 소심하고, 남들보다 예민하고, 특이한 성격의 소유자인 것이라 설명했다.[4]

현대 심리학에서는 그중 몇몇 특징들을 따로 떼어 내어 특별히 그 부분만 집중적으로 연구하기도 하는데, 예컨대 다음과 같은 분야들이 해당된다.

고도의 섬세함 ┃ '섬세한 사람highly sensitive person' 이론을 처음으로 주장한 학자는 일레인 아론Elain Aron이다. 아론은 주변의 사소한 자극에도 과민한 반응을 보이는 이들을 '내향적' 혹은 '내성적'이라는 말 대신 '섬세한'이라는 형용사로 묘사해야 한다고 주장했다. 그러면서 아론은 두 가지 근거를 제시했다.

첫째, 내향적이라는 말 속에 부정적 뉘앙스가 내포되어 있고, 내향적이라는 말만으로는 민감한 인지능력이 단점인 동시에 장점도 된다는 사실을 전달하지 못한다는 것이었다. 둘째, 섬세한 사람들 중 70%만이 내향인이고, 나머지 30%는 오히려 외향인에 가깝다고 지적했다.[5] 하지만 몇몇 독설가들은 외향적 성격의 섬세한 사람들은 진짜 외향인이 아니라 타고난 내향성을 교묘하게 감추는 기술을 습득했을 뿐이라고 비판했다.

극도의 소심함 ┃ 내향성 전문가들은 내향성과 소심함이 '짝짝이 신발한 켤레'라고 입을 모은다.[6] 옳은 말이다. 내향인이라 해서 무조건 타인 앞에서 불안해하는 것은 아니고, 외향인도 때로는 수줍음을 타거나 소심해질 수 있기 때문이다. 유명 할리우드 배우 바브라 스트라이샌드가 그 대표적인 사례다. 하지만 하버드대학교의 심리학자 제롬 케이건Jerome Kagan은 소심한 사람이 곧 내향적인 경우가 대부분이라는 입장을 철저하게 고수하고 있다. 케이건은 또 소심함은 이제 우리 사회 곳곳에서 볼 수 있는 일상적 현상이 되었다고 지적한다. 실제로 사회심리학자들의 주장에 따르면, 현대인 둘 중 한 명은 스스로가 소심하다고 믿는다고 한다.

바보 증후군 | 신경정신학자 제니퍼 그라임스Jennifer O. Grimes는 자신의 연구 논문에서 극심한 내향성이 아스퍼거 증후군asperger-syndrome과 유사한 면을 지니고 있다는 가설을 제시했다. 나아가 이러한 '가벼운' 자폐 증세를 보인 대표적인 사례로 아인슈타인과 히치콕, 베토벤을 꼽았다. 아스퍼거 증후군 환자들의 대표적인 특징은 타인으로의 감정이입을 매우 힘들어 한다는 것인데, 개중에는 수학·과학·기술 분야에 뛰어난 재능을 보이는 이들이 많다고 한다. 그 때문에 아스퍼거 증후군을 '바보 증후군nerd syndrome' 혹은 '작은 교수 증후군little professor syndrome'이라 부르기도 한다.[7]

은둔형 외톨이 | 최근에는 내향적이라는 말이 제니퍼 그라임스의 주장대로 '사회적 내향성'이라는 개념으로 그 범위가 점점 더 좁혀지고 있다. 왁자지껄한 파티나 사람이 많이 모이는 장소를 피하려는 이들

이 최근 들어 점점 늘어나면서 생긴 현상이다. 즉 내향인이라는 말이 남들 앞에 나서기 싫어하고, 말수가 적고, 혼자 있기를 좋아하는 은둔형 외톨이들을 지칭하는 말로 범위가 좁혀지고 있는 것이다.

단순히 학술적인 입장에서만 보면, 내향적이라는 개념을 쪼개고 또 쪼갠 뒤 자기 안으로 침잠하는 성향의 다양한 면모를 연구하는 게 더 편하고 정확할는지도 모르겠다. 하지만 사회적으로 볼 때 그러한 세분화는 다음과 같은 부정적 현상을 초래할 수 있다.

실제 우리 사회에서는 이제 '말이 적고 신중한 사람'과 '말이 많고 에너지가 넘치는 사람' 사이에 큰 차이가 없다고 간주하기 시작했다. 하지만 학술적 세분화가 내향인의 소외를 부추길 가능성이 높다.

예컨대 모든 자극에 극도로 세심한(=고도로 예민한) 이들과 한 분야만 파고들면서 나머지 세상사에는 무관심한 이들이 공동의 목표를 향해 함께 나아가는 대신 서로 대립각을 세우게 될 수도 있다는 것이다. 사실, 알고 보면 그 두 그룹 사이에 현격한 차이는 없다. 두 유형 모두 조용하고 침착하다는 점에서 오히려 닮은 점이 더 많다고 할 수 있다. 나아가 실제로는 소심하고 내성적인 성격이라 하더라도 사회적으로 자신이 그렇게 평가받기를 원하는 사람은 아무도 없다. 적어도 요즘 서구 사회에서는 말이다.

인류의 발달을 추구하는 학술 연구가 오히려 부작용을 낳을 수 있다. 이렇게 너무 심하게 세분화하다 보면 여러 유형의 내향인 사이에 차이점보다는 공통점이 더 많다는 사실을 망각할 수 있기 때문이다. 극도로 예민한 부류에 속한 사람이든, 심하게 소심한 사람이든, 가벼운 자폐 증세를 지닌 천재든, 세상과 단절된 은둔형이든, 그 모두가 주변 세상에 어떻게든 적응을 해나가고 있다.

하지만 우리 사회는 내성적인 사람들을 과소평가하는 경향이 있고, 자기들과 다르다는 이유로 이상하게 쳐다본다. 〈슈피겔〉의 케르스틴 쿨만Kerstin Kullmann 기자는 조용한 성품을 지닌 내향인이야말로 '이 시대에 필요한 바람직한 인간상'이라 칭하기도 했지만,[8] 우리 사회는 결코 그렇게 생각하지 않는 듯하다.

한편, 유럽 최대의 자동차 부품 제조업체인 ZF그룹의 인사부장 베른하르트 바이게르트Bernhard Weigert는 "지원자가 약간 소심한 사람인지, 극심한 내향인인지 여부는 채용을 결정할 때 전혀 영향을 미치지 않습니다. 외모나 행동 등 겉모습만으로는 두 유형이 매우 유사해 보이기 때문입니다"라는 말로 서로 다른 내향인 사이에 그다지 큰 차이가 없음을 확인해 주었다.

그 말은 곧 내향인들 사이에 분열이 일어나서는 안 된다는 뜻이다. 외향인과 똑같이 인정받고, 똑같은 기회를 누리고 싶다면 내향인끼리의 미세한 차이들에도 불구하고 하나로 뭉쳐야 한다. 뭉쳐야 힘을 발휘할 수 있기 때문이다. 사실 사회 전체적으로 볼 때 외향인의 숫자가 내향인보다 많은 건 사실이지만, 그 차이가 결코 매우 크지는 않다.[9]

게다가 적어도 셋 중 하나는, 심지어 둘 중 하나는 외향인보다 내

향인을 선호한다.

따라서 나 역시 서로 다른 유형의 내향인들 간의 미세한 차이보다는 전반적인 개념을 더 중시하기로 결심했다. 나아가 이 책에서 말하는 '내향인'이란 외향인에 비해 '비교적' 성격이 차분하고 목소리가 크지 않은 이들, 광범위한 인간관계를 비교적 싫어하는 이들, 떠들썩한 모임을 비교적 싫어하는 이들, 어떤 자리에서건 나서거나 튀기를 비교적 싫어하는 이들을 의미하는 것이다. 조용한 내향인 안에는 분명 커다란 잠재력이 내재되어 있다. 그러한 힘이 없었다면 'E=mc^2'이라는 공식도, 페이스북이나 해리 포터, 슈만의 교향곡 제1번 '봄'도 탄생하지 않았을 것이다.

내향인의 네 가지 유형

내향인들은 모두 같은 편에 서 있다. 하지만 내향인이라 해서 다 같은 내향인은 아니다. 당장 눈에 띄는 차이만 해도 두 가지가 있다. 그 하나는 '우뇌형'과 '좌뇌형'의 차이다. 우뇌형 내향인은 정보를 주관적-직관적으로 처리하는 반면, 좌뇌형 내향인은 객관적-분석적이다. 두 번째 차이는 대인관계 및 사회생활 분야에 해당하는 것으로, 타인과의 관계에서 당당한 내향인이 있는가 하면, 대인관계 자체를 힘들어 하는 내향인도 있다. 그 두 가지 기준을 활용하면 다음과 같이 총 네 가지 내향인들의 기본적 행동양식이 도출된다.

- **주도형**master-mind: 객관적 성격, 이성적 행동양식, 대인관계에 자신감이 있음
- **섬세형**highly-sensitive: 감수성 풍부, 감성적 행동양식, 대인관계에 자신감이 있음
- **비범형**nerd: 매우 논리적, 이성적 행동양식, 대인관계에 자신감이 없음
- **은둔형**cocooned: 소심한 성격, 감성적 행동양식, 대인관계에 자신감이 없음

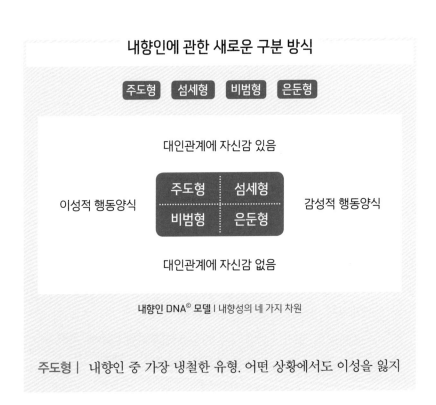

내향인에 관한 새로운 구분 방식

주도형 섬세형 비범형 은둔형

대인관계에 자신감 있음

이성적 행동양식	주도형	섬세형	감성적 행동양식
	비범형	은둔형	

대인관계에 자신감 없음

내향인 DNA© 모델 | 내향성의 네 가지 차원

주도형 | 내향인 중 가장 냉철한 유형. 어떤 상황에서도 이성을 잃지

않고, 사려 깊고, 책임감으로 똘똘 뭉친 이들이 주도형에 속한다. 주도형 내향인은 냉철한 논리를 기반으로 직업과 가정을 꾸려 나간다. 목표가 정해지면 반드시 달성하고, 뇌물 따위에 결코 흔들리지 않는다. 주도형 내향인은 대인관계에 있어서도 상황에 맞게 잘 대처하는 편이며, '사회적 포식자' 유형과는 거리가 멀다. 그럼에도 불구하고 매우 자주적이다. 이 유형에 해당하는 유명인으로는 독일 총리인 앙겔라 메르켈이 있다. 메르켈 총리는 '알파걸alpha girl(사회에서 능력을 인정받는 엘리트 여성)'만이 세상에서 가장 큰 권력을 쥔 여성이 될 수 있다는 항간의 고정관념을 깨뜨린 산 증인이기도 하다.

섬세형 | 섬세형 내향인에게는 일종의 육감 같은 게 있다. 인지능력이 남다르기 때문에 삶과 예술, 자연 등에서 남들은 간과하는 색다른 매력을 발견하는 재주를 지니고 있기도 하다. 또 섬세형 내향인은 탁월한 관찰자들로, 주변 사람들의 기분이나 상황을 직관적으로 올바르게 판단한다. 하지만 지나치게 예민한 신경계를 지니고 있는 탓에 쉽게 상처를 받기도 한다. 그 때문에 섬세형 내향인은 때로 피곤한 타입, 시큰둥한 타입이라는 오해를 사기도 한다. 이 유형에 해당하는 가장 유명한 인물은 아마도 덴마크의 동화작가 안데르센의 작품(《공주와 완두콩The Princess and the Pea》) 속에서 완두콩 한 알 때문에 밤잠을 이루지 못했던 공주일 것이다.

비범형 | 비범형 내향인에게는 주변 사람들을 헷갈리게 만드는 구석이 있다. 천재인가 싶어서 다시 들여다보면 뭔가 좀 모자라는 듯한

인상을 주기 때문이다. 비범형 내향인은 수줍음은 많지만 비범한 능력을 지닌 고집쟁이다. 자기 분야만큼은 확실하게 꿰뚫고 있지만, 왠지 모르게 괴짜처럼 느껴지는 이들이 이 유형에 해당된다. 비범형 내향인은 자기가 관심 있는 분야만큼은 철저하게 파고들고, 그 모든 시스템이 어떻게 돌아가는지를 알고 싶어 하고, 자기만의 규율을 정해 두는 동시에 타인이 정해 놓은 규준과 한계는 그다지 중요하게 여기지 않는다. 이 유형에 해당되는 가장 유명한 인물은 빌 게이츠다. 2013년, 빌 게이츠는 〈포브스Forbes〉가 정한 세계 최고의 부자 대열에 다시금 이름을 올렸다. 어떻게 보면 이 유형의 내향인을 '비범함'이라는 한 단어로 뭉뚱그리는 것은 적절치 않다. 그보다는 비록 고독을 즐기고 가끔 괴짜 같은 행동을 보이기는 하지만, 적어도 자기 분야에 있어서만큼은 논리적으로 사고하고 창의력을 발휘하는 천재쯤으로 이해하는 것이 좋을 듯하다.[10]

은둔형 | 대인관계를 특히 심각하게 받아들이고, 외부로부터의 비판을 극도로 두려워한다. 그 때문에 은둔형 내향인은 친한 친구나 아주 가까운 사람들과 함께할 때 가장 큰 편안함을 느낀다. 직장에서도 서열과 업무가 확고하게 지정되고 배정되는 것을 선호한다. 은둔형 내향인은 집이든, 직장이든 한번 정착하면 쉽게 떠나려 들지 않고, 주변 사람을 세심하게 돌보는 경향이 있으며, 특히 친한 몇몇과의 관계를 소중히 여긴다. 하지만 이 유형의 내향인은 고정관념에 사로잡혀 있을 때가 많고, 스포트라이트를 극도로 싫어하며, 자신의 사생활을 보호하기 위해 어떠한 노력도 불사한다. 이 유형에 속하는 유명 인사로

는 영국의 윌리엄 왕세손과 그의 아내 케이트를 꼽을 수 있다. 하지만 그 둘은 이러한 자신들의 성향과는 상관없이 신중하게 자신들의 책무를 소화하고 있고, 장차 자신들이 감당해야 할지도 모를 왕실의 법도와 업무도 차근차근 배워 가고 있다.

내향인을 분석하는 테스트

앞에서 확인했듯이, 내향인 DNA$^©$ 모델에서는 내향인의 행동 유형을 네 가지로 구분한다. 해당 모델의 바탕이 된 두 가지는 DISC[11]와 MBTI[12] 모델이었는데, 이 둘과 마찬가지로 내향인 DNA$^©$ 모델 역시 한 사람을 무조건 한 카테고리에 집어넣으려 하지 않는다. 그러기에는 외향인이든, 내향인이든 저마다의 개성이 너무 강하고, 내향인 안에서도 차이가 많기 때문이다. 이에 따라 내향인 DNA$^©$ 모델에서는 내성적인 사람들의 인성 구조를 보다 정확하게 파악할 수 있는 현실적인 도구를 개발한다는 데 초점을 맞추었다.

물론 내향인 DNA$^©$ 모델이 내향인을 구분하고 분석하는 최초의 인성 모델은 아니다. 하지만 오직 내향인만 목표로 삼았다는 점에서 특별하다 할 수 있다. 적어도 그 방면에 있어서는 분명 최초의 모델이다.

내향인 DNA$^©$ 모델은 내향적 특징들만을 기준으로 내향인을 네 가지 유형(주도형, 섬세형, 비범형, 은둔형)으로 구분한 최초의 모델이다.

다시 말해 내향인 DNA© 모델은 오직 내향인을 돕기 위해 특별히 고안된 모델이다. 내향인 DNA© 모델의 목표는 내향인으로 하여금 자기 자신 및 자신의 능력을 보다 명료하게 파악하고, 그 결과를 기반으로 자기계발에 매진하게끔 하는 것이다.

참고로 독자들은 특별히 자신의 유형과 더 많이 일치하는 부분, 자신에게 가장 도움이 될 만한 부분만 추출해서 선별적으로 읽을 수 있다. 혹은 내용 전체를 내리읽되, 자신에게 가장 유익한 부분을 좀 더 주의 깊게 살펴볼 수도 있다. 그것을 바탕으로 생활 방식이나 의사소통 방식, 일 처리 방식, 자기표현 방식 등 다양한 방면에서 자신에게 필요한 소양들을 집중적으로 계발할 수 있다.

내향성 테스트하기

내향인 DNA© 테스트를 통해 자신이 어떤 유형의 내향인이고, 그러한 자신의 성향이 실제 삶에 어떤 영향을 미치는지, 나아가 어떤 부분을 집중적으로 공략해야 자기발전에 도움이 될지 등을 파악할 수 있다. 테스트 방식은 기존의 테스트들과는 조금 다르다. 기존의 많은 테스트에서는 네 개의 항목 중 자신에게 해당되는 항목이 두 개 이상일 때에도 무조건 하나만 골라야 했다. 반면, 내향인 DNA© 테스트에서는 네 개의 항목 각각에 대해 점수를 매긴다.

- 네 개의 항목 중 자신의 성격 및 행동양식에 가장 부합되는 항

목에는 최고점, 즉 4점을 부여한다.

- 자신의 성격 및 행동양식과 가장 거리가 먼 항목에는 최저점, 즉 1점을 부여한다.
- 남은 두 개의 항목 중 자신의 성격 및 행동양식과 비교적 가까운 항목에는 3점, 비교적 거리가 먼 항목에는 2점을 매긴다.

이때 명심해야 할 사항은, 바람직하다고 생각되는 모습이나 자신이 되고 싶은 모습이 아니라 직관적 감정과 사고에 따라 즉흥적으로 답변을 해야 한다는 점이다.

질문

자신의 성격 및 행동양식과의 부합 정도에 따라 각각의 항목에 점수를 매겨 보자. 반드시 모든 항목에 1~4까지 점수를 매겨야 하며, 이때 점수는 중복될 수 없다.

4점 = 가장 잘 부합됨
3점 = 대체로 부합됨
2점 = 조금 부합됨
1점 = 거의 부합되지 않음

---

1. 다음 덕목들 중 가장 마음에 드는 것은?

① 정의로움, 장기적 시각, 영감靈感

② 침착함, 상황 파악, 성찰

③ 가능성, 효율, 기능

④ 진지함, 조화, 관심

2. 학회에 참가하게 되었다. 강연 시작 전에 내가 취할 행동은 다음 중 무엇인가?

① 주요 거래처 파트너 세 명과 인사를 나누고, 나머지 사람들에게도 친절하게 고개를 끄덕여 인사를 건네며 자리에 앉은 뒤 강연 내용에 집중한다.

② 아는 사람이 아무도 없어 불편하다. 남들은 둘러서서 얘기를 나누

고 있지만, 나는 어딘가를 배회하다가 강연이 시작되기 직전 적당
한 자리에 앉는다.

③ 강연을 앞두고 너무 많은 청중들이 강의실 앞에 몰려 있다. 그래
서 거래처 파트너에게 좀 더 조용한 정원 쪽으로 가서 대화를 나
누자고 제안한다.

④ 강연이 시작되기 전 모두가 인사를 나누는 시간을 이용해 어느 전
문가에게 그간 늘 궁금했지만 스스로 답을 찾을 수 없었던 질문들
을 건넨다.

3. **스몰토크** small talk (가벼운 대화, 잡담)에 대한 내 견해는?

① 쓸데없는 말장난에 불과하다.

② 반드시 필요한 과정이다.

③ 에너지 낭비에 지나지 않는다.

④ 생각만 해도 끔찍하다.

4. 중학교 3학년 여자아이들에게 내 전문 분야에 대해 강의해 달라는 요
청을 받았다. 이때 나의 반응은?

① 문제없다. 흔쾌히 수락한다. 내 전문 분야에 관해서라면 몇 시간이
고 떠들 수 있다.

② 다행히 이런 경우를 대비해 이미 강연용 자료들을 준비해 두었다.

③ 현재 진행 중인 프로젝트 때문에 도저히 시간을 낼 수 없다고 설
명하며 거절한다.

④ 그 나이 때 내가 궁금했던 게 무엇인지부터 되짚어 본다.

5. 이웃이 최근 강아지 한 마리를 키우기 시작했다. 그런데 강아지 짖는 소리 때문에 밤마다 제대로 잠을 이룰 수가 없다. 이때 나의 반응은?

① 참는다. 시간이 지나면 적응될 것이다.

② 아주 작은 소리에도 예민하게 반응하는 편이어서 정말 괴롭다. 하지만 참을성 없는 사람이라는 인상을 주기는 싫으므로 어떤 방법이 가장 좋을지 한참을 두고 고민할 것이다.

③ 누군가 다른 사람이 먼저 나서 주기를 기다린다. 정 참기 힘들 땐 창문을 닫고 잔다.

④ 아직 어린 강아지니까 일단 기다려 본다. 시간이 지나도 아무런 변화가 없으면 적어도 밤에는 조용히 시켜 달라고 부탁해 본다.

6. 팀워크 관련 세미나에서 실시간 역할극을 하게 되었다. 네 명의 동료들과 함께 닫힌 공간에서 어떤 업무를 처리해야 하는데, 이때 내가 취하는 태도는?

① 협력이 잘 이뤄지도록 중간에서 조정자 역할을 수행하고, 체계적으로 업무가 진행될 수 있도록 배려한다.

② 팀원들 모두가 현재 상황을 제대로 파악할 수 있도록 지금까지 내가 찾아낸 사실과 풀어낸 해결책들을 계속 정리하고 알려 준다.

③ 구석에 앉아서 일이 진행되는 과정을 묵묵히 관찰한다.

④ 나머지 팀원들이 찾아낸 내용과 결과물들을 공부하며 자신을 업그레이드한다.

7. 주요 인사들이 참가하는 어느 모임에 초대를 받았다. 이때 나의 반응은?

① 해당 모임에서 어떤 얘기가 오가고, 어떤 과제와 의무들이 발생되는지 노련하게 관찰한다.

② 일단 초대를 수락한다. 그런 모임은 일과 관련해 매우 높은 가치를 지녔기 때문이다.

③ 아무리 주요 인사들의 모임이라 하더라도 전문가들의 모임이 아닌 이상 관심이 없다. 이미 내 분야 전문가들과는 꽤 넓은 인맥을 형성하고 있다.

④ 초대해 준 것에 대해서는 감사인사를 전하되, 개인 사정으로 참가할 수 없다며 거절한다.

8. 아래의 부정적 성향들 중 내게 가장 해당되는 항목은? 또 가장 해당되지 않은 항목은 어느 것인가?

① 겁이 많다.

② 고집이 세다.

③ 지나칠 정도로 냉담하다.

④ 쉽게 흥분한다.

9. 친구가 결혼식 준비를 도와 달라고 한다. 다음 중 내 재능에 가장 부합되는 역할은?

① 요리 솜씨를 발휘하여 웨딩 케이크를 굽는다.

② 결혼식에 참가하기 위해 먼 곳에서 온 손님들의 숙소를 예약한다.

③ 청첩장 디자인을 책임진다.

④ 결혼식에서 하면 재미있을 것 같은 게임 몇 가지를 준비한다.

10. 다음 중 가장 마음에 드는 인용구는?

① "집에 있을 때만큼 편안할 때는 없어요." - 제인 오스틴

② "최상의 아이디어는 고독할 때 떠오른다네." - 토마스 에디슨

③ "난 사교성이 없는 게 아니야. 그냥 유저user 친화적이 아닐 뿐이
야!" - 어느 티셔츠에 새겨진 글귀

④ "저는 혼자 있는 게 좋아요. 혼자서 외출하는 것도 좋아요. 혼자서
강아지와 함께 오랫동안 산책하는 걸 좋아하고, 나무와 꽃들 그리
고 하늘을 들여다보는 걸 좋아해요." - 오드리 헵번

11. 어린 시절, 친구의 생일 파티에 초대받았을 때 가장 좋았던 기억은?
혹은 내가 주로 취한 행동은?

① 생일을 맞은 친구의 고모가 우리를 동화극 공연에 데려가 주셨는
데, 그때가 가장 좋았다.

② 보물찾기 게임에서 쪽지를 찾고, 거기에 적힌 퀴즈의 정답을 맞혔
을 때가 가장 좋았다.

③ 생일을 맞은 친구의 책장을 구경하면서 내가 좋아하는 책 속에 푹
빠지곤 했다.

④ 다른 친구들과 뚝 떨어져서 나 혼자 레고나 닌텐도 게임을 하곤
했다.

12. 동료들이 뒤에서 내 험담을 하는 걸 우연히 들었다. 다음 중 나와 관련해 동료들이 가장 많이 할 법한 비난은?

① "……너무 예민해……."

② "……늘 무슨 꿍꿍이가 있는 것 같아……."

③ "……남들과 잘 어울리지 못해……."

④ "……완전 딴 세상에 사는 사람 같아……."

13. 이웃들과 마당에서 바비큐 파티를 하고 있는데, 내 관심사와 전혀 관계없는 이야기들만 오가고 있다. 이때 나는 어떻게 행동할까?

① 재미가 없어 지루하다고 솔직하게 말한 뒤 집으로 돌아온다.

② 이웃과의 관계를 생각해서 끝까지 파티에 남는다.

③ 몸은 그 자리에 머물되, 마음속으로는 딴생각을 한다.

④ 애매모호한 미소만 남기고 집으로 돌아온다.

14. 업무 회의에서 내가 주로 하는 행동은?

① 말을 아낀다. 좋은 아이디어가 떠오르더라도 상사에게 개인적으로 직접 제안한다.

② 늘 준비를 잘해 가는 편이고, 프레젠테이션도 자신 있고 간결하게 해낸다.

③ 동료들이 중대한 디테일을 놓치고 있다는 생각이 들면 그 즉시 내 의견을 피력한다.

④ 모두를 만족시킬 수 있는 공평한 솔루션이 문득 떠오를 때가 있다.

15. 다음 중 내가 좋아하는 부류는?

① 야단법석 떨지 않고 조용히 목표를 달성하는 사람

② 타인을 배려하고 모두를 포용하는 사람

③ 사려 깊고 예리한 유머 감각을 지닌 사람

④ 논리적으로 사고하고 이성적으로 대화하는 사람

16. 최고의 결과를 위해 내게 가장 필요한 환경은?

① 업무 기준과 과정이 명확해서 가시적 성과를 낼 수 있는 환경

② 누구도 나를 감시하지 않는 환경

③ 시간에 쫓기지 않고 편안하게 일할 수 있는 환경

④ 옆에서 이래라저래라 간섭하는 사람이 없는 환경

17. 사내 공모에 당첨되어 상품을 받게 되었다. 다음 중 가장 마음에 드는 상품은?

① 평소 배우고 싶었던 분야의 무료 강좌 수강권

② 인근 고급 웰빙 호텔 주말 숙박권(동반 1인 포함)

③ 유럽 내 대도시 중 한 곳에서 주말 내내 예술과 음악에 흠뻑 취할 수 있는 여행권

④ 한적한 바닷가 마을의 오두막집에서 월요일이나 화요일까지 푹 쉴 수 있는 휴가권(작은 통통배 한 척 무료 대여 포함)

18. 인턴사원 한 명을 뽑아야 한다. 다음 중 가장 마음에 드는 지원자는?

① 스물한 살에 이미 대학 졸업을 앞두고 있는 지원자

② 자신이 개발한 앱으로 공모전에서 수상한 지원자

③ 대화가 잘 통한다는 느낌이 드는 지원자

④ 학업과 병행하여 인명 구조 자격증까지 준비하고 있는 지원자

19. 다음 중 내가 보기에 가장 대인관계가 좋을 것 같은 사람은?

① 배려심과 정이 많은 사람

② 용모가 단정하고 깔끔한 사람

③ 직설적이고 단순한 사람

④ 친절하고 상냥한 사람

20. 다음 네 개의 그림 중 내 뇌의 상태를 가장 잘 표현한 것은?[13]

①

②

③

④

평가

자가진단 테스트 결과: 각 질문별 항목 옆에 각자가 매긴 점수들을 아래 도표에 기입하자.

	답변 ①	답변 ②	답변 ③	답변 ④
질문 1	♥ ( )점	☆ ( )점	▲ ( )점	♫ ( )점
질문 2	☆ ( )점	♫ ( )점	♥ ( )점	▲ ( )점
질문 3	▲ ( )점	☆ ( )점	♥ ( )점	♫ ( )점
질문 4	▲ ( )점	☆ ( )점	♫ ( )점	♥ ( )점
질문 5	▲ ( )점	♥ ( )점	♫ ( )점	☆ ( )점
질문 6	☆ ( )점	♫ ( )점	♥ ( )점	▲ ( )점
질문 7	♥ ( )점	☆ ( )점	▲ ( )점	♫ ( )점
질문 8	♫ ( )점	▲ ( )점	☆ ( )점	♥ ( )점
질문 9	♫ ( )점	☆ ( )점	♥ ( )점	▲ ( )점
질문 10	♫ ( )점	☆ ( )점	▲ ( )점	♥ ( )점
질문 11	♥ ( )점	☆ ( )점	♫ ( )점	▲ ( )점
질문 12	♥ ( )점	♫ ( )점	▲ ( )점	☆ ( )점
질문 13	▲ ( )점	♫ ( )점	☆ ( )점	♥ ( )점
질문 14	♫ ( )점	☆ ( )점	▲ ( )점	♥ ( )점
질문 15	☆ ( )점	♫ ( )점	♥ ( )점	▲ ( )점
질문 16	☆ ( )점	♫ ( )점	♥ ( )점	▲ ( )점
질문 17	▲ ( )점	♫ ( )점	♥ ( )점	☆ ( )점
질문 18	☆ ( )점	▲ ( )점	♥ ( )점	♫ ( )점
질문 19	♥ ( )점	☆ ( )점	▲ ( )점	♫ ( )점
질문 20	♫ ( )점	♥ ( )점	☆ ( )점	▲ ( )점

이제 각 모양별로 점수를 합산해 보자.

모양	합산 점수	유형
☆	( )점	주도형 내향인
♥	( )점	섬세형 내향인
▲	( )점	비범형 내향인
♬	( )점	은둔형 내향인

각각의 유형에 대한 점수가 산출되었다면, 이제 아래 그림 중 대각선
방향의 눈금 위에 자신이 획득한 유형별 점수의 위치를 표시한 다음
각 점들을 이어 보자.

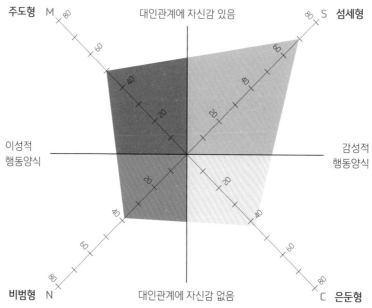

위 사례는 주도형 50점, 섬세형 70점, 비범형 37점, 은둔형 43점을 획득한 경우임

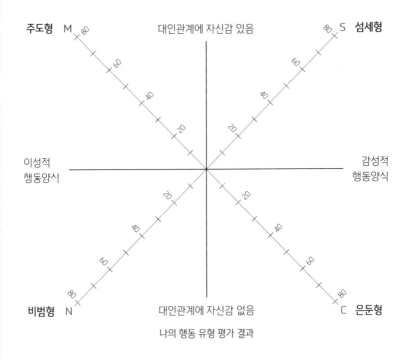

주도형 M 80   대인관계에 자신감 있음   80 S 섬세형

60   60

40   40

20   20

이성적
행동양시   감성적
행동양식

20   20

40   40

60   60

비범형 N 80   대인관계에 자신감 없음   80 C 은둔형

나의 행동 유형 평가 결과

가장 높은 점수를 기록한 유형이 자신의 대표적 유형이 되고, 나머지 유형에서 얻은 각각의 점수들은 자신이 나머지 유형의 성향을 얼마나 보이는지를 나타낸다. 다음에 이어지는 각 유형별 설명을 읽어 보면 자신이 왜 특정 유형에 점수가 높게 나왔는지 알 수 있을 것이다.

주도형: 냉철한 지도자

'주도형 내향인'의 대표적인 인물로 크리스토프라는 사람이 있다고 가정하자. 크리스토프는 부동산 및 노동자 인권 전문 변호사다. 아는 것도 많고 할 수 있는 것도 많다. 책도 많이 읽는다. 특히 자서전이나 정치 관련 서적들을 좋아한다. 법정에서는 당당하고 자신 있게 의뢰인들을 변호한다. 크리스토프가 작성한 변론들은 풍부한 지식과 심오한 분석에 근거한 것들이다.

그런 크리스토프도 감정기복이 심한 의뢰인 앞에서는 속수무책이다. 도대체 어떻게 대응해야 할지 막막하기만 하다. 자신이 할 수 있는 최선의 방법은 현재 고객이 처한 상황을 냉철하게 분석하는 데 도움이 될 만한 딱딱한 질문들을 일단 뒤로 미룬 채 고객이 흥분을 가라앉힐 때까지 조용히 얘기를 들어주는 것이다.

일이 없을 때 크리스토프는 짬짬이 피아노 연주 실력을 가다듬고, 주말이면 가장 친한 친구 한 명과 등산을 하며 맑은 정신을 유지한다. 산에 오르는 동안 둘 사이에 대화는 그리 많이 오가지 않는다. 두 사람 모두 걷기에만 집중하며 머릿속에 엉켜 있던 생각들을 정리하고 안정을 되찾는다.

아내와의 관계도 매우 좋은 편이다. 아내 이외에 크리스토프가 애정을 가장 많이 느끼는 대상은 첫째 딸이다. 대학생인 크리스토프의 첫째 딸은 공부도 열심히 하고, 아빠와 마찬가지로 클래식에도 매우 심취해 있다. 둘째 딸은 사실 마음에 들지 않는 구석이 많다. 대학 입시를 치른 지 일 년이 다 되어 가건만 아직도 전공 분야를 결정하지 못했다. 게다가 하루가 멀다 하고 친구들을 집으로 불러들인다. 그 친구들 역시 둘째 딸아이와 마찬가지로 하릴없이 허송세월을 보내는 한심한 애들이다. 다행히 형편이 허락되어 비교적 큰 집을 마련할 수 있었고, 그래서 집 안에 딸아이 친구들이 아무리 버글거려도 자기만의 공간에서 쉴 수 있다는 사실에 크리스토프는 그저 감사할 따름이다.

크리스토프와 같은 주도형 내향인은 우뇌형보다 좌뇌형인 경우가 많고, 정서적으로도 매우 안정돼 있다.

다시 말해 생각이 체계적이고, 표현이 분명하며, 신중하고 절제된 반응을 보인다는 것이다. 감정기복도 거의 없어서 상대방이 신뢰를 느끼게 만드는데, 이는 아마도 외부 자극에 쉽게 흥분하지 않는 대뇌변연계limbic system를 타고났기 때문인 것으로 판단된다.[14]

주도형 내향인은 뛰어난 관찰력을 지녔고, 남의 말을 경청할 줄 알며, 체계적이고 조직적으로 일을 진행할 수 있다는 특징을 지니고 있다. 그렇게 볼 때 내향인 DNA© 모델에서 말하는 네 가지 유형 중 주도형 내향인이 고전적 의미에서의 내향인에 가장 가깝다고 할 수 있다. 주도형 내향인은 책임의식도 강해서 지도자 역할을 담당할 때가 많고, 침착하고 사려 깊은 판단 및 행동 덕분에 주변 사람들로부터 인정도 받는다. 주도형 내향인의 가치관 역시 안정과 꾸준함에 기반을 두고 있다. 내적 감정의 변화를 겉으로 드러내거나 남들 앞에서 자기 자신을 과시하는 행위와는 거리가 멀다. 하지만 자기 안으로 깊이 숨어들고 생각에 잠겨 있을 때가 많아서 인간관계는 그리 원만치 못하다. 주변 사람들이 거리를 두려 할 때가 많고, "인간적인 면이 부족하다", "정이 없다"라는 비판을 받을 때도 많다.

주도형 내향인은 직장생활, 대인관계 등에 있어서 '함께 살아가는 사회'가 정한 규칙들을 대체로 잘 지키는 편이다. 하지만 사생활 면에 있어서는 비슷한 지위를 지닌 외향인에 비해 대인관계나 이미지 관리에 그다지 신경을 쓰지 않는 편이다.

독일의 일간지 〈쥐트도이체 차이퉁Süddeutsche Zeitung〉의 슈테판 클라인 기자는 "앙겔라 메르켈은 빙빙 돌려서 말을 하거나 미사여구를 많이 사용하는 사람이 아니다. 시시콜콜한 잡담 역시 그다지 중요하게 여기지 않는다"라고 썼다. 메르켈은 기본적으로 옷이나 장신구, 기타 자신의 지위를 상징할 수 있는 물건들에 공을 들이는 타입이 아니다. 그럼에도 불구하고 메르켈은 상대방에게 확신을 심어 주고 싶다면 부드러운 미소와 깔끔한 정장 슈트, 단정한 헤어스타일이 필수라는 점을 모를 정도로 명청하진 않다.

기·억 노·트　　　　　내향성에 관한 다양한 관점을 모두 알고 싶다면 처음부터 끝까지 정독을 하는 것이 정석이다. 하지만 그 내용들을 모두 다 꼼꼼히 읽을 시간이 없다면 자신의 유형에 맞는 부분들만 선별하여 읽어도 된다. 이로써 자신의 생활 방식, 의사소통 방식, 자기표현 방식 등을 개선할 수 있는 출발점을 발견하고 그 결과를 몸소 느낄 수 있다. 단, 한 가지 유형만 지닌 내향인은 거의 없다는 점을 명심해야 한다. 즉 자기 안에 깃든 두 번째로 강한 유형에 대한 내용도 함께 학습하고, 이를 통해 더 많은 개선을 이뤄내야 하는 것이다.

섬세형: 감각이 발달한 심미주의자

'섬세형 내향인'의 대표적 인물은 이자벨이라고 해두자. 이자벨은 자신이 지나치게 예민하고 어떤 일을 하든 쉽게 지치는 유형이라고 오랫동안 믿어 왔다. 하지만 이제는 자신이 '섬세한' 사람, 즉 감각이 지나치게 발달된 사람이라고 생각한다.

이자벨은 남들이 미처 맡지 못하는 냄새도 맡을 수 있고, 남들 귀에는 들리지 않는 소리도 똑똑히 들을 수 있다. 사소한 불편 사항들도 남들보다 빨리 인식하는 편인데, 그것 때문에 신경이 거슬릴 때가 한두 번이 아니었다. 아이들에게 일어나는 사소한 변화들도 지진계처럼 예민하게 감지했고, 다가올 위험을 예감한 적도 많았다. 그런데 그게 도움이 된 적도 있지만, 반대로 아이들의 신경을 거슬린 적도 있었다. 물론 좋은 것, 아름다운 것에 대한 감각도 예민하다. 가족 중 그 누구도 이자벨만큼 깊이 있게 공연을 감상하는 사람이 없고, 적당한 분위기를 연출해 내는 분야에 있어서도 친구들 중에서 이자벨이 단연 최고다.

그러한 그녀의 예민한 감각이 직장생활에서는 큰 도움이 된다. 이자벨은 프리랜서 그래픽디자이너로, 여러 출판사와 거래하며 각종 서적의 표지 디자인을 맡고 있다. 프리랜서인 데다가 창작 분야에 종사한다는 특징 덕분에 이자벨은 늘 자기만의 독창적 아이디어를 실천에 옮길 수 있고, 업무 방식이나 시간도 자신의 생활 리듬이나 필요에 맞게 조절할 수 있다. 하고 싶은 일을 다 하고 꿈을 이루기에는 수입이 적은 것은 사실이지만, 그럼에도 불구하고 이자벨은 결코 조급해 하지 않는다. 더 나은 솔루션, 더 멋진 디자인을 위해서라면 기꺼이 더 많은 시간을 투자한다. 돈보다는 똑소리 나는 완벽한 일 처리가 더 중요하기 때문이다.

이자벨은 개인적으로 느림의 미학과 아름다운 것들을 매우 중시한다. 현재 살고 있는 집은 넓찍한 단독주택이 아니라 옆집과 벽이 붙어 있는 일종의 '땅콩주택'인데, 볕이 잘 들지 않는 데다가 다섯 명이 생활하기에는 작은 감이 없지 않다. 그래서 자기만의 시간이 필요할 때면 이어폰을 꽂고 작업에 몰두하거나 명상에 잠긴다. 동화 속 세계, 판타지 소설 속 세계로 빠져 들기도 한다. 옆집 남자아이의 바이올린 연습 소리도 이런 방식으로 피하고 있다. 이자벨은 언젠가 때가 되면 옆집 문을 두드리고 연습 시간에 제한을 두자고 협상할까 생각 중이다. 하지만 괜한 갈등만 초래할까 봐 겁이 나서 일단은 입을 다물기로 했다. 혹여 자신의 아들들도 나중에 옆집 아이처럼 하루 종일 어떤 악기를 연습하게 될 수도 있으니, 이 문제는 더더욱 신중히 접근해야 한다고 믿는다.

섬세형 내향인은 우뇌가 더 발달되어 있고, 외부 자극에 특히 더 민감하게 반응하는 경향이 있다.

몇몇 사람들에게서 이렇게 예민한 반응이 나타나는 원인에 대한 연구는 아직 초기 단계에 머물러 있다. 어떤 학자들은 대뇌로부터의 자극을 억제하고 조절해야 할 시상하부가 수많은 신호들을 모두 다 중대한 신호로 판단하고 여과 없이 우리의 인식 속으로 전달하기 때문이라 주장한다. 또 다른 학자들은 스트레스 호르몬인 코르티솔cortisol이 너무 많이 분비되거나 유전자에 변형이 생긴 것을 원인으로 지목하고 있다. 2011년에는 지나치게 예민한 사람들의 경우, 세로토닌 유전자 한 개와 도파민 유전자 여러 개가 나머지 사람들과 다른 방식으로 형성되어 있다는 주장이 제기되기도 했다.

섬세형 내향인은 타인에게 감정이입을 매우 잘하는 편이다. 직관적 상황 판단에도 능하고, 어떤 사안을 바라볼 때 한 가지 단면이 아니라 그 안에 내포된 다양한 단면들을 통틀어 관찰하는 편이다. 하지만 그 모든 장점들은 거꾸로 단점이 되기도 한다. 신경이 예민한 탓에 남들보다 지구력이 뒤처지고, 쉽게 피로감을 느끼며, 자기 자신 및 타인에 대한 기대심리가 너무 큰 경향도 없지 않다. 가족 중에, 혹은 동료 중에 이런 사람이 있으면 주변 사람들이 힘들어 하는 것도 그 때문이다.

토마스 만Thomas Mann은 자신의 피로한 신경과 예민한 감각을 엄청난 인지력으로 승화시키며 위대한 작품을 탄생시켰다. 하지만 그 뒤에는 주변 모든 환경을 자신의 심리적, 정서적 안정에 도움이 되는 방향으로 조율하기 위한 엄청난 노력이 숨어 있었다. 토마스 만에게는 여섯 명의 자녀가 있었지만 집안이 절대 시끌벅적한 법이 없었고, 외부와 차단된 집필 공간이 확보된 상태였다. 거기에 조밀하게 짜 놓은 일과표까지 더해진 덕분에 비로소 위대한 작품이 탄생될 수 있었다. 작가의 1933년 5월 4일자 일기에는 이렇게 기록되어 있었다. "중요한 건 어디가 됐든 내가 편히 쉬고, 긴장을 풀고, 마음을 다지고, 균형 잡힌 일과를 유지할 수 있는 장소가 필요하다는 것, 즉 내게 유익한 삶의 질서가 필요하다는 것이다."

기·억 노·트 내향성에 관한 다양한 관점을 모두 알고 싶다면 처음부터 끝까지 정독을 하는 것이 정석이다. 하지만 그 내용들을 모두 다 꼼꼼히 읽을 시간이 없다면 자신의 유형에 맞는 부분들만 선별하여 읽어도 된다. 이로써 자신의 생활 방식, 의사소통 방식, 자기표현 방식 등을 개선할 수 있는 출발점을 발견하고 그 결과를 몸소 느낄 수 있다. 단, 한 가지 유형만 지닌 내향인은 거의 없다는 점을 명심해야 한다. 즉 자기 안에 깃든 두 번째로 강한 유형에 대한 내용도 함께 학습하고, 이를 통해 더 많은 개선을 이뤄내야 하는 것이다.

비범형: 외톨이형 천재

'비범형 내향인'의 대표적 인물은 루카스라고 하자. 루카스는 삼십대 후반의 사업가로, 영화 촬영이 끝난 뒤의 후반 작업을 담당하는 업체를 운영하고 있다. 대학교를 중퇴한 뒤 역시나 대학을 중퇴한 친구 한 명과 집 뒤편 헛간에서 이따금씩 각종 기계를 만지며 놀았을 뿐인데, 그게 전 세계적으로 이름 난 CG(컴퓨터그래픽스) 전문 기업의 효시가 되었다. 그야말로 틈새시장을 제대로 공략한 것이었다. 루카스는 열 살 때부터 이미 액션 영화나 영화 속 각종 효과 장치에 관심이 많았다. 이제 루카스의 거래처 고객들은 루카스를 해당 분야의 스티브 잡스쯤으로 여긴다. 그만큼 자신의 분야에서 인정받고 있다.

루카스는 그러한 거물급 평판을 담담하게 받아들인다. 실제로 루카스는 늘 완벽주의를 추구해 왔고, 내로라하는 전문 인력들만 엄선해서 고용했다. 물론 최고급 전문 인력들 역시 이따금씩은 초보자나 저지를 법한 실수를 범하기도 하는데, 그럴 때면 동업자인 친구가 중간에서 갈등을 조정했다. 루카스와 함께 사업을 시작한 그 친구는 경제 분야에도 매우 밝고, 회사 내에서 문제가 생길 때마다 중심을 잡아 주는 든든한 인물이다. 하지만 그 능력 있는 파트너조차도 루카스의 변덕은 말리지 못한다.

사실 루카스의 회사에서 처리하는 업무들은 매우 흥미진진하고, 회사 분위기도 꽤 가족적이다. 하지만 루카스는 동기들이 보는 앞에서 특정 직원을 나무라는 일이 잦았고, 그런 일이 반복되면서 결국 사표를 쓰는 직원들이 속출했다. 개중 많은 이들은 루카스의 회사로 다시 돌아왔다. 일 년에 두 번 열리는 성대한 파티문화가 떠난 직원들의 발걸음을 돌리게 만든 원동력 중 하나였다.

루카스는 가까운 사람들과 함께 있을 때면 긴장의 끈을 완전히 풀고 편안한 상태에서 자신의 모습을 숨김없이 드러낸다. 반면, 공적인 자리에서는 일종의 아웃사이더다. 남들이 흥미를 느끼는 일에 전혀 관심이 없고, 자신의 관심사 이외의 것에 전혀 호기심을 느끼지 못한다. 스몰토크 역시 알맹이 없는 시간 낭비에 불과하다고 생각한다. 그럼에도 불구하고 자기도 '소속 리그의 정규 멤버'가 되고 싶다는 마음은 늘 가슴 속에 품고 있다.

루카스와 같은 비범형 내향인은 대개 좌뇌형 인간인데, 매우 논리적으로 사고하고 규정을 중시한다.

문제는 아무리 애를 써도 타인의 생각이나 기분을 잘 파악하지 못한다는 것. 몇몇 학자들은 이 유형의 내향인이 가벼운 자폐 증세를 보인다고 주장하기도 하는데,[15] 아스퍼거 증후군 환자들과 마찬가지로 공감능력을 관장하는 편도체amygdala의 기능이 원활하지 않다는 뜻으로 해석할 수 있다. 유전적 문제도 배제할 수 없다. 캠브리지대학교 산하 자폐증 연구소Autisom Research Centre의 사이먼 배런코언Simon Baron-Cohen은 아스퍼거 증후군이 특히 수학자나 IT 전문가 가족들에게서 많이 나타난다고 지적했다. 저명인사 중에도 이러한 비범형 내향인이 많다. 베토벤, 아인슈타인, 알프레드 히치콕, 제인 오스틴, 마릴린 먼로 등이 대표적 인물이다.

여기에서 말하는 비범형은 전문 분야에서의 능력은 매우 뛰어나지만, 사회생활이나 대인관계 방면으로는 문외한에 가까운 이들이다. 물론 비범형 내향인 모두가 아인슈타인 같은 천재는 아니다. 하지만 다들 자신의 위치에서 사물이나 사건 속에 담긴 수수께끼를 풀기 위해 조용히 노력한다. 즉 현대 사회의 영웅이 될 수 있는 자질을 충분히 지니고 있지만, 외모 가꾸기나 대인관계에 대해서는 무심한 이들인 것이다. 참고로 비범형 천재들 중에는 우리 사회가 필요로 하는 또 다른 천재, 또 다른 빌 게이츠, 또 다른 스티브 잡스가 되겠다는 원대한 포부를 품고 있는 이들도 많다.

25년 전 미국의 패션지 〈보그Vogue〉의 편집장 자리에 오른 이래 전 세계 패션과 미용계를 주름잡고 있는 안나 윈투어Anna Wintour 역시 비범형, 천재형 내향인에 속한다. 이 시대의 스타일을 주도해 가는 윈투어는 완벽한 화장법, 완벽한 패션 코드에 대해서도 탁월하고 독특한 감각을 지니고 있다. 이렇듯 자신의 전문 분야에서는 자타 공인 세계 최고를 자랑하지만 워낙 수줍음이 많은 성격이어서 대인관계를 무척 힘들어 한다. 전형적인 비범형 내향인이다. 대학에서 관련 분야를 전공하지 않았다는 점 역시 비범형 내향인의 특징과 일치한다. 참고로 윈투어는 열세 살 때 이미 나중에 커서 〈보그〉의 편집장이 되겠다고 결심했다.

기·억 노·트 　　　내향성에 관한 다양한 관점을 모두 알고 싶다면 처음부터 끝까지 정독을 하는 것이 정석이다. 하지만 그 내용들을 모두 다 꼼꼼히 읽을 시간이 없다면 자신의 유형에 맞는 부분들만 선별하여 읽어도 된다. 이로써 자신의 생활 방식, 의사소통 방식, 자기표현 방식 등을 개선할 수 있는 출발점을 발견하고 그 결과를 몸소 느낄 수 있다. 단, 한 가지 유형만 지닌 내향인은 거의 없다는 점을 명심해야 한다. 즉 자기 안에 깃든 두 번째로 강한 유형에 대한 내용도 함께 학습하고, 이를 통해 더 많은 개선을 이뤄내야 하는 것이다.

은둔형: 눈에 띄지 않는 평화주의자

'은둔형 내향인'의 대표적 인물은 주잔네라고 가정하자. 주잔네는 미생물학자로, 직업은 화장품과 의약품의 품질을 검사하고 내용물을 분석하는 것이다. 실험실 작업은 세심함과 체계성을 요구하는데, 부끄럼을 많이 타고 내성적인 주잔네에게는 아마 이보다 더 안성맞춤인 직장은 없을 것이다.

실험실 동료들끼리의 관계도 원만한 편이어서 그저 일에만 충실하면 된다. 업무 이외의 스트레스는 거의 없다고 해도 과언이 아니다. 동료들 대부분이 뛰어난 학벌과 실력의 소유자들이지만, 이들 사이에 승진을 둘러싼 알력 다툼 같은 갈등은 거의 없다. 누군가를 밟고 일어서려는 사람도 없다. 주잔네 입장에서는 얼마나 고마운 일인지 모른다. 불필요한 갈등이나 '내가 잘났네, 네가 잘났네'라는 식의 경쟁은 질색이기 때문이다.

주잔네는 자신의 성격이 커리어 쌓기에 전혀 도움이 되지 않는다는 것을 잘 알고 있다. 얼마 전 '여교수 집중 양성 프로그램'에 참가해보는 게 어떻겠냐는 제안을 받았을 때만 해도 그랬다. 교수라는 직업이 싫었던 것은 아니었다. 교수가 되더라도 일과 가정 사이에서 얼마든지 균형을 찾을 수 있을 것 같기도 했다. 하지만 수많은 학생들 앞에서 일주일에 몇 번씩 강의를 해야 한다는 생각만으로 이미 속이 거북해졌다. 지금도 주잔네는 공동 연구 결과물을 학회에 선보일 때마다 발표 작업을 늘 동료들에게 떠넘기곤 한다.

기나긴 고민 끝에 주잔네는 결국 해당 프로그램에 참가하지 않는 쪽으로 결정을 내렸다. 남편은 그런 아내의 결정을 전혀 이해하지 못했다. 따로 돈이 드는 것도 아니고, 참가만 하면 더 많은 새로운 기회들이 주어질 텐데 왜 거절하는지 도무지 이해되지 않았다. 하지만 주잔네에게는 사회적 성공보다 자기 마음이 편한 게 더 중요했다. 게다가 그 사회적 성공이란 게 교수가 되어 많은 사람들 앞에 서야 하는 일이라 생각하니 기쁜 마음보다는 두려움이 더 앞섰다.

은둔형 내향인은 섬세형 내향인과 마찬가지로 우뇌가 더 발달되었고, 이에 따라 가까운 사람과의 친밀한 관계를 중시하는 편이다.

주잔네는 낯선 사람들을 대할 때마다, 혹은 겪어 보지 못한 새로운 상황에 처할 때마다 왠지 모를 불안감과 자기회의에 빠지곤 한다. 대인관계에서 나타나는 이러한 문제점들은 과거의 부정적 경험에서 비롯된 것일 수도 있지만, 그보다는 타고난 기질이 원인일 때가 더 많다.

실제로 MRI 검사가 포함된 어느 실험에서 부끄럼이 많은 참가자들의 '두려움 센터', 즉 편도체의 기능이 더 활발한 것으로 드러났다. 실험 당시, 부끄럼이 많은 피실험자들에게 낯선 사람의 사진을 보여 줬는데, 나머지 피실험자들에 비해 편도체가 훨씬 더 강한 경고 신호를 내보냈다.[16] 세로토닌 운반체 단백질serotonin transporter protein을 구성하는 유전자가 불안감의 정도에 영향을 미친다는 연구 결과도 나왔다. 즉 해당 유전자의 발현 정도를 조절하는 DNA의 길이가 짧을수록 두려움을 더 많이 느끼는 것으로 밝혀졌다.[17]

이러한 생물학적 차이 때문에 은둔형 내향인은 비록 대인관계를 구축하고 싶어 하는 마음은 강하지만 낯선 사람, 낯선 상황에 대한 두려움이 더 강하게 발현되고, 그 때문에 자꾸만 피하게 되는 것이다.

누구나 자신의 단점을 감추고 싶어 하듯 은둔형 내향인도 자신의 그런 성격을 최대한 감추고 싶어 한다. 하지만 그게 마음만큼 쉬운 일이 아니다. 이를 테면 학회에 참가했을 때 중간 휴식 시간에 모르는 사람들과 짧은 얘기를 나누는 것조차도 이미 크나큰 스트레스다. 행여나 직장에서 다른 부서로 배치되기라도 하면 아마도 눈앞이 캄

캄캄해질 것이다. 그런 자기 자신이 정말이지 싫지만 달리 어쩔 방법이 있는 것도 아니다. 그래서 결국 자신의 주변에 막을 형성한다. 가족이나 친한 친구, 매일 보는 동료들, 편안한 내 집 등 친숙하고 익숙한 '고치(일종의 보호장치)' 속으로 들어가 오직 그 안에서만 안심하고, 그 안에서만 편안함을 느끼는 것이다.

그런데 은둔형 내향인이 대인관계를 두려워한다는 사실을 주변에서는 잘 모를 때가 많다. 은둔형 내향인이 발산하는 약간의 거리감을 오히려 좋아하는 이들도 있고, 심지어 '배운 사람들에게 으레 나타나는 현상'으로 받아들이는 이들도 있다.

〈킹스 스피치The King's Speech〉 개봉 이후, 영국 왕실 멤버들 중에도 소심하고 내성적인 인물이 있다는 사실을 이제 모두가 알게 되었다. 〈킹스 스피치〉는 현 영국 여왕의 아버지이기도 한 조지 6세가 주인공으로 나오는 영화다. 조지 6세는 연설을 할 때마다 말을 더듬는, 그야말로 극도로 소심한 인물이었다. 다이애너 전 왕세자비 역시 활달하고 개방적인 성격은 아니었지만, '수줍음 많은 다이애너shy di'는 그럼에도 불구하고 전 세계를 매료시켰다. 윌리엄과 케이트 역시 온화하지만 낯을 가리는, 자신들만의 세계를 좋아하는 인물로 손꼽힌다. 그 둘은 공식석상에서 금세 얼굴이 빨개지는 경우가 많고, 극단적인 경우에는 자신들의 사생활을 보호하기 위해 법의 힘을 동원하는 것도 마다하지 않는다.

기·억 노·트 내향성에 관한 다양한 관점을 모두 알고 싶다면 처음부터 끝까지 정독을 하는 것이 정석이다. 하지만 그 내용들을 모두 다 꼼꼼히 읽을 시간이 없다면 자신의 유형에 맞는 부분들만 선별하여 읽어도 된다. 이로써 자신의 생활 방식, 의사소통 방식, 자기표현 방식 등을 개선할 수 있는 출발점을 발견하고 그 결과를 몸소 느낄 수 있다. 단, 한 가지 유형만 지닌 내향인은 거의 없다는 점을 명심해야 한다. 즉 자기 안에 깃든 두 번째로 강한 유형에 대한 내용도 함께 학습하고, 이를 통해 더 많은 개선을 이뤄내야 하는 것이다.

누구나 잠재된 외향성을
가지고 있다

내향인 대부분은 조용한 삶을 매우 중시한다. 그게 자기한테 제일 잘 맞는, 가장 편한 생활방식이기 때문이다. 특히 더 피곤하거나 스트레스가 많은 날이면 주저 없이 '표준 코스'를 선택한다. 즉 외부와 차단된 채 조용히 휴식을 취하고 싶어 하는 것이다.

그런데 많은 내향인이 간과하는 사실이 하나 있다. 내향인 안에 외향적인 면도 있다는 사실 말이다. 오직 내향적이기만 한 사람은 아무도 없다. 외향적인 면이 차지하는 비중이 너무 적어서 겉으로 잘 드러나지 않고, 그래서 잘 인식하지 못할 뿐이다. 참고로 자기 안의 외향성이 어느 정도인지 대략적으로 파악하고 싶다면 인터넷에 올라온 각종 내향성-외향성 테스트를 활용하면 된다.

이 장에서는 내향인 안에 잠재된 외향성을 보다 뚜렷하게 인식하고, 나아가 그러한 면모들을 활용하는 방법에 대해 논하고자 한다. 분명한 건 자기 안의 외향성을 발견하고 활용하기 시작하면 삶이 지금보다 조금 더 편안해지고 행복해진다는 것이다.

01 내 안의 또 다른 나

주도형   섬세형   비범형   은둔형

주요 거래처에서 매년 12월이면 크리스마스 파티를 연다고 가정해 보자. 해마다 12월 둘째 주 토요일에 열리는 파티인데, 갈 때마다 마음이 천근만근이고 몸도 덩달아 무거워진다. 사업상 중요한 파트너여서 안 갈 수도 없다. 결국 무거운 몸을 겨우 일으켜서 집을 나선다. 어느덧 저녁 식사가 대충 끝나고, 대화도 처음보다 잦아들었다. 많은 손님들이 편안한 소파로 자리를 옮겼고, 웨이터들이 커피를 내오고 있다. 시계를 본다. 한 시간만 더 버티면 모두에게 인사를 하고 그 자리를 떠나도 될 것 같다.

바로 그때 직장 동료의 아내가 내 곁에 앉더니 와인 한 잔을 따라준다. 어쩔 수 없이 그녀와 지난번 휴가 여행에 대해 얘길 나누게 되었다. 이탈리아산 바롤로barolo 와인을 홀짝이며 얘길 나누다 보니 긴장이 풀리면서 동료의 아내와 얘기를 나누는 게 점점 재미있어진다. 그렇게 한참 이야기꽃을 피우고 있는데, 그날 파티를 주최한 사장님과 사모님이 우리 쪽으로 다가왔다. 솔직히 그다지 반갑지는 않았지만 최대한 예의를 갖춰서 "이렇게 즐거운 파티에 초대해 주시고, 맛난 음식을 대접해 주셔서 감사합니다"라고 인사를 건넸다. 그와 동시에 "아, 지금 이 순간, 여기가 내 집이었다면 얼마나 좋을까……" 하는 마음이 든다. 방금 전까지만 해도 내 안의 외향성이 표출되고 있었는데 어느 순간 갑자기 내향성이 다시 고개를 든 것이다. 이렇게 우리는 외향성과 내향성을 동시에 경험할 때가 많다.

내향인이든, 외향인이든 심신이 건강한 이들 대부분은 외향성과 내향성 둘 다를 지니고 있다. '혼합율'에 차이가 있을 뿐이다. 외향성과 내향성의 비중이 거의 평형을 이루는 사람도 매우 많은데, 이렇게 자신의 행동양식에서 최고의 것만 선별적으로 활용하는 재주를 지닌 이들을 전문용어로 '양향성격자ambivert'라고 부른다.

독일의 다큐멘터리 제작자이자 작가인 라이너 벨데Rainer Wälde는 자신이 내향적이냐, 외향적이냐를 묻는 질문에 "난 둘 다입니다. 타인에 대해 호기심이 많고 주변에 사람이 많은 게 좋아요. 하지만 나 홀로 있는 시간, 휴식 시간 역시 그 못지않게 중요합니다. 나는 나 자신의 안위를 위해 그 둘 사이에 균형을 이루려고 노력합니다"라고 대답했다.

그런데 양향인의 비중은 그다지 크지 않고, 전반적으로 볼 때 내향인이 외향인보다 조금 더 많다고 할 수 있다.

하지만 내향인에게도 분명 외향적인 면이 있다.

평균적으로 내향성이 대략 70%를 차지한다면, 나머지 30%는 외향적인 면모가 차지한다. 물론 외향성의 비중이 그보다 낮은 사람도 있고 그보다 조금 더 높은 사람도 있다. 어쨌든 중요한 내용은 자기 안에 어떤 부분이 외향적인지를 발견하고, 그 '또 다른 나'를 보다 적극적으로 활용해야 한다는 것이다. 하지만 많은 내향인이 그 부분에 대해 자신이 없어 한다. 사이클 선수를 한번 떠올려 보자. 밤낮으로 훈련을 한 덕분에 다리 근육은 완벽하게 발달되어 있지만, 팔 근육의 훈련량은 분명 그보다 적었을 것이다. 그 사이클 선수처럼 내향인은 조용한 라이프스타일에 대해서는 거의 완벽하게 마스터하고 있지만, 그 반대편 삶의 방식에 대해서는 기껏해야 남들과 겨우 보조를 맞추는 정도에 지나지 않는다. 거기에는 두 가지 이유가 있다. 첫째, 타고나기를 외향적 성향이 더 적다. 이 부분에 대해서는 이제 와서 바꿀 수 있는 게 그다지 많지 않다. 둘째, 외향성과 관련된 훈련을 한 적이 거의 없다. 이 부분에 대해서는 개선의 여지가 매우 많고, 그 잠재력을 계발하고 활용함으로써 더 나은 삶을 추구할 수 있다.

기·억 노·트　자기 안에 얼마큼의 외향성이 내재되어 있는지 한번 생각해 보자. 정원 가꾸기를 매우 좋아하던 어느 강사는 "내 안의 내향성은 작약꽃만큼이나 생명력이 강합니다. 그에 반해 내 안의 외향성은 차라리 스노드롭(눈풀꽃, 이른 봄에 피는 작은 흰 꽃)에 가깝죠. 눈송이처럼 약해서 금방이라도 떨어져 버릴 것 같고 눈에 잘 띄지도 않아요. 하지만 스노드롭은 해마다 2월이 되면 약속이나 한 것처럼 늘 다시 피어서 우리 눈을 즐겁게 해주죠"라고 말했다. 여러분의 내향성과 외향성은 어떤 꽃에 비유할 수 있을까? 각자 자기 안의 내향성과 외향성에 맞는 이미지를 머릿속에 한번 떠올려 보기 바란다.

02 타고난 외향인과 가짜 외향인

주도형 섬세형 비범형 은둔형

현실은 감추어야 할 대상이 아니라 직시해야 할 대상이다. 자기 안의 비범형 기질과 은둔형 기질 역시 외면할 게 아니라 똑바로 바라보고 제대로 파악해야 한다. 주도형, 섬세형 기질에 대해서도 마찬가지다. 어떤 유형이 되었든, 우리 안의 내향적 기질은 우리 삶 전체를 관통하고 관장한다. 따라서 제대로 아는 것이야말로 개선과 발전을 위한 중대한 출발점이라 할 수 있다. '그냥 생긴 대로 살아야지'라며 포기하는 것은 결코 바람직하지 않다.

자기 안의 내향적인 성향들이 타고난 것이라 어쩔 수 없다고 생각하고 포기해 버리면 결국 자기 안에 갇힌다. 영국의 심리학자 벤 플레처Ben C. Fletcher와 캐런 파인Karen Pine은 타고난 성향에 승복하는 이들은 자기 능력의 10분의 1밖에 활용하지 못하는 경우가 많은 반면, 타고난 성향을 극복하고 그것을 뛰어넘는 사람은 더 큰 성공을 이룬다고 지적했다. 나아가 "자신의 '공구함'에 더 다양한 행동양식을 지닌 사람일수록 살아가면서 마주치는 여러 가지 상황에 적절하게 대처할 수 있고, 이로써 불안감도 덜 느낀다"[18]라고 강조했다.

어느 내향인은 이렇게 고백한다. "이젠 후드티를 입고 있다가 정장으로 갈아입는 것처럼 내부 세계와 외부 세계를 자유자재로, 자신 있게 넘나들 수 있게 되었어요. 예전엔 그렇지 못했죠. 예전엔 내성적 성격 때문에 그릇된 결정을 내릴 때가 많았어요. 예컨대 대학에서 법학을 전공하고 싶었지만, 그것도 포기했어요. 사람들 앞에서 내가 최후 변론을 하고 있는 모습을 상상하는 것만으로도 끔찍했거든요. 대학에서도 구술시험은 대부분 망쳤어요. 리포트에 공을 들인 덕분에 다행히 아슬아슬하게 낙제점은 면했지만요. 취업 면접 때도 개인 사무실이 필요하냐는 질문에 1초도 고민하지 않고 '포기할 수 없는 부분입니다'라고 대답했어요. 총명한 지원자라면 그러지 않았겠죠. 이후 어쩌다 보니 책까지 내게 되었는데, 열 몇 군데에서 강연이나 인터뷰 문의가 들어왔지만 그때마다 거절했어요. 남들 앞에 서는 게 자신이 없었거든요."

지금까지 나는 얼마나 많은 강연 제안을 거절했던가? 여럿이 모여 수다를 떨 때 뒷전으로 물러나 있었던 적은 얼마나 많았던가? 회의 자리에서 꿀 먹은 벙어리가 된 적은 얼마나 많았던가? 엘리베이터에서 싫은 사람과 마주치는 게 싫어서 계단을 이용한 적은 없었던가? 내향적 성향이 강한 사람이라면, 그리고 그러한 성향을 극복하려 노력한 적이 없는 사람이라면 위와 같은 상황을 분명 수도 없이 겪었을 것이다. 이렇게 계속 도망만 다니면 자괴감에 빠지기 십상이고 남들로부터 인정도 못 받는다.

이 시점에서 한 번 각자 자기 자신에게 물어보기 바란다. 내향적인 사람이라 어쩔 수 없다고 변명하며 세상을 거부하는 태도가 과연 자기 자신에게 솔직한 태도일까? 자신의 한계를 조금만 넘어서면 달성할 수 있는 인생의 중대한 목표들을 내향적 태도 때문에 놓치고 있는 것은 아닐까?

하버드대학교의 심리학자 브라이언 리틀Brian Little은 스스로를 '생리학적으로 극도로 내향적인 사람'이라 말한다. 하지만 리틀은 그런 자신의 모습을 있는 그대로 받아들여 굴복하기 싫었다. 직업이 교수인 만큼 되도록 많은 학생들이 자신의 강의를 신청하도록 유도해야 할 의무도 지니고 있었다. 조용한 태도만으로는 해내기 힘든 일이었다. 결국 리틀은 강의할 때 '가짜 외향성pseudo-extroversion'을 활용하기로 마음먹었다. '가짜 외향성'은 리틀 자신이 만든 말로, 거부감을 극복하고 억지로라도 외향성을 쥐어짜낸다는 뜻이다.

훈련과 학습의 효과는 기대 이상이었다. 이제 리틀의 강의는 캠퍼스 내 그 어떤 강의보다 인기를 끌게 되었고, 탁월한 강의 덕분에 여러 곳에서 상도 받았다. 하지만 리틀은 여전히 내향인이다. 인간이 살아가기 위해 숨을 쉬어야만 하고, 숨을 쉬려면 산소가 있어야 하듯 내향인은 혼자 있는 시간을 필요로 한다. 리틀은 일부러 시간을 내서라도 혼자 있는 시간을 즐긴다. 이와 관련해 리틀은 "내 천성에 충실할 수 있는 시간, 그리하여 새로이 에너지를 충전할 수 있는 짬만 허락된다면 때로는 어떤 프로젝트를 추진하기 위해 내 천성에 부합되지 않는 행동도 기꺼이 할 수 있습니다"라고 말한다.

목표에 다가가기 위해 리틀이 취한 방식은 내가 외부 세상과 마주쳐야 할 때마다 다짐하는 슬로건과도 비슷하다. 나는 성격상 힘든 과제를 앞두고 있을 때면 늘 "성공하고 싶다면 성공할 때까지 성공한 척하라"라는 말을 떠올리곤 한다.

"외향인인 척하라." 이 말은 자신의 원래 역할에서 도망치라는 의미가 아니다. 또 다른 역할을 창출해 내라는 뜻이다.

내향적인 사람도 충분히 외향적인 모습을 연출하고 외향인처럼 행동할 수 있다. 실제 외향인인 사람보다 더 많은 에너지를 써야 한다는 차이만 있을 뿐이다. 반대로 외향인도, 예컨대 어떤 주제에 대해 연구하거나 책을 써야 할 때면 억지로라도 내향인이 되어야만 한다. 참고로 리틀 교수의 말에 따르면, 타고난 외향인과 가짜 외향인을 구분해 내는 사람은 별로 없다고 한다.

기·억 노·트　　　　　가짜 외향인이 되어 어느 박람회장에서 30분에 한 번씩 주요 고객들을 응대해야 한다면 어떤 느낌이 들까? 친한 친구의 결혼식에서 축사를 해야 한다면? 도저히 못해 낼 것 같은 느낌? 생각만 해도 피곤한 느낌? 약간 떨리는 정도? 어쩌면 해낼 수도 있을 것 같은 느낌? 혹은 그 모든 느낌이 동시에?

외향인인 척해야 한다는 생각만으로 이상하고 불편한 기분이 든다 해서 포기할 필요는 없다. 어떤 훈련이든 처음에는 거부감이 들고 어렵게 느껴지게 마련이다. 행복한 삶, 성공적인 삶에 도움이 된다면 때로는 자신의 본성을 '배반'할 줄도 알아야 한다. 단, 외향인인 척하는 동안 누적되는 피로감과 스트레스를 자신의 본성인 내향성을 발휘하면서 풀 수 있는 시간, 즉 재충전의 시간은 반드시 확보해야 한다.

03 좋아하는 일만 할 수는 없는 법

주도형　섬세형　비범형　은둔형

여유를 만끽하는 것만큼 좋은 건 없다. 몇 시간이고 해변에 설치된 간이침대에 누워 평소 찜해 놓았던 책을 실컷 읽는 것, 좋은 음악을 들으면서 상상의 날개를 펼치는 것, 친한 벗들과 진지한 대화를 나누는 것, 일요일 아침 텅 빈 도심을 거니는 것, 시간이 어떻게 가는지조차 모를 정도로 일에 집중하는 것, 가정과 직장생활을 자기 마음에 딱 맞게 꾸려 나가는 것 등은 누구나 반기는 일이다.

하지만 좋아하는 일만 하고 살 수는 없다. 직장과 가정 그리고 그 외의 수많은 의무들이 우리를 부르고 있기 때문이다. 거래처 직원도 만나야 하고, 친구나 친척의 결혼식에도 참가해야 하며, 자녀의 생일 파티도 준비해야 하고, 북적대는 마트에서 장도 봐야 한다. 이 모두가 우리 삶의 일부다. 업무나 인맥과 관련된 각종 의무들을 피곤하다는 핑계로 계속 거부하면 금세 개선의 여지가 없는 외골수나 이기주의자로 낙인찍히게 마련이다. 최근 두 심리학자가 싫지만 피할 수 없는 일들을 반드시 해야 하는 이유를 제시했는데, 그 내용이 매우 흥미롭다.

내향인은 외부 세계와의 접촉 속에 잠재된 '행복 잠재력'을 과소 평가하는 경향이 있다.

웨이크포레스트대학교Wake Forest University 심리학과의 윌리엄 플리슨 William Fleeson은 실험 참가자들의 성향을 테스트한 뒤 외향인으로 판단된 이들과 내향인으로 판단된 이들 모두에게 전형적인 외향인의 태도로 단체 토론을 해보라고 요구했다. 활달하고, 말이 많고, 자기주장이 강한 사람인 척하라고 요구한 것이다. 그와 동시에 플리슨은 일종의 대조군도 하나 구성했다. 대조군에 속하는 피실험자들에게는 남의 말을 잘 경청하며, 조용하고 얌전한 사람인 척하면서 토론에 임해 달라고 요청했다. 토론이 끝난 뒤 참가자들에게 물어봤더니 첫 번째 그룹에 속한 이들 대부분이 입을 모아 토론이 재밌었다고 대답했다. 반면, 두 번째 그룹은 그 자리에 앉아 있는 것 자체가 고역이었고 토론도 아주 재미없었다고 답했다. 이를 바탕으로 플리슨은 "조사 결과, 내향적인 척해야 했던 참가자보다는 외향적인 척해야 했던 참가자들이 훨씬 더 큰 재미를 느꼈던 것으로 판단된다"는 결론을 내렸다.[19]

즉 수줍음을 많이 타고 예민한 사람들도 외향적인 척하면서, 예컨대 회의 같은 자리에서 자신의 의견을 발표할 때, 혹은 친구의 생일 파티에서 큰 소리로 '해피 버스데이'를 같이 부를 때 더 큰 행복감을 느낀다는 것이다. 그렇게 좋은 걸 내향인은 왜 꺼려할까? 우리 모두의 인생 목표가 결국 행복해지는 것 아니었던가?

그 질문에 관한 대답은 캐나다 온타리오주 오타와에 소재한 칼턴 대학교Carleton University의 심리학과 교수 존 젤렌스키John Zelenski에게서 얻을 수 있다. 젤렌스키 교수 팀은 동 대학 산하 '행복 연구소Happiness Laboratory'에서 대학생 600여 명을 대상으로 내향성과 외향성에 관한 테스트를 실시했는데, 그 결과 문제점이 어디에 있는지 명백하게 드러났다. 내향인은 사회가 요구하는 의무나 대인관계와 관련된 각종 행사들에 대해 기본적으로 두려움과 부담감을 느끼고 있다는 것이다. 일정 수준 이상 자신한테 시선이 쏠리면 내향인은 부담감을 느낀다. 이와 관련해 젤렌스키 교수는 "한마디로 파티에서 실컷 즐기고 신나게 시간을 보내는 걸 상상조차 하지 못한다는 것이다"라고 말한다.[20]

나도 그와 비슷한 경험을 한 적이 있다. 라디오 인터뷰가 되었든, 단체 여행이 되었든, 크리스마스 파티가 되었든, 밤샘 파티가 되었든, 뭐가 되었든 나는 일단 거부감부터 느꼈다. 사람이 많이 모인 자리에서는 행여나 내가 남들 앞에 나서야 할 것 같은 조짐만 보여도 반사적으로 두려운 마음이 들었다. 애초에 그런 자리는 가기 싫었지만, 직업상 어쩔 수 없거나 남편이 강력하게 권해서, 혹은 친구들한테 이끌려 마지못해 참석했을 뿐이다. 분명 내 의사에 반해 억지로 끌려간 건데, 신기하게도 파티 중에 혹은 파티가 끝난 뒤에 '흠, 생각보다 나쁘지 않은데!'라는 마음이 들 때가 많았다. 내가 지레 겁부터 먹고 너무 부정적으로만 생각했는지는 모르겠지만, 어쨌든 매번 내가 생각했던 것보다는 훨씬 편하고 좋았다.

'외향인 연기'가 왜 더 큰 만족감을 주는지에 대해서는 아직 분명히 밝혀진 바가 없다. 좀 더 개방적으로, 좀 더 당당하게 행동하는 것이 내향인 내면에서 긍정적 반응을 일으킨다는 이론도 있고, 남들과 토론하고 자신의 주장을 펼치는 행위 속에서 심리적 안정감을 찾을 수 있다는 연구 결과도 있다. 조금 더 회의적인 시각을 지닌 학자들은 결국 "후유, 다행이야. 드디어 모든 게 끝났어!"라는 안도감 때문에 행복 호르몬이 쏟아져 나온다고 주장하기도 한다. 그중 어느 이론이 진실에 가장 부합되는지는 알 수 없지만, 확실한 건 '안전지대', 즉 내 마음이 완전히 편한 상태에서 이따금씩 벗어나는 게 도움이 된다는 것이다. 안전지대 안에만 갇혀 있으면 그 바깥에서 일어나는 재미있는 일들, 아름다운 것들을 놓칠 수 있다.

섬세형 및 은둔형 기질이 다분한 내향인은 그림이나 문학에 매우 조예가 깊다. 그런 의미에서 헤르만 헤세의 유명한 시 〈단계들Stufen〉을 소개하고자 한다. 그 시에서 헤세는 "우리는 쾌활하게 한 공간 한 공간을 지나가야 한다. / 그 어떤 단계에도 고향처럼 매달려서는 안 된다. / 세계정신은 우리를 옭아매거나 가두려 하지 않는다. / 다만, 한 단계 한 단계 들어 올려 폭을 넓혀 줄 뿐"이라고 노래했다. 여러분도 이 시에서 영감을 얻고, 한 단계 한 단계 더 나아가기 바란다.

기·억 노·트   없는 자신감을 억지로 짜내 봤자 남들 눈에 부자연스럽게 보일 것 같아서 겁난다는 이들이 있는데, 어디까지나 기우에 지나지 않는다. 우리 안에 내재된 섬세하고 미세한 본능적 감각이 지나치게 과장된 몸짓을 못하도록 막아 주고, 나아가 우리의 행위가 주어진 상황에 부합되도록 조절해 줄 것이기 때문이다. 실제로 자기를 조금 더 드러낼수록 자기 자신의 기분도 좋아지지만, 대화 상대 역시 자신과의 관계에서 편안함을 느낀다고 한다.

04 내향인은 외향인처럼, 외향인은 내향인처럼

주도형 섬세형 비범형 은둔형

직장생활과 대인관계에서 성공을 거두려면 팀 내에서 자신의 아이디어를 관철시킬 줄 알아야 하고, 필요한 인맥을 형성할 줄 알아야 하며, 협상을 자신에게 유리하게 이끌 줄 알아야 한다. 또 자기 분야에서 성공하고 싶을수록 상대방의 이성뿐 아니라 감성도 자극할 줄 알아야 한다. 예를 들어 손을 맞잡고 악수를 하는 행위를 통해 자신의 인간적인 면모를 전달할 수 있어야 하고, 그 외 다양한 기회를 통해 자신의 성격이나 인품 같은 것들을 미세하게 전달할 수 있어야 한다. 주도형 내향인은 이 분야에 있어 가히 달인들이라 할 수 있다. 큰 노력 없이도 자동적으로 그 일들을 해내며, 상호 교류 없이는 되는 일이 거의 없다는 사실을 너무도 잘 알고 있기 때문이다.

어느 기업의 대표이사는 자신의 성향 중 85%쯤은 내향적이라고 생각함에도 불구하고 인맥 관리를 고정된 하루 일과로 간주하고 있다고 말한다. "제 일과표에 대인관계를 위한 시간을 따로 마련해 두었습니다. 그 시간만큼은 최선을 다해 외향인이 되는 거죠. 하지만 우리 직원들은 제 집무실 문이 닫혀 있을 때에는 절대로 방해해서는 안 된다는 사실을 잘 알고 있습니다. 쉽게 말해 저는 라디오 채널 두 개 사이를 오가듯, 내향성과 외향성 사이를 오가며 살고 있습니다."

자신의 본래 행동양식을 포기하고 자신의 행동을 타인의 기대와 요구에 전략적으로 적응시키는 행위, 즉 개인적 취향을 가끔은 포기하는 행위는 성숙하고 세심한 인격을 의미한다.[21] 주도형 내향인은 이 분야에 뛰어난 재능을 지녔다. 동시에 생각을 정리하기 위한 고독의 시간도 결코 포기하지 않는다. 이를 위해 주도형 내향인은 자신이 지닌 모든 자원을 동원한다. 즉 자기 안에서 비중이 더 큰 내성적 성격뿐 아니라 미미한 비중의 외향적 기질도 골고루 활용하는 것이다. 내향성과 외향성이라는 두 극 사이를 의식적으로 오가는 행위를 통해 감성지능과 창의성이 드높아진다고 한다.

그런 의미에서 비범형 내향인은 가끔 일부러라도 외향성을 끄집어내야 할 필요가 있다. 비범형 내향인은 주도형에 비해 대인관계나 인맥을 소홀히 여기는 경향이 있는데, 대표적인 사례가 바로 아인슈타인이다. 아인슈타인은 비범형 학자들 중에서도 유례를 찾아볼 수 없을 정도로 사교활동을 소홀히 했던 인물이다. 자녀들에게 시간을 내 준 적도 거의 없고, 머리를 사르러 미용실에 가는 것조차 싫어했다. 물론 아인슈타인이 사회적으로 성공하지 못한 인물이라 주장할 사람은 아무도 없다. 적어도 노벨상까지 수상한 인물이다. 하지만 창의심리학에서는 다음과 같이 주장하고 있다.

지나치게 내부로 침잠해서 살아가는 고독한 천재는 결코 자신이 지닌 모든 아이디어를 최상으로 꽃피울 수 없다.

행복과 창의성의 관계를 꾸준히 연구해 온 미하이 칙센트미하이 Mihaly Csikszentmihalyi는 내향적 단계와 외향적 단계 사이를 의도적으로 넘나들 것을 권한다. 칙센트미하이는 "외향인이 내향인처럼 세상을 체험하는 방법을 배운다면, 혹은 반대로 내향인이 외향인의 시각에서 세상을 체험하는 방법을 배운다면 완전히 새로운 차원의 삶을 발견하게 될 것이다"라고 말하며,[22] 두 면모 모두를 고르게 체험하는 것이야말로 창의력을 최대한 발현시킬 수 있는 밑바탕이라고 지적한다.

페이스북의 창시자인 마크 주커버그는 그러한 원칙을 잘 활용한 인물 중

한 명이다. 그는 매년 새로운 세계를 체험하기 위해 자신과 어울리지 않는 과제 하나를 목표로 설정한 후 매일 조금씩 시간을 할애해 그 목표를 이루었다. 예컨대 중국어를 배우거나 넥타이 매는 방법을 익히는 것 등이 그의 목표였다. 최근 그가 세운 목표는 좀 더 극단적인데, 매일 새로운 사람을 하나씩 알아가는 것이라고 한다. 여기에서 가장 놀라운 점은 대표적 비범형 내향인인 주커버그가 페이스북을 통해서가 아니라 '페이스 투 페이스face to face', 즉 직접 대면을 통해서 매일 한 사람씩 더 알아가기로 결심했다는 것이다.

기·억 노·트

주도형이든, 비범형이든 모두가 각자 자신의 타고난 성향에 대해서는 이미 잘 알고 있을 것이다. 혼자 있기 좋아하고, 어느 한 가지에 푹 빠지기 좋아하고, 고독을 즐긴다. 하지만 거기에 너무 집중해서는 안 된다. 그 정반대편에 놓인 기질도 가끔씩 발휘해야만 한다. 예를 들어 타인에게 일부러라도 관심을 가져본다거나 자기 자신에 대해서든, 타인에 대해서든 감정을 조금 더 강하게 표출해 봐야 하는 것이다. 이때 중요한 것은, 내향성과 외향성 사이의 경계를 확실히 해 두어야 한다는 점이다. 그 둘이 마구 뒤섞여서는 안 된다. 의식적으로 짬을 내어 때로는 극도로 외향적인 사람이 되어 보고, 또 때로는 극도로 내향적인 사람이 되어 보자.

내향인은
체질부터 다르다

모범생, 책벌레, 예민한 사람……, 모두 다 내향인의 전형적인 이미지다. '내향인'이라는 말을 듣고 근육질의 남성이나 파워 넘치는 여성을 떠올리기란 쉽지 않다. 그보다는 두꺼운 안경을 쓴 우디 앨런Woody Allen이 먼저 떠오른다. 혹은 학창시절, 라틴어 성적은 늘 좋았지만 철봉 앞돌리기는 죽어라 못 하던 어느 여학생의 모습이 떠오른다.

물론 이는 어디까지나 고정관념에 불과하다. 모든 운동 종목을 통틀어 전 세계에서 최고 수입을 올리고 있는 골프 선수 타이거 우즈Tiger Woods도 내향인이고, 독일 축구 국가대표팀의 감독인 요아힘 뢰브Joachim Löw나 전설적 테니스 선수 슈테피 그라프Steffi Graf도 모두 다 내향인이다. 내향인도 외향인과 마찬가지로 최고의 운동선수가 될 수 있다는 뜻이다.

한 가지 결정적인 차이는 있다. 내향인은 체질적으로 외향인과 달리 자극에 반응하는 뇌의 속도가 더 빠르기 때문에 더 쉽게 지치고, 더 쉽게 무기력감에 빠진다. 이렇게 예민한 신경을 지니고 자극에 쉽게 반응하는 것은 바삐 돌아가는 요즘 세상과 어울리지 않는다. 지난 몇 십 년 동안 업무 처리와 학습 방식은 점점 더 상호 교류에 기반을 두는 방식으로 변화되었고, 인간관계는 더 다양해졌다. 집과 사무실은 더 개방되었고, 길거리를 누비는 차량의 대수도 더 늘어났으며, 회사 행사나 동호회 모임도 많이 늘어났다.

그런 일상의 소용돌이 속에서 내향인으로서 생존하려면 자신의 천성을 좀 더 잘 이해하고, 훈련을 통해서라도 정신과 감정의 저항력을 높여야만 한다. 이때 주도형과 비범형 내향인은 '끈기'와 '지구력'을 활용하는 것이 좋고, 섬세형과 은둔형 내향인은 '세심함'과 '성실함'을 활용하는 것이 도움이 될 것이다.

05 타고난 내향인의 뇌

주도형 섬세형 비범형 은둔형

자신의 내면을 들여다본다는 말은 곧 뇌를 분석한다는 뜻이다. 쌍둥이를 대상으로 한 각종 연구 결과, 내향성이나 외향성 같은 기본적인 인성은 40~50%가 유전이라고 한다. 즉 해당 기질들이 우리 뇌와 신경계 그리고 유전자에 각인되어 있다는 뜻이다. 천성을 제외한 나머지 부분은 각자의 삶의 이력에 따라 결정된다. 성장 환경이 어땠는지,

어떤 교육을 받았는지, 특정 행동에 대해 어떤 반응을 체험했는지, 내향적 성향이 도움이 되는 직업을 선택했는지 등에 의해 결정되는 것이다. 혹은 직장이나 가정에 적응하다 보니 자신이 내향인이라는 사실조차 망각할 정도로 '안전지대'가 늘어난 경우도 있을 것이다.

생물학적 요인과 사회심리학적 요인이 각각 차지하는 비중이 얼마인지는 정확히 알 수 없다. 만일 어떤 사람이 내향적이라면, 그 이유를 정확히 유추해 낼 수 없다. 즉 어디까지가 천성 때문이고, 어디서부터가 후천적 환경 때문인지 확실하게 선을 그을 수 있는 사람은 아무도 없다. 확실한 건 한 가지뿐이다.

내향성은 타고나는 것이다.
하지만 내향인이라 해서 변화할 수 없는 것은 아니다.

천성과 환경이 차지하는 비중에 관해 명확한 설명이 없음에도 불구하고 자신의 성격이 어떤 생리학적 요인에 근거하고 있는지는 한번 살펴볼 만하다. 내향인과 외향인을 구분 짓는 대표적 생리학적 특징으로 네 가지 분야를 꼽을 수 있다. 뇌를 관통하는 혈류의 양, 뇌 속에서의 혈류의 경로, 행복감을 조절하는 신경전달물질, 그리고 가장 중요한 신경계가 그것이다.

뇌를 관통하는 혈류의 양 | 내향인의 뇌에서는 더 많은 일들이 일어난다. 내향인과 외향인의 뇌파를 MRI 촬영한 결과, 내향인의 뇌 활동이 휴식 기간에도 훨씬 더 활발한 것으로 드러났다.[23] 혈류의 양도 더 많

았다. 그만큼 자극의 강도가 더 높다는 뜻인데, 이는 똑같은 자극에 내향인이 더 많은 감정 변화를 보이는 이유가 되기도 한다.

뇌 속 혈류의 경로 ┃ 뇌 안에서 혈류가 지나가는 길 역시 내향인이 더 길고 더 복잡하다. 그 이유는, 내향인의 경우 피가 뇌간에서 멀리 떨어져 있는 전두엽 및 언어, 계획, 사고 등을 제어하는 브로카 영역 Broca's area에 집중되어 있기 때문이다. 반면 외향인의 경우 뇌간 주변에 특히 피가 원활하게 공급되는데, 해당 부위는 감각 표현이나 감정 인지를 관장한다.

신경전달물질 ┃ 내향인은 '제4형 도파민 수용체 유전자D4DR'가 짧은 편이다. 이로 인해 호기심과 의욕, 창의성 등을 높여 주는 신경전달물질인 도파민에 민감하게 반응한다. 도파민은 자극을 받으면 분비되는 아드레날린에 의해 생성된다. 외향인은 시간과 돈을 투자해서라도 팬 사인회나 밤샘 박물관 축제에 참가하려는 반면, 내향인은 아무리 관심 가는 축구 경기라 하더라도 관중이 많이 몰릴 것 같으면 집에서 텔레비전으로 경기를 지켜본다. 이러한 차이 역시 서로 다른 신경전달물질의 영향이라고 볼 수 있다. 내향인에게는 도파민보다 아세틸콜린acetylcholine이 더 큰 행복감을 준다. 아세틸콜린은 집중력, 논리적 사고, 기억력 등에 관계된 신경전달물질이다.

신경계 ┃ 도파민과 아세틸콜린은 식물신경계, 즉 자율신경계 내의 각기 다른 부위를 활성화시킨다. 자율신경계 중 교감신경은 적극적으로 행동할 수 있는 에너지를 공급해 주는 도파민에 의해 활성화되는데, 외향인의 경우 행동을 자극하는 교감신경이 더 발달되어 있다. 반면 부교감신경은 행동을 억제하는 부위이고 아세틸콜린이 그 원료가 되는데, 내향인의 경우 부교감신경이 더 발달되어 있다. 부교감신경은 흥분을 억제하고, 에너지를 보존하는 역할을 수행한다.[24]

그런데 교감신경보다 부교감신경이 더 발달되어 있다는 점이 내향인에게 장점이 될 수도 있고, 단점이 될 수도 있다. 부교감신경, 즉 흥분을 억제하는 신경이 발달된 덕분에 전체적인 맥락을 차분하게 이해하고 신중하게 행동할 수 있다는 점은 장점이다. 반면 적절한 단어가 잘 떠오르지 않는다거나 외향인에 비해 더 쉽게 지치는 것은 단점이라 할 수 있다.

기·억 노·트　　　내향성에 관한 연구는 내향성이라는 개념에 대한 정의만큼이나 더디게 진행되고 있다. 지금까지 연구에 의해 밝혀진 한 가지 확실한 결론은 내향성이 분명 신경생물학적 요인과 관련 있다는 것이다. 내향성은 성격을 구성하는 요소이기도 하다. 따라서 내향인이 완벽한 외향인처럼 살아가려 노력하는 것은 의미가 없다. 하지만 자기 몸 안에서 일어나는 일들을 제대로 파악한 뒤, 그 정보를 활용해 자신의 천성이 지닌 장점을 확대하고 단점을 보완하려는 노력은 매우 바람직하다.

06 '멘탈붕괴'를 막아 주는 올바른 식단

상대가 고객이든, 친구든 내향인에게 주도권을 준다면 모든 대화는 분명 '용건만 간단히' 형식이 될 것이다. 세상 모든 사람이 내향인이라면 자기만의 업무 공간이 반드시 필요하다는 요구에 어이없어 하는 상사도 없을 것이다. 관리자들은 스카이프_{skype}(무료 인터넷전화 서비스를 제공하는 프로그램)를 비롯한 각종 온라인 매체를 통해 대부분의 업무를 처리할 것이고, 출장 횟수는 분명 줄어들 것이다. 학생들에게 주어지는 조별 과제도 줄어들고, 식당에서는 음악 소리를 줄여 달라는 요구가 즉각 받아들여질 것이다.

하지만 현실은 그렇지 않고, 그래서 내향인이라 하더라도 안전지대 밖으로 나와야 할 때가 많다. 그러자면 자신감을 짜내야 하고, 그 과정에서 많은 에너지가 소모된다. 특히 섬세형과 은둔형 내향인은 주변의 기대에 부응하지 못할 거라는 불안감 때문에 더더욱 더 큰 용기를 쥐어짜 내야 한다.

그런데 내향인이 이렇게 살아가면서 부딪히는 다양한 상황들을 버거워하는 데에는 중대한 이유가 있다. 대뇌의 구조나 호르몬 때문에 외향인에 비해 물리적 에너지 보유량이 적고, 그 때문에 쉽게 무기력해진다. 무기력감 때문에 집중력이 떨어지고, 업무 체계가 흐트러지고, 하는 일에 허점이 생기고, 짜증도 쉽게 부리는 것이다.

어느 내향인은 자신의 블로그에 "나도 저항력이 보통사람들만큼만 되면 여러 가지 일들이 닥쳐도 이렇게 피곤해 하지는 않을 거야!"라는 글을 남겼다. 이는 수많은 내향인, 특히 섬세형과 은둔형 내향인의 심경을 매우 잘 묘사한 것이었다.

그런데 위 블로거의 바람이 현실이 될 수도 있다. 건강관리에만 잘 신경 써도 바깥세상의 도전에 맞설 수 있는 힘이 그만큼 더 축적되기 때문이다. 우리가 섭취하는 영양소는 뇌의 혈액순환과 혈당치, 뇌세포들 사이의 정보교환을 관장하는 신경전달물질 등에 직접적인 영향을 미친다. 그렇기 때문에 올바른 식단만으로도 '멘탈 블록mental block(감정적 요인에 의한 생각·기억의 차단)' 상태나 짜증을 예방할 수 있다.

규칙적 식사 | 내향인의 경우 신진대사가 극도로 빨리 진행될 때가 많고,[25] 이로 인해 에너지도 급속도로 고갈된다. 따라서 규칙적 식사를 통해 에너지를 늘 보충해야 한다. 식사와 식사 사이에 간단한 간식거리라도 챙겨 먹는 것이 좋다.

'행그리' 현상 방지하기 | 섬세형과 은둔형 내향인이라면 분명 배가 고픈 상태에서 공격성이 강해지는 느낌이 든 적이 있을 것이다. 머릿속이 복잡해지면서 생각이 정지되기도 하는데, 혈당치가 요동칠 때 주로 나타나는 현상이다. 미국에서는 심지어 이 현상을 가리키는 신조어까지 탄생했다. 배가 고프다는 뜻의 '헝그리hungry'와 화가 나다는 뜻의 '앵그리angry'를 합친 '행그리hangry'가 바로 그 신조어다. 이렇게 배고픔으로 인해 기분이 울적해지고 기운이 빠지는 상태를 예방

하려면 흡수 속도가 느린 탄수화물을 되도록 자주 섭취해야 한다. 흡수 속도가 느린 탄수화물로는 채소, 과일, 통밀 등이 있다. 올리브유나 견과류, 아보카도처럼 고품질의 지방이 함유된 식품 속에도 흡수 속도가 느린 탄수화물이 다량 함유되어 있다. 초콜릿 한 조각도 행그리 현상 예방에 도움이 된다. 하지만 혈당치를 보다 오랫동안 일정하게 유지하려면 초콜릿보다는 바나나와 떠먹는 요구르트를 함께 먹는 편이 더 낫다.

적절한 수분 공급 | 우리 뇌는 4분의 3이 수분으로 구성되어 있다. 따라서 매일 2~3리터의 음료를 마실 경우 뇌의 혈액순환이 촉진되고, 신경세포들 간의 교류 역시 원활해진다. 참고로 물이나 과일차茶는 짜증이나 멘탈 블록을 예방하는 가장 간단한 방법이다.

세로토닌 수치 높이기 | 섬세형과 은둔형 내향인은 남들보다 자극에 더 쉽게 흥분하고 더 많은 스트레스를 받는데, 그 상태가 되면 우리 몸에서는 코르티솔cortisol이라는 스트레스 호르몬이 분비되고, 코르티솔은 다시 휴식과 여유를 선물해 주는 신경전달물질인 세로토닌의 분비를 방해한다. 그러면서 악순환이 시작된다. 세로토닌 수치가 낮아지므로 자극에 대한 좌절과 무기력감이 더 강해지고, 이로 인해 코르티솔이 더 분비되는 것이다. 그런데 혈액 내 세로토닌 수치도 식단 조절을 통해 약간은 높일 수 있다. 다크초콜릿, 견과류, 생선, 포도, 토마토, 치즈 등은 세로토닌 분비를 유도하는 아미노산인 트립토판의 함유량이 꽤 높은 편이다.

코르티솔 수치 낮추기 | 간접적인 방법이기는 하지만, 세로토닌 수치를 높이는 데 보다 효과적인 방법이 있다. 네덜란드의 심리학자 롭 마르쿠스Rob Markus는 스트레스에 극도로 민감하게 반응하는 이들에게 저단백-고탄수화물 식단이 큰 효과가 있다는 사실을 발견했다. 전체 섭취 영양분의 3분의 2를 탄수화물로, 단백질은 최대 4% 정도만으로 식단을 짤 경우 스트레스에 예민한 사람들의 기분이 유쾌해지고 인지능력이 상승된다는 것이다. 마르쿠스는 고탄수화물 식단이 혈중 코르티솔 수치를 낮추고, 이로써 트립토판 수치가 높아지며, 나아가 세로토닌 분비가 촉진되는 것에서 그 원인을 찾고 있다.[26]

따뜻한 음식 섭취 | 섬세형과 은둔형 내향인은 인도의 고전 의학 아유르베다ayurveda에서 말하는 바타vata 체질과 유사한 점이 많다. 바타 체질은 온화하고 예민하고 창의적이지만, 쉽게 피로감을 느낀다고 한다. 또 아유르베다의 가르침에 따르면, 바타 기질의 사람들은 수프나 리소토risotto처럼 따뜻한 음식이 도움이 된다고 한다. 고수, 계피, 생강, 강황처럼 따뜻한 성질을 지닌 향신료들도 도움이 된다. 반면 차가운 음식, 매운 음식은 피하는 것이 좋다.

아세틸콜린 수치 높이기 | 아세틸콜린은 내향인에게 가장 중요한 신경전달물질이다.[27] 아세틸콜린이 깊이와 신중함, 집중력 등과 같은 내향인의 강점을 더 강화해 주기 때문이다. 아세틸콜린은 비타민 B군에 속하는 성분인 콜린choline을 이용해 우리 체내에서 합성되는 성분이다. 따라서 콜린 섭취량이 많을수록 아세틸콜린 분비량도 늘어

나고, 우리 뇌도 더 원활하게 기능을 발휘할 수 있게 된다. 콜린이 다량 함유된 식품이나 성분으로는 달걀, 대두 레시틴soya lecithin, 쇠간, 생선, 우유, 브로콜리, 콜리플라워, 땅콩, 맥아 등이 있다. 특히 달걀과 햄을 곁들인 영국식 아침식사는 콜린이 풍부하게 함유되어 있어 내향인의 하루 출발을 든든하게 보조해 준다.

술과 커피의 기능 또는 역기능 │ 사람들은 술이 긴장을 풀어 준다고 말한다. 알코올 성분이 대뇌 신피질neocortex의 흥분도를 직접적으로 낮춰 주기 때문에 그렇게 느끼는 것이다. 레드와인 혹은 스파클링 와인 한 잔이 실제로 긴장을 풀어 주고 여유를 안겨 주기는 한다. 커피는 정반대다. 커피 속 카페인 성분은 가뜩이나 자극에 쉽게 무기력해지는 내향인에게 또 다른 자극을 안겨 준다. 특히 시간에 쫓기면서 숫자와 관련된 일을 처리할 때면 카페인이 업무 능률에 매우 부정적 영향을 미친다고 한다.[28]

기·억 노·트   섬세형과 은둔형 내향인의 강점은 자신의 몸에 대해 매우 예민한 감각을 지녔고, 전반적으로 책임감이 강하다는 것이다. 그 강점들을 활용하면 집중력 저하나 피로감을 예방할 수 있다. 평소에는 아마 굳이 노력하지 않아도 저절로 그 강점들이 발현될 것이다. 하지만 까다로운 프레젠테이션이나 마라톤 회의를 앞두고 있는 등 스트레스 상황이 닥치면 섬세형과 은둔형 내향인은 신체적 한계를 느낀다. 그 한계를 극복하기 위해서는 중대한 일이 있는 날에는 특히 아침부터 식단에 신경을 써서 몸 안에 에너지를 비축해야 한다.

07 심리적 면역력을 키우는 다섯 가지 전략

주도형　섬세형　비범형　은둔형

야상(야전상의) 점퍼는 이제 한물간 듯하다. 그래도 나는 몇 년째 입고 있는 야상 점퍼를 버리기 싫다. 방수·방풍 기능도 있고, 무엇보다 다른 어떤 옷을 입었을 때보다 마음이 편하다. 어차피 나는 신경이 예민하고 정신력이 그다지 강하지 않은 편이다. 이런 마당에 옷이라도 편하게 입어야 주변 세상을 감당할 수 있을 것 같다. 물론 얼굴도 좀 두꺼워졌으면 좋겠다. 그렇다면 무슨 일이 생길 때마다 얼굴이 빨개지는 일은 없을 테니까!

아쉽게도 대부분의 섬세형, 은둔형 내향인에게는 철면피라는 보호 장구가 없다. 심리적, 생리적 복원력이 그만큼 약하다는 것이다. 소심하고 예민한 사람들은 소음, 야단법석, 비판, 낯선 사람, 공개 석상에서는 행위 등에 대해서 큰 거부감을 지니고 있기 때문에 그런 일들을 앞두고 있거나 겪은 뒤에는 남들보다 더 긴 시간 동안 쉬어 줘야 한다. 그래야 비로소 스트레스와 두려움, 불안감 등을 떨치고 극복할 수 있기 때문이다. 이 같은 예민한 성격 자체를 바꿀 수는 없지만, 몸과 마음을 강화함으로써 스트레스의 강도를 조금 낮출 수는 있다. 그와 관련된 연구 역시 상당히 진행된 편이다.

내향인이 회복탄력성resilience을 제고하기 위해 가장 주의해야 할 사항은 충분한 휴식 시간이다. 물론 휴식과 여유는 내향인뿐 아니라 외향인, 양향인에게도 도움이 된다. 하지만 섬세형과 은둔형 내향인의 경우, 지치거나 무기력해졌을 때 성격상 단점들이 더 도드라진다는 특징이 있다.

섬세형 내향인은 지치고 피곤할 때 미모사처럼 움츠러들려는 경향을 보이고, 은둔형 내향인은 뒤로 숨으면서 존재감 없는 사람이 되어 버린다.

좀 더 여유 있게, 좀 더 자주적으로 바깥세상을 마주하고 싶다면 먼저 충분한 휴식을 취하면서 그럴 수 있는 힘부터 키워야 한다.

어느 중소 도시의 시장은 "저는 사적인 자리에선 오히려 수줍음을 많이 타는 편입니다"라고 고백한다. 평소 공식 석상에서 보이는 모습만으로는 그가 내향인이라는 사실이 도저히 믿기지 않는다. 하지만 그에게는 힘든 업무를 견뎌내는 자기만의 전략이 있다. 그의 말을 들어보자. "밤늦게까지 진행되는 시정 회의에 참석하고 나면 심신이 녹초가 된 것 같습니다. 그래서 회의가 열리는 날 오전엔 대개 집에서 업무를 처리합니다. 그렇게 잠도 충분히 자고 편히 쉬고 나면 회의 중에 오가는 각종 논쟁들을 좀 더 잘 소화할 수 있기 때문입니다."

그런데 휴식을 통해 신체적 에너지를 축적하는 것보다 더 많은 에너지를 충전하는 방법이 있다. '유쾌한 기분'이 바로 그것이다. 관련 실험 결과, 같은 양의 부담이 주어졌을 때 유쾌한 기분의 피실험자가 불쾌한 기분의 피실험자보다 코르티솔 분비량이 적은 것으로 드러났다. 스트레스 상황이 끝난 뒤 혈압이 정상치로 돌아오는 시간도 유쾌한 피실험자의 경우가 더 짧았다. 즉 기분이 좋아지는 모든 상황 및 행위가 저항력과 회복탄력성을 높여 주고, 부담과 스트레스를 완충해 준다는 것이다. 사실 사소한 기쁨이 우리에게 안겨 주는 효과의 지속 시간은 그리 길지 않은 편이고, 그것 때문에 근본적인 성격이 바뀌는 것은 아니다. 하지만 안정적 기분을 유지하기 위해 의식적으로 노력할 경우, 심리적 면역력이 분명 강화되면서 스트레스를 유발하는 상황에 대해 일종의 보호막이 형성된다.

미국 애리조나 주립대학교Arizona State University의 심리학과 교수 메리 데이비스Mary C. Davis는 우리의 기분을 '업'시켜 줌으로써 회복탄력성과 건강을 증진시키는 최고의 전략으로 다음의 다섯 가지를 꼽았다.[29]

전략 1. 외향성 발현하기 | 웨이크포레스트대학교 심리학과의 윌리엄 플리슨 교수 팀의 연구 결과에 따르면 내향인도 외향인처럼 행동할 경우, 즉 말을 좀 더 많이 하고 자신감 있게 행동하고 토론 중에 자기 의견을 당당하게 개진할 경우, 외향인이 느끼는 것과 똑같은 긍정적 감정을 느낄 수 있다고 한다.[30]

전략 2. 좋아하는 일에 더 집중하기 | 내가 좋아하는 일을 할 경우, 혹은 내가 좋아하는 목표에 도달하기 위해 어떤 일을 할 경우 기분이 좋아진다. 반드시 중대하고 심각한 일이어야 하는 것은 아니다. 재미있는 대사가 많은 영화를 보거나 따뜻한 차 한 잔을 마시는 것, 점심시간을 이용해 햇볕을 쬐며 10분간 산책하는 것 등 별것 아닌 것처럼 보이는 사소한 행위를 통해서도 충분히 유쾌한 기분을 충전할 수

있다. 여기서 중요한 점은 어떤 일을 통해 내 기분을 업그레이드시킬 것인지를 스스로 선택해야 한다는 점, 그리고 그 일이 자신에게 긍정적 의미를 지닌 것이어야 한다는 점뿐이다.

전략 3. 대인관계 관리하기 | 동료가 건넨 한마디 칭찬이나 친구들과 함께하는 피크닉을 통해서도 에너지가 충전된다. 복도에서 마주친 사람이 내게 미소를 건네는 것만으로도 에너지가 충전될 수 있다. 내향인 중에는 남들과 말을 섞는 것 자체가 힘들다는 이들도 있고, 공적인 자리든 사적인 자리든 상관없이 모임 그 자체에 거부감부터 든다는 이들도 많다. 하지만 좋은 사람과 함께하는 자리들은 결국 우리에게 아름다운 추억을 선물하고, 나아가 자신감까지 드높여 준다는 점을 잊지 말자.[31]

전략 4. 자연의 힘 이용하기 | 한 시간만 야외에 머물러도 집중력이 높아지고, 긍정적 마인드가 강해지며, 마음의 여유도 더 많이 생긴다. 똑같은 시간을 쉰다 하더라도 커피숍 혹은 자기 집 거실에 앉아서 보내는 것과는 분명 차이가 있다.

전략 5. 순간에 집중하기 | 지금 이 순간, 바로 내가 있는 이곳에 집중하자. 동양의 선禪 수련의 기본 원칙도 지금 하고 있는 일에 열중하라는 것이다. 빵을 굽든, 자전거를 수리하든 현재 하고 있는 바로 그 일에 완전히 몰입함으로써 안정적 감정을 유지하고 저항력을 드높일 수 있다. 특히 그 일이 자신이 좋아하거나 특별히 자신 있는 분야라

면 효과는 더더욱 배가된다. 인간의 뇌를 스캔해 본 결과, 몰입이 습관이 될 경우 우리의 감정을 주관하는 뇌 부위에도 긍정적 변화가 일어난다고 한다.

08 내향인에게 어울리는 운동

주도형 섬세형 비범형 은둔형

주도형 내향인은 뇌 회백질gray matter을 활용해 무언가를 배우기를 좋아하고, 비범형들은 특별히 하는 일 없이 시간을 보낼 때가 많다? 섬세형들은 땀을 많이 흘리고 추위도 많이 타며, 은둔형들은 집 안에 틀어박혀 있기만 좋아한다? 내향인은 못 말리는 운동혐오자들이다? 혹은 늘 자신감 없이 머뭇거리거나 파티에서 아무도 같이 춤을 추고 싶어 하지 않는 사람들이다?

모두 다 고정관념에 불과하다! 내향인 중에 세계적인 운동선수들이 매우 많다는 점만 봐도 알 수 있는 사실이다. 내향인이 외향인보다 운동을 좀 덜 좋아하는 것은 사실이다. 하지만 몇몇 예외적 경우만 제외하면 내향인 역시 외향인만큼이나 열심히 훈련하고 외향인과 비슷한 성과를 거두고 있다. 적어도 지금까지의 통계는 그렇게 말하고 있다. 그런데 실내 사이클보다는 소파를 더 좋아하는 내향인이 알아야 할 사실이 한 가지 있다.

운동이 내향인에게 두 배로 도움이 된다는 것이다.

기본적으로 운동은 누구에게나 신체적 건강을 증진시켜 준다. 하지만 운동이 자신감, 신체적 긴장 이완, 스트레스 저항력도 향상시켜 주기 때문에 내향인에게 더 도움이 된다고 말하는 것이다. 스포츠는 저항력과 매력, 자주성을 제고시킬 뿐만 아니라 중장기적으로는 신체의 조화로운 활용을 가능케 해준다.

그중에서도 특히 근력 운동이 우리 정서에 미치는 영향은 매우 크다. 영국의 운동생리학자 래리 터커Larry A. Tucker도 그 사실을 입증했다. 140명이 넘는 실험 참가자들 중 단단한 식스팩과 이두박근을 지닌 이들이 근육량이 적은 참가자들에 비해 눈에 띄게 자기 삶에 대한 만족감이 높고, 정서가 안정적이며, 두려움이 적은 것으로 드러났다.[32] 맑은 정신과 에너지를 보충하고자 한다면 자전거 타기, 조깅, 트레킹과 같은 유산소 운동이 좋다. 내면의 휴식을 원하는 이들에게는 댄스나 스키, 요가처럼 리드미컬한 움직임이 동반되는 운동이 도움이 된다고 한다.

내키지 않는다고 운동을 거부해서는 안 된다. 찾아보면 '내향인 친화적'인 종목들도 많다. 내향인에게는 정확성과 조절 가능성, 반복된 패턴이 요구되는 운동들이 적합하다. 예컨대 테니스 벽치기, 눈과 손의 협응력coordination(근육·신경기관·운동기관 등의 움직임의 상호조정 능력, 두 가지 이상의 기관을 함께 사용하는 능력)이 요구되는 양궁 등이 해당된다.

처음 듣는 순간에는 이해가 가지 않겠지만, 팀 스포츠도 내향인에게 매우 바람직한 운동이다. 2007년, 슬로베니아의 운동심리학자 우르스카 도베르세크Urska Dobersek와 카트 바르트링Cart Bartling은 테니스, 육상, 골프, 배구 선수들의 성격을 분석했다. 그 결과 놀라운 사실을 발견했다. 배구 선수들에게서 특히 내향적 특징인 신중함과 성실함이 자주 관찰된 반면, 개인 종목 선수들에게서는 즉흥성, 활달함 그리고 약간의 이기주의 같은 전형적인 외향적 기질들이 많이 관찰된 것이다.

도베르세크와 바르트링은 팀 스포츠에서는 승리를 위해 모두가 협력해야 한다는 데에서 그 이유를 찾았다. 이겨도 함께 이기고, 져도 함께 진다. 그런 상황에서 승리를 이뤄 내려면 자신을 낮추는 겸손함과 자기 팀 선수들의 상태를 살피는 공감능력이 있어야 한다. 반면 개인 종목에서는 지든, 이기든 모든 책임을 선수 스스로 져야 한다. 그 압박감을 견디기 위해서는 자신감과 강한 정신력이 필요하다. 도베르세크와 바르트링은 낯선 사람들과 어울리는 게 싫다면 친한 사람들과 자체적으로 팀을 조직해서 팀 스포츠를 해볼 것을 권했는데, 이 방법은 특히 섬세형과 은둔형에게 많은 도움이 될 것으로 보인다.

기·억 노·트　　　　내향인과 운동에 대해 얘길 나눠 보면, 어릴 적 체육 시간에 대한 기억이 좋지 않다. 여러 명이 같이하는 종목이 많았는데, 무엇보다 몸과 몸이 부딪히는 게 싫었다고들 한다. 그렇다고 개인 종목을 좋아하는 것도 아니다. 스키는 겁이 나서 못 타겠고, 핸드볼을 하면서 팀 스포츠 전체가 싫어졌고, 골프나 테니스는 이겨야 한다는 강박관념이 너무 강해서 못 하겠다고 한다. 이제 그런 변명들은 접어두자! 자신에게 맞는 종목, 적절한 시간, 편안한 친구들과 함께 몸을 움직여 보자. 비록 경기에서 지더라도 가장 중요한 싸움, 즉 자기 자신과의 싸움에서는 이미 이긴 것이다.

09 자극과 고통에 예민한 내향인

주도형 섬세형 비범형 은둔형

섬세형 내향인은 남들이 미처 느끼지 못하는 자극에도 예민하다. 그게 도움이 될 때도 있다. 예컨대 대학에서 미술을 전공하지 않았음에도 불구하고 어떤 그림 속에 담긴 메시지나 뉘앙스를 잘 파악할 수 있고, 숲길에서 아네모네를 발견하고는 마음속에 환희의 물결을 느낄 수도 있다. 하지만 예민한 감각이 단점이 될 때도 있다. 병원 문턱도 넘기 싫어하고, 신체적 고통을 남들보다 더 심하게 느낄 때가 바로 그런 때이다.

어느 내향인은 병원 방문과 관련해 지난 몇 년 사이에 그야말로 장족의 발전을 이뤄 냈다고 말한다. 이제는 병원에 가는 것을 예전만큼 두려워하지 않는다. 고통을 감내하는 능력도 좋아졌다. 거기에는 달라진 의료 환경이 큰 기여를 했다. 예컨대 요즘 치과의사들은 주사바늘을 찌르기 전에 점막부터 마취한다. 내과 분야에서는 수면 내시경 검사가 등장했다. 간호사들도 "하나도 안 아파요"라든가, "이렇게 심하게 끙끙대는 환자는 처음이에요"라는 말 대신 "너무 아프면 손을 들어 표시해 주세요"라고 말한다. 물론 발달된 의료 기술과 친절한 의료진이 고통과 질병을 완전히 사라지게 하지는 않는다. 하지만 적어도 고통에 이성적으로 대처할 수 있도록 도와주기는 한다.

"왜 나는 병원에 가는 게 무서울까? 수술이든, 시술이든 치료를 받아야 한다는 생각만으로도 왜 이렇게 겁이 날까? 남들은 아무렇지 않다는데, 왜 나는 이렇게 아픈 걸까? 남들은 살짝 따끔할 뿐이라는데, 왜 나는 도저히 참을 수 없을까? 남들은 다 효과를 보았다는데, 왜 나는 이 약으로 효과를 보지 못하는 것일까? 남들한테는 괜찮은 약이라는데, 왜 나한테만 부작용이 있는 것 같을까?"

아마 이런 상황에서 내향인은 "아냐, 내가 너무 예민해서 그래. 고통의 강도는 똑같은데, 내 의지가 약해서 그런 거야!"라고 생각할 것이다. 그런데 그게 아닐 수도 있다. 섬세형 내향인은 실제로 신체적 증상에 남들보다 예민하게 반응한다. 고통도 더 많이 느끼고, 더러는 소량의 약물만 투여했음에도 불구하고 부작용을 일으키기도 한다.

내향인이 외향인보다 엄살이 심한 것이 아니다. 오히려 내향인이 외향인보다 고통을 더 잘 견딘다.

그 증거는 텍사스대학교University of Texas System의 제니퍼 필립스Jennifer M. Phillips와 로버트 가첼Robert J. Gatchel 교수가 제시했다. 필립스와 가첼은 지난 40년간의 연구 결과들을 종합해 봤더니, 결국 결론은 하나였다고 말한다. 외향인과 내향인으로 구성된 피실험자들에게 추위나 더위, 전기 자극 등을 가한 결과 외향인과 내향인의 차이가 여실히 드러났다. 즉 내향인은 고통을 더 빨리, 더 많이 느끼고, 외향인은 고통을 덜 느끼고, 더 나중에 느낀다는 것이다. 요통, 섬유근육통, 관절염 환자들을 비교해 봤을 때도 같은 결과가 도출되었다. 이와 관련해 인성연구가인 한스 위르겐 아이젠크는 내향인이 고통을 더 빨리 느끼고, 통증에 대한 내성도 약한 원인이 외향인보다 대뇌피질이 더 쉽게 자극을 받기 때문이라고 설명한다. 즉 대뇌피질의 반응이 빠르기 때문에 고통도 더 빨리 느낀다는 것이다.

해당 분야에 관심 있는 사람이라면, 아마 여기까지는 자주 접해 본 내용일 것이다. 그런데 필립스와 가첼의 연구에서 진짜 재미있는 결론이 한 가지 나왔다. 내향인 피실험자들이 결코 '호들갑을 떨지' 않았다는 것이다. 내향인이 담담하게 고통을 받아들인 반면, 오히려 통증 내성이 더 강한 외향인은 똑같은 강도의 자극이 주어졌을 때 고통을 호소하며 진통제를 요구하고, 주변 사람의 도움을 필요로 했다. 사실 생각해 보면, 내향인과 외향인에게서 이렇게 서로 다른 반응이 나오는 것은 당연한 일이다. 타고난 성향이 다르기 때문이다.

외향인은 아픔을 겉으로 드러내는 반면, 내향인은 꾹꾹 참아 내는 경향이 강하다.

내향인이 고통에 더 예민한 건 사실이지만, 고통을 참는 데 있어서는 더 용감하다. 지금까지 내가 너무 앓는 소리를 많이 하는 환자, 까다로운 환자는 아닌가 싶어서 걱정이 되었다면 이 사실이 작은 위안이 되기 바란다. 이 사실을 아는 것만으로도 아마 앞으로 병원을 찾을 때 부담이 약간은 줄어들 것이다. 그런데 또 다른 문제가 하나 있다. 고통을 마냥 참는 행위가 결코 도움이 되지 않는다는 것이다.

통증의학계에서는 표현하지 않고 그냥 속으로 삼키는 게 결국 고통과 공포감을 더 악화시킨다고 지적한다. 고통이든, 두려움이든 즉

시 표현하는 것이 좋다. 필요하다면 진통제도 복용하는 것이 좋다. 주의를 다른 데로 돌리거나 누군가에게 손을 잡아 달라고 요구하는 것도 도움이 된다. 어쨌든 중요한 사실은 아플 때, 치료가 무서울 때, 검사 방법이 수치감을 안겨 줄 때 즉각적으로 표현을 하라는 것이다. 어차피 내향인은 고통마저도 조용히 참는 사람들이다. 그러니 약간 표현한다 해서 특별히 상대방에게 불쾌감이나 부담감을 주지는 않을 것이다.

기·억 노·트   첫째, 자신이 고통에 대해 예민하다는 사실을 긍정적으로 받아들이자. 사실 예민한 감각은 매우 훌륭한 '조기 경보 시스템'인데, 누구나 보유하고 있는 기능은 아니다. 오히려 실력 있고 친절한 의료진만 만난다면 심각한 질병도 미리 예방하거나 조기에 발견할 확률이 높아진다. 둘째, 자신의 고통을 과감하게 표현하자. 미리 소리 내어 분명하게 말하는 것이 의료진에게도 도움이 된다. 치료 과정에도 도움이 되고, 환자의 두려움을 진정시키는 데에도 도움이 된다. 반면, 치료 중에 자꾸 움찔하거나 얼굴을 찡그리는 행위는 도움이 되지 않는다. 제아무리 실력 있는 의사라도 환자가 그런 반응을 보이면 신경이 쓰여서 긴장하기 마련이다. 셋째, 질병 감지에만 너무 집중하지 말자. 지금부터는 내 몸과 마음을 강하고 아름답게 만들어 주는 것들, 내게 자신감을 안겨 주는 것들에 대해서도 관심을 가져 보자.

엄청난 잠재력은
숨어 있다

언젠가 사흘 동안 교외에 위치한 어느 호텔에서 연수를 받았다. 그때 이야기다.

지금은 밤 10시가 다 되어 가는 시각. 오늘의 교육 내용도 잘 소화했고, 저녁식사를 마친 뒤에도 모두 모여 한참 동안 이야기꽃을 피웠다. 이제 내 방으로 돌아가 남편과 통화를 하고 책을 조금 보다가 잠들 생각이다. 그런데 내 뒤에서 누군가가 느닷없이 제안을 한다. "이제 호프집으로 자리를 옮길까요? 분위기가 한창 무르익은 마당에 이렇게 헤어지기엔 너무 아쉽잖아요?" 그 자리에 있던 모두가 '마지막 딱 한 잔'이 오늘 하루에 완벽한 마침표를 찍어 줄 거라고 생각하는 듯하다. 모두가 그렇게 생각한다, 나만 빼고! 이번에도 나는 혼자다. 나는 사람들과 어울려 얘기 나누기를 좋아하지만, 혼자 있는 것도 그 못지않게 좋아한다. 비록 고급 호텔은 아니지만, 비록 소박하고 작은 방이지만 그래도 난 지금 그 방에 가서 혼자 쉬고 싶다. 내향인 대부분이 그렇듯 나 역시 이런 상황에서 갈등에 빠진다. 같이 가기도 싫고, 혼자 빠지기도 싫다. 어느 쪽을 선택하든 사교성이나 추진력과 관련된 사회적 규범에 어긋나는 것 같다.

남과 다른 존재라는 느낌은 마음에 생채기를 남긴다. 특히 직장생활이나 대인관계와 관련해 반드시 필요한 능력들이 내게는 없다는 사실을 깨닫고 나면 자기의 현재 모습이 과연 바람직한지 의심을 품게 된다. "나는 저들과 다르다. 나는 결코 그들과 완전한 하나가 될 수 없다!"라는 느낌이 드는 순간, 우리는 자신의 능력과 재능에 대해 의문을 품곤 한다.

그러나 외향인은 외향인대로, 내향인은 내향인대로 각자 잘하는 분야가 있게 마련이다.

그날 밤 나는 결국 호프집까지 가서 술 한 잔을 마신 뒤 자리에서 먼저 일어섰다. 너무 내 안으로만 파고드는 건 결코 좋지 않다는 생각이 들어서였다. 내 안에 잠자고 있는 외향적인 면모들을 확인하고, 강화하고 싶은 마음도 있었다. 그렇다고 나라는 존재를 구성하고 있는 가장 중대한 특징, 즉 내향적 기질을 포기하고 싶지는 않았다. 내 안의 내향적 성격 역시 다방면에서 강점으로 작용한다고 굳게 믿는다.

그런 의미에서 이번에는 각자 자신이 지닌 강점에 대해 한번 살펴보기로 하자.

❿ 외향인에게도 단점은 있는 법

주도형 섬세형 비범형 은둔형

외향인은 사람들과 잘 어울리고, 자기 PR에도 능하며, 입담도 뛰어나다. 좋은 일이 있을 때는 열광적으로 기뻐하고, 스트레스에도 강하다. 행복의 순간도 더 많이, 더 강하게 느낀다. 체력도 좋고 혹독한 세상을 두려움 없이, 거침없이 헤쳐 나간다. 그래서 내향인은 외향인을 부러워한다.

하지만 외향인이라 해서 좋은 점만 지닌 것은 아니다. 외향인이 둔감하고, 허세 부리기 좋아하며, 실속 없고 피상적이라는 편견 역시 사실과 다르다. 그럴 수도 있지만, 그렇지 않을 수도 있다.

외향인이 내향인에 비해 뒤처지는 분야로 어떤 것들을 꼽을 수 있을까? 적어도 학계의 연구 결과나 통계에 따르면 배우자나 연인이 있음에도 불구하고 바람을 피우는 이들, 무리하게 자금을 투자하는 이들, 건강관리에 소홀한 이들, 자동차 혹은 운동 중 사고를 당하거나 다치는 이들 중 외향인이 더 많다고 한다.[33]

이러한 차이의 원인은 한 가지다. 물리적 위험이나 금전적 위험 혹은 그 밖의 위험 요소를 가늠하는 방식에 있어 외향인과 내향인 사이에 차이가 있기 때문이다. 외향인은 내향인보다 대체로 자신감이 충만하고, 그로 인해 자기를 과대평가할 때가 많다. 반면 내향인은 위험을 더 잘 예측하고, 자신의 능력을 실제보다 낮게 평가하는 경향이 있다. 내향인은 누가 봐도 대단한 일을 해냈을 때조차도 우쭐해 하는 대신 뒤로 한 걸음 물러난다.

소피아 코폴라 감독도 내향인 중 한 명이다. 〈사랑도 통역이 되나요?Lost in Translation〉, 〈마리 앙투아네트Marie Antoinette〉, 〈블링 링The Bling Ring〉과 같은 흥행 작들을 만들어 냈지만 그녀는 아직도 자기 자신이나 작품을 홍보하기 위해 대중들 앞에 서야 할 때면 스스로와 싸워야 한다. 부끄럼이 많은 성격을 극복해야만 하는 것이다. 영화감독의 역할은 영화를 찍는 것으로 끝나지 않고 홍보까지 해야 한다. 하지만 그녀는 "그냥 아무 말도 안 하고 살 수 있으면 좋겠어요. 전 그저 책이나 읽고 잠이나 자고 싶을 뿐이에요"라고 말한다.

소피아 코폴라 같은 은둔형 내향인만이 자신의 공功을 감추는 것은 아니다. 대인관계에 능한 주도형 내향인이나 섬세형 내향인을 포함해 모든 내향인이 스스로의 능력을 과소평가하고 말을 아낀다. 그 때문에 내향인은 똑같은 일을 해내고도 인정을 덜 받는다. 그뿐 아니라 자신감 넘치는 외향인에게 '속아 넘어가기도' 한다. "저렇게 자신만만할 수 있는 데에는 분명 다 이유가 있을 거야. 분명 나보다는 능력이 뛰어날 거야"라고 믿어 버리는 것이다. 비록 논리적 추론이기는 하지만, 외향인이 작은 일도 더 크게 포장하고 과장할 수 있다는 사실을 간과한 사고방식이다.

참고로, 외향인은 성공했을 때뿐 아니라 실패나 불편함에 대해서도 내향인보다 더 드라마틱하게 표현한다. 외향인의 입에서 나온 거창한 표현들에 대해 신중하게, 이성적으로 한번 생각해 보면 실제로는 그만큼 거창하지 않을 때가 많다. 예를 들어 외향인이 말하는 '쇼킹한 폭탄 세일가'는 내향인이라면 아마도 '합리적인 가격'이라고 표현했을 것이다. 외향인이라면 '급속도 승진'이라 표현할 것을 내향인이라면 아마도 '노력에 걸맞은 승진' 정도로 표현했을 것이다.

기·억 노·트 외향인과 내향인 중 누가 더 좋고, 누가 더 나쁘다고 말할 수는 없다. 서로 다른 강점과 약점을 지닌 두 종류의 그룹일 뿐이다. 이와 관련해 과학 전문 저널리스트 데이비드 돕스David Dobbs가 쓴 '민들레형 인간'과 '난초형 인간'에 관한 기사는 매우 흥미롭다. 저명한 상까지 수상할 정도로 탁월한 기사였다. 해당 기사에서 돕스는 "생명력이 강한 민들레가 대지 위 어느 곳에서도 자랄 수 있는 데 반해, 정성스런 보살핌을 필요로 하는 난초는 온실에서만 자란다. 난초가 비록 민들레보다 아름다울지는 몰라도 조금만 관리가 부실하면 이내 고개를 숙이고 만다"라고 지적했다.[34] 민들레형 인간에 속하는 외향인은 언제 어디서든 자신감 있고 당당하게 살아남는 반면, 난초형 인간에 속하는 내향인은 주변 세상을 앰프나 스피커에서 울려 나오는 굉음으로 인식하고 낯선 환경 앞에서 이내 고개를 꺾고 만다. 그렇다고 내향인이 연약하기만 한 것은 결코 아니다. 익숙하고 편한 환경만 주어지면 외향인보다 훨씬 더 섬세하고 협동적으로, 책임감 있게 일을 처리한다.[35]

⑪ 차분함을 타고난 사람들

주도형　섬세형　비범형　온둔형

주도형과 섬세형 내향인은 주변 사람들의 기대를 매우 잘 감지해 낸다. 필요할 때면 철저하게 외향인이 되기도 해서, 제삼자는 그 사람 내면에 내향인 기질이 강하게 자리 잡고 있다는 사실조차 느끼지 못한다. 그런데 자신의 타고난 기질을 징시간 외면하는 행위는 그다지 바람직하지 않다.

휴식과 마음의 평정은 에너지 발산과 적극성만큼이나 반드시 필요한 것이기 때문이다.

내향인은 자신들의 신중한 태도나 조용한 몸짓, 느린 말투가 상대방에게 지루한 사람, 무기력한 사람, 수동적인 사람이라는 인상을 줄까 봐 걱정들을 하는데, 실제로는 그 반대다.

삶이 바쁘고 요란하게 돌아갈수록 시각적으로나 청각적으로 상대방에게 자극을 덜 주는 차분한 사람이 더 인정을 받는다. 앙겔라 메르켈 총리는 그 대표적인 사례다. 메르켈은 목청 높여 고함을 지르거나 튀는 옷을 입지 않는다. 대신 차분한 태도를 통해 상대방의 신뢰를 얻는다. 조용하고 이성적인 톤으로 말함으로써 자신이 해당 사안을 얼마나 진지하게 생각하고 있는지, 거기에 얼마나 집중하고 있는지, 전체적 상황을 얼마나 잘 파악하고 있는지를 입증한다.

또한 내향인은 평소에 늘 사려 깊은 태도를 유지하도록 타고난 이들이다. 내향인은 쓸데없는 일에 낭비할 만큼 많은 에너지를 갖고 있지 않다. 지치고 피곤할 때면 내향인은 본능적으로 휴식을 찾는다. 쉬면서 다시 한 번 자신을 추스르고 전두엽에게도 휴식을 주는 것이다. 이렇게 재충전을 위해 반드시 쉬어 주어야만 하는 생리학적 필요성이 약점일 수도 있지만, 그게 오히려 강점으로 작용할 수도 있다. 독일의 저널리스트이자 작가인 잉가 미힐러Inga Michler와 가수 출신의 방송인 마르틴 숄츠Martin Scholz는 빌 게이츠와 인터뷰를 한 적이 있는데, 무엇보다 그의 차분함이 매우 인상적이었다고 기록했다.

58세의 빌 게이츠는 베를린 아들론 호텔의 스위트룸에 들어서면서부터 이미 걸음을 멈추고 숨을 골랐다. 미소를 띤 채 모여 있던 이들과 부드럽게 손을 마주 잡으며 악수를 나눈 뒤에 비로소 자리에 착석했다. 이때 그의 왼손은 바지 주머니 속에 있었다. 모든 제스처나 표현은 오른손의 몫이었다. 그는 그렇게 거의 한 시간을 앉아 있었다. 상황에 매우 집중하고 있었음에도 불구하고 상당히 여유 있는 모습이었다. 그 모습을 보니 마치 "이보세요, 별일도 아닌데 야단법석 떨지 마세요"라는 메시지를 전달하고 있는 것 같았다. 한마디로 그는 매우 여유로운 이 시대의 거물이었다.

차분한 태도는 분명 효과를 발휘한다. 상대가 누구냐, 상황이 어떠하냐에 따라 차분한 태도는 상대방에게 사려 깊음과 인내심, 고상함, 주의 깊음, 위로 등을 전달한다. 외향인도 차분한 태도를 확신과 신뢰, 집중의 동의어로 간주한다. 따라서 내향인은 너무 겁먹지 말고 자신의 타고난 천성에 충실하면 된다. 급하게 덤비지 말고 하나씩 하나씩 차분히 일들을 처리해 나가면 되는 것이다. 예컨대 다음과 같은 상황들에서 어떻게 차분함을 발산할 수 있는지 한번 살펴보자.

누군가가 내 조언을 필요로 할 때 | 해결책을 제시해야 한다는 강박관념에서 벗어나자. 용기를 줄 수 있는 표정으로 상대방을 가만히 쳐다보자. 침묵은 생각의 깊이를 더한다. 스스로 해결책을 발견할 수 있도록 그 사람에게 시간을 주자.

누군가가 질문 공세를 퍼부을 때 | 잠시 숨을 고르면서 무엇이 적절한 답변인지 생각해 보자. 질문을 받자마자 속사포처럼 답변을 제시해야 인정과 주목을 받을 수 있는 것은 아니다. 여유와 신중함은 불안함의 상징이 아니다. 오히려 그 반대로 확신에 차 있다는 인상을 심어 줄 수 있다.

분위기가 험악해졌을 때 | 내향인은 갈등 안에 내포된 다양한 단면을 발견하고 다각도에서 조명하는 능력을 지녔다. 숨을 고르고 현재 상황을 가만히 분석해 보자. 침묵과 휴식, 나아가 차분하지만 확신에 찬 어조는 흥분을 가라앉히는 최상의 도구라는 사실은 이미 수차례 입증된 바 있다.

사람들 앞에서 연설을 해야 할 때 | 첫 마디를 내뱉기 전에 숨을 깊게 들이마시자. 발성법을 가르치는 트레이너들 역시 마찬가지의 조언을 하고 있다. 내가 깊은 호흡으로 집중력을 높이는 동안 청중들의 기대

감은 높아진다. 그와 더불어 덮어놓고 입부터 여는 사람이라는 인상을 심어 줄 위험을 방지할 수 있다.

기·억 노·트　　　영화 〈호스 위스퍼러The Horse Whisperer〉를 보면, 로버트 레드포드(톰 부커 역)가 단 몇 마디 말로서 뜻밖의 사고로 정신적 충격을 받은 말과 그 주인이 다시 일어설 수 있도록 도움을 주는 모습이 나온다. 레드포드의 침착한 태도는 뉴욕의 어느 잡지사에서 일하는 야심찬 편집장의 마음까지 감화시킨다. 그렇게 마음과 마음이 전달될 수 있는 이유는 우리 뇌에 '거울신경세포mirror neuron'라는 게 있기 때문이다. 거울신경세포 덕분에 타인의 행동이나 태도가 내 머릿속에 그대로 거울처럼 반영되면서 결국 나도 그 사람과 비슷한 마음 상태가 된다. 즉 레드포드의 침착한 태도가 편집장 크리스틴 스콧 토마스(애니 역)에게 그대로 반영된 것이다. 여유로우면서도 차분하게 대화에 집중하는 태도는 내향인이 지닌 강점 중 하나다. 그 강점을 적극적으로 활용해 보자.

⑫ 학업에 도움이 되는 내향적 기질

주도형　성세형　비범형　은둔형

내향인이 평균적으로 외향인보다 지능이 높다는 말이 있기는 하나, 확실히 증명된 바는 아니다. 하지만 많은 학자들이 내향성과 뛰어난 인지능력 혹은 탁월한 재능 사이에 모종의 상관관계가 있다는 가설을 제시하고 있다.

　영국의 사회학자 월터 D. 퍼노Walter D. Furneaux는 1960년대에 이미 공작기계 분야를 전공하는 100명 이상의 공대생들을 대상으로 인성과 학업 성적의 연관성을 조사해 보았다. 퍼노는 조사대상자를 각 성향별로 네 개의 그룹으로 나누었다. 안정적 외향인, 불안정한 외향인, 안정적 내향인, 불안정한 내향인. 자, 이 네 그룹 중 어느 그룹의 성적이 가장 높았을까?

그 결과는 매우 의외였다. 가장 형편없는 성적을 기록할 것 같은 그룹, 즉 불안정한 내향인의 성적이 가장 뛰어났다. 두 번째는 안정적 내향인이었고, 낙제점을 가장 많이 받은 그룹은 안정적 외향인 그룹이었다. 즉 요즘 채용 담당자들이 가장 능력 있다고 생각하는 그룹이 가장 초라한 성적을 기록한 것이다.

퍼노는 불안정한 내향인이 더 뛰어난 성적을 거둔 이유를 '여키스-도슨의 법칙Yerkes-Dodson law'에서 찾았다. 여키스-도슨의 법칙에 따르면, 감정이 불안정한 사람일수록 그렇지 않은 사람보다 각성 속도가 빠르기 때문에 업무 수행 결과도 더 좋아진다고 한다.[36]

최근 연구들에서도 그와 비슷한 결과들이 제시된 바 있다. 교육심리학자인 린다 실버만Linda Silverman 역시 지능지수IQ가 높을수록 내향적 기질이 강하다는 명제를 제시했다. 실버만의 실험에서는 IQ 160 이상의 아이들 중 75% 이상이 내향적 성향을 지니고 있었는데, 전국 평균보다 세 배나 많은 수치였다. 미국 덴버에 소재한 영재개발센터 Gifted Development Center의 원장이기도 한 실버만은 "내향인이 그 외에도 업무능력를 제고시키는 다양한 능력들을 지니고 있다"라고 말한다. 그녀는 "내향인은 자기성찰이나 반성, 공격성 조절능력, 감수성, 도덕성, 뛰어난 학업 수행능력, 연구능력 등을 지니고 있고, 성인이 된 이후에는 교수학습 분야나 예술, 미학 분야에서 뛰어난 리더십을 발휘할 수 있으며, 중년의 위기를 보다 순조롭게 극복할 수 있는 능력을 지니고 있다"라고 말한다.[37]

내향인 입장에서는 굉장히 유쾌한 소식이다. 솔직히 내향인이 머리가 더 좋다는 주장은 너무 지나친 경향이 없지 않다. 하지만 내향인이 지닌 장점들이 학업 수행에 도움이 된다는 것만큼은 분명한 듯하다. 거꾸로, 머리가 좋으니 결국 공부도 잘하는 것 아니겠냐고 생각할 수도 있다. 하지만 그보다는 내향인이 '엉덩이가 더 무겁기' 때문에, 즉 좀 더 끈기 있게 책상 앞에 앉아 있을 수 있기 때문이라고 보는 편이 진실에 더 가까운 듯하다.

독학으로 컴퓨터를 마스터한 뒤 약관의 나이에 최초의 애플 컴퓨터를 개발한 스티브 워즈니악Steve Wozniak은 "만일 학창시절 제 성격이 내향적이 아니었다면 만날 밖으로 돌면서 친구들과 어울려 다니기만 했을 것이다"라고 회고한다. 그는 또 자서전에서 "정말 혁신적인 일을 해내고 싶다면 혼자 일하라"라고 충고하기도 한다.[38]

어떤 분야에서 뛰어난 실력을 발휘하고 전문가가 되려면 끈기와 집중력이 필요하다. 주도형과 비범형 내향인의 전형적 강점들이다. 어떤 프로젝트가 주어졌을 때 외향인은 대체로 많은 이들과 의견을 주고받으며 현실적으로 일을 처리해 나간다. 반면 내향인은 해당 주제에 관해 혼자서 조용히 조사하고, 관련 서적을 탐독한 뒤 신뢰와 확신을 주고, 유용한 의견을 제시하고, 심오한 통찰력을 발휘한다.[39]

그럴 수 있는 이유는 내향인이 대체로 정보를 깊이 있게 처리하기 때문이다. 즉 주어진 정보에 대해 신중하고 세심하게 접근하고, 정리하고, 분류하고, 연관 짓고, 의문을 품어 보고, 모순점을 찾아내고, 불가능한 일들을 인식하기 때문이다.

내향인은 외향인보다 근본적 문제에 대해 더 심오하게 고민하고, 사안의 주제와 내용에 대해 차분하게 되짚어 보며, 가능성과 한계를 탐구하고, 자기 자신과 자신이 하는 행동의 의미에 대해 심오하게 고민한다.

내향인 스스로는 이러한 성찰능력이 대단하지 않게 느껴질 수 있다. 어떤 일에든 깊이 빠져드는 게 당연한 것이기 때문이다. 그러면서 내향인은 "남들은 어떻게 중대한 문제에 대해 그렇게 쉽게, 그렇게 빨리 판단하고 결정을 내릴 수 있지? 어떻게 이 상태로 일이 끝났다고 말할 수 있지?"라는 의문을 품는다. 거기에 너무 신경 쓸 필요는 없다. 남들의 능력을 의심할 필요도, 내가 갖지 못한 것을 가졌다 해서 부러워할 이유도 없다. 지금까지 해온 것처럼 자신의 재능을 앞으로도 십분 발휘하면 된다. 내향인이 외향인보다 반드시 지능이 높은 것은 아니다. 하지만 내향인이 외향인보다 깊이 들여다보고, 멀리 내다보는 것은 분명한 사실이다.

기·억 노·트   혼자 생각에 잠기는 것도 좋지만, 혼자서는 아무리 노력해도 좋은 아이디어가 떠오르지 않을 때도 있다. 그럴 때는 자신의 생각의 흐름이나 산물에 대해 남들과 얘기를 나눠 볼 필요가 있다. 비록 아직 완성되지 않았다 해도 내 계획에 대해 타인의 생각을 물어보고 의견을 들어보는 습관을 지녀 보자. 예컨대 "지금 그 부분에 대해 생각하는 중인데 아직 잘 모르겠어……"라든가, "한 가지 **빠뜨린** 게 있는데 그 부분도 분명 고려해야 할 것 같아"라든가, "톰이 제시한 문제에 대해 좀 더 깊이 고민해 보고 싶어"라는 말로 말문을 열고 동료들의 의견을 들어보자. 이로써 활발한 토론을 유도할 수 있고, 나아가 내가 남들의 접근을 막고 있는 게 아니라 아직도 해당 사안에 대해 신중하게 고민 중이라는 사실을 알릴 수도 있다.

⓭ 뒤늦게 빛을 보게 되는 재능

주도형　심세형　비범형　은둔형

베르톨트 브레히트Bertolt Brecht의 희곡 〈서푼짜리 오페라Dreigroschenoper〉에는 "사람들의 눈에는 빛 속에 있는 자들만 보인다. 어둠 속에 있는 자들은 보이지 않는다"라는 대사가 나온다. 거의 100년 전 작품인데 그 법칙은 지금도 여전히 살아 있다. 아니, 어쩌면 그때보다 지금의 현실을 더 잘 묘사하는 말인지도 모르겠다.

요즘은 자신의 모습을 드러내고 화려하게 등장해야 비로소 누군가가 나를 알아준다. 그 별빛은 매우 빠른 속도로 고공행진을 한 뒤 반짝반짝 빛난다. 하지만 너무 반짝거리다 보면 금세 소멸될 수도 있다. 대중은 논문 표절 시비에 휘말린 정치가나 세금 탈루 사건에 연루된 유명인을 결코 용납하지 않는다. 제아무리 빛나던 영웅이라 하더라도 한순간의 실수로 지울 수 없는 낙인이 찍히는 것이다.

내향인의 커리어는 외향인에 비해 눈에 잘 띄지 않게 천천히 상승하지만, 비록 늦게 빛을 본다 하더라도 그 빛은 오래간다. UCLA 앤더슨 경영대학원UCLA Anderson School of Management의 코린 벤더스키Corinne Bendersky와 네하 파리크 샤Neha Parikh Shah는 특정 프로젝트팀들에 새로 영입된 외향인과 내향인(신경증 환자에 가까울 정도)의 실적을 조사해 보았다. 그 결과, 외향적 성향의 새내기들은 처음에는 주위의 기대를 한 몸에 받았시만 막상 뚜껑을 열어 보니 기대한 것만큼 실적이 나오지 않았다. 반면 내향적 기질의 신입들은 실험 시작 시 이미 "내가 무능한 사람인 것 같을 때가 많다"라든가, "스트레스를 받을 때면 몸이 산산조각으로 부서질 것 같은 느낌이 든다"라는 항목에 체크를 했다. 그런 만큼 해당 그룹에 대한 기대치도 낮았다. 하지만 10주 후 상황은 반전되었다.

외향인이 주변의 (과다한) 기대에 부응하지 못한 반면, 내향인은 점점 더 주목을 받으면서 마지막에는 결국 외향인을 앞질렀다.

해당 실험에서 내향인은 보다 큰 협동심을 발휘하면서 처음에 기대했던 것보다 훨씬 더 우수한 능력을 입증했다. 벤더스키와 샤는 그 결과를 〈외향인의 추락과 신경증 환자들의 비상The Downfall of Extraverts and Rise of Neurotics〉이라는 자극적인 제목의 논문을 통해 학계에 발표했다.[40]

2013년도 노벨문학상 수상자인 앨리스 먼로Alice Munro 역시 전형적 내향인이 그렇듯 절제된 흐름 속에서 조용히 상승했다. 36세에 첫 작품을 발표한 먼로는 스스로를 '상냥하지만 사람 대하는 것을 아주 좋아하지는 않는 사람'으로 묘사한다. 언론을 경계하고 조용한 삶을 좋아한 탓에 먼로는 그간 과소평가되어 왔다. 하지만 결국에는 캐나다 출신의 가장 유명한 작가가 되었고, 문학계에서는 그녀의 작품 스타일을 러시아의 대문호 안톤 체호프Anton Chekhov와 비교하기도 한다.

기·억 노·트   은둔형과 비범형 내향인은 자신의 장점조차도 감추는 경향이 있고, 그래서 남들의 주목을 늦게 받는 편이다. 하지만 시작이 화려하지 못하다 해서 끝마저 초라한 것은 아니다. 오히려 조용하고 차분하다는 첫인상을 심어 줄수 있고, 시간이 지나면서 끈기나 협동심 등 자신이 지닌 자질들을 충분히 인정받을 수 있기 때문이다. 영국 작가 이블린 아서 워Evelyn Arthur Waugh는 "절제만큼 세련된 과장은 없다"라는 말을 남기기도 했다. 굳이 '한눈에 반하는 사랑'이 아니어도 괜찮다. 시간이 지나면서 빠져드는 사랑 역시 유효기간이 매우 긴 것으로 입증되었다. 독일 보훔 대학교Ruhr University Bochum 연구진들은 그 이유가 '실망이 크지 않기 때문'이라고 분석했다.

⑭ 유행을 따르지 않는 무심함

주도형 섬세형 비범형 은둔형

매년 받는 질문이 세 가지 있다. 첫째는 "언론사에서 주관하는 올해 축구 챔피언십 매치를 같이 보러 가겠냐" 하는 것이고, 둘째는 "오페라 축제를 같이 보러 가겠냐" 하는 것이며, 셋째는 "옥토버페스트

Oktoberfest(뮌헨의 맥주 축제)에 같이 가겠냐"하는 것이다.

내 대답은 대개 "아니요", "아니요", "아니요"이다. 외향인의 기대와 일치하지 않는 대답이다. 외향인은 그런 행사들이 매우 재미있다고 생각하는 듯하다. 그게 아니라면 가기 싫다는 말이 내 입에서 떨어지자마자 "아니, 왜?"라는 반응을 보이지 않을 테니 말이다. 그러면 이번에는 내 쪽에서 당황한다. 가기 싫은 이유를 몰라서, 혹은 적당한 핑계가 없어서가 아니다. 그냥 내 입장에선 가기 싫은 이유를 물어볼 필요가 없는 것이다. 나도 외향인들에게 러브 퍼레이드Love Parade(독일의 테크노 음악 축제) 같은 델 대체 왜 가는지, 왜 휴가지에 가서까지 흥청망청 마셔야 하는지, 옥토버페스트에 가서 얻는 게 대체 무엇인지 물어보지 않는다.

다행히 내향인은 외향인이 자신들을 이해하지 못하는 것에 익숙하고, 그 사실을 겸허하게 받아들이는 유전자를 타고났다. 누구나 그렇듯, 내향인 역시 남들로부터 인정받고 싶어 한다. 하지만 내향인에게 있어 외부의 인정은 '있어도 그만, 없어도 그만'일 뿐이다.

내향인은 외부로부터의 인정을 덜 필요로 한다.
또한 남들 다 하는 일을 하지 않는다 해서 자신의 가치가 떨어진다고 생각하지 않는다.

내향인의 뇌는 외향인과 다르게 작용한다. 어떤 유형에 속하든 간에 내향인은 대부분 남들의 인정이나 편견에 흔들리지 않는다. 또 외향인은 어떤 행사에 직접 참가하고 현장에서 관람하는 것을 즐기지

만, 내향인은 거기에서 큰 기쁨을 느끼지 못한다.[41]

물론 내향인도 7월의 어느 더운 날 저녁, 야외 콘서트를 관람하면서 기분이 좋아질 수 있다. 하지만 그 자리에 있던 어느 외향인과는 달리 "오, 좋았어. 다음에도 꼭 와야지!"라고 결심하지는 않는다. 즉 내향인은 주류 문화나 유행 패션 등과 상관없이 살면서도 심리적 압박감을 덜 느낀다. 특히 주도형과 비범형 내향인은 스스로 생각하고 스스로 판단하기를 좋아하고, 타인의 의견보다는 사안 자체 혹은 물건 자체에서 매력과 동기를 느낀다.

집단의 기대와 무관하게 자신의 신념을 따르는 행위, 굳이 남들에게 잘 보이려고 애쓰지 않는 태도는 우리에게 많은 자유를 준다. 자기 자신의 나침반을 따라 살아가도록 해주고, 남들의 비판이나 거부 혹은 기타 성가신 일들을 무시해 버릴 수 있게 해준다. 이에 따라 내 삶을 내가 원하는 방식으로 꾸려 나갈 수 있게 된다.

이때 한 가지 주의해야 할 점은, 남들의 격려나 인정, 소속감 같은 게 나에게 중요하지 않다 해서 남들도 다 그렇게 생각하지는 않는다는 것이다. 즉 나와 남이 다를 수 있다는 사실을 인정하고 존중해 주어야 한다.

기·억 노·트　주도형과 비범형 내향인은 커다란 물줄기를 거슬러 헤엄치는 능력을 타고났다. 모두가 옳다고 생각하는 부분을 의문에 부치기도 한다. 하지만 그러한 자유로운 생각과 태도를 시도 때도 없이 남발해서는 안 된다. 적어도 상대방의 의견을 코앞에서 반박하지 말고, 칭찬을 아끼지 말며, 토론의 흐름을 방해하지 말고, 모두가 불편해 할 의견이라면 최대한 기분 좋은 방식으로 제시해야 한다.

⑮ 분위기를 잘 파악하는 섬세한 감각

주도형　섬세형　비범형　은둔형

오스트리아의 엘리자베스 황후, 우리는 그녀를 풍성한 드레스를 입은 귀여운 여인으로 기억하고 있다. 하지만 실제 엘리자베스 황후는 그녀의 삶을 묘사한 3부작 영화 〈시씨Sissi〉에 소개된 것과는 사뭇 다른 모습이었다. 실제 그녀는 교양 있고, 자기주장이 강하며, 진보적이고, 풍부한 감수성을 지닌 여인이었다. 강한 공감능력으로 국민들이 처한 상황을 이해하면서 불의와 압제에 조용히 저항했다.[42] 뛰어난 통찰력으로 헝가리 제국과의 협상을 추진했고, 탁월한 예지력으로 절대 권력을 휘두르던 합스부르크가의 몰락이 임박했음을 예감했으며, 그 이후에는 보다 현대적이고 자유로운 세상이 탄생하기를 희망했다. 하지만 보수적이고 완고한 비엔나 궁정은 그녀의 능력을 인정하지 않았다. 공식 석상을 싫어하던 엘리자베스 황후는 당시 궁정 귀족들에게는 병약하고 예측 불가능한 여인에 불과했다.

섬세형과 은둔형 내향인은 분위기 파악에 능숙하고, 미세한 변화나 미묘한 차이를 잘 감지한다.

섬세형과 은둔형 내향인은 남들보다 디테일을 더 잘 인지하기 때문에 예전 상황과 현재 상황을 비교하는 데에도 능하다. 즉 분위기나 유행 혹은 기회를 읽어 내는 눈이 남다르고, 위험이나 불안 요인도 잘 예측하는 편이며, 남들은 미처 발견조차 하지 못한 사안에 대해 이미 대책을 세워 놓았을 수도 있다. 이런 능력들은 창의성이 요구되는 분야나 예술·학술 관련 직종 등에서 매우 유용하고, 고객이나 환자 응대 시에도 빛을 발휘한다. 예컨대 미술품 시장에서 주목조차 하지 않던 그림들을 이미 사 모은 수집가, 혹은 환자가 얼굴을 찡그리거나 신음소리를 내기도 전에 이미 환자의 불편을 감지하는 치과의사 등이 그 대표적 사례들이다.

그런데 예민하다는 것은 기회가 될 수 있지만, 반대로 실패의 원인이 될 수도 있다. 지나치게 예민한 '안테나' 때문에 상처도 쉽게 받는다. 섬세형과 은둔형 내향인은 분위기가 조금만 이상해도, 누군가 약간의 의심의 눈초리를 보내기만 해도, 일이 조금만 틀어져도 금세 마음이 불편해진다. 모든 게 완벽해야만 하는 것이다. 창밖 풍경이 마음에 안 들어서 심기가 불편해질 수도 있고, 자신이 처리한 업무가 완벽하지 않아서 자책감에 빠지기도 한다. 수많은 요소들이 모두 조화를 이루고 만사가 순조롭게 진행되어야만 하는데, 그게 안 될 경우 섬세형과 은둔형 내향인은 머릿속이 새하얘지거나, 심장이 두근거리거나, 잠을 못 이루거나, 근육이 경직된다.

고도로 예민한 감각을 최대한 활용하고 싶다면, 그 가치를 알고 잘 관리해야만 한다. 소중하기는 하나, 분명 세심한 관리가 필요한 재능이라는 사실부터 인지해야 하는 것이다. 본능이나 직감을 따르는 행위를 겁내는 이들이 많다는 것도 알아야 한다. 섬세형, 은둔형 내향인 스스로도 아마 그런 때가 있었을 것이다. 분명 뭔가 이상한 조짐이 느껴지기는 하지만 왜 그런 느낌이 드는지 알 수 없는 상황, 분명 위험한 일이라는 직감이 드는데 그 이유를 설명할 수 없는 상황, 어떤 업무의 처리 결과가 옳은지 혹은 그른지에 대한 판단은 서는데 근거를 댈 수 없는 상황들 말이다.

섬세형, 은둔형 내향인이 모두 다 자신의 그러한 기질을 수긍하고 활용하는 것은 아니다. 개중에는 주변 모든 상황과 사물에 대해 너무 예민한 자신이 부담스러워서 자기만의 세계로 꽁꽁 숨어 버리는 이들도 있다. 보호막 밖으로 나온다 하더라도 마지못해서, 어쩔 수 없어서 그렇게 하는 경우가 대부분이다. 너무 예민해서 멀쩡한 직장을 박차고 나오는 이들도 있다. 내가 아는 어느 여성 법률가도 그랬다. 이로써 그녀는 다람쥐 쳇바퀴 돌듯 이어지는 지루하고도 피곤한 일상에서 벗어날 수 있었지만, 돈과 지위 등 많은 것을 포기해야 했다. 앞서 소개한 오스트리아의 황후 엘리자베스 역시 자신의 세계로 숨어드는 길을 택했다. 왕국 내 진보 세력은 그녀의 힘을 믿었고 그녀가 행동해 주기를 기대했지만, 그녀는 결국 이렇다 할 영향력을 행사하지 못한 채 자기만의 세계로 빠져들어 갔다.[43]

반면, 독일의 전 총리 빌리 브란트Willy Brandt는 남달리 예민한 감각을 지닌 한 사람이 단 한 번의 제스처로 얼마나 많은 일을 이뤄낼 수 있는지를 보여 주었다. 총리 자신의 직관과 감각적 판단에 따른 제스처였다. 1970년 브란트 총리는 바르샤바 유대인 집단 거주지역 내에 설치된 희생자 위령탑 앞에서 무릎을 꿇었고, 그러한 '논란의 소지가 다분한' 화해의 제스처를 통해 전 세계에 깊은 인상을 남겼다. 그 행위는 쉽게 상처 받고, 까다롭고, 진중한 성격의 브란트 총리와 잘 맞아떨어졌고, 이제 그는 전후 독일 정치가 중 가장 명망 높은 정치가 중 한 명이 되었다.

기·억 노·트　　　직관력, 공감능력, 감수성은 의식이 아니라 무의식의 지배를 받는 능력들이다. 그 능력들에서 사람이나 상황, 아름다움, 음악, 자연, 고민, 걱정 등을 판단하는 미묘한 능력이 파생된다. 이 특별한 재능은 그 소유자들로 하여금 남들보다 앞서 나가게 해주기도 하지만, 거기에 따른 대가도 만만찮다. 오감이 너무 예민한 탓에 자극이나 정보가 그야말로 감각 기관들을 '폭격'하기 때문이다. 거기에 항복하지 않으려면 유입되는 자극의 양을 스스로 조절하는 능력을 키워야 한다. 생각해 보면 그리 어렵지도 않다. 예컨대 스마트폰을 내려놓는 등 약간의 자제력만 발휘해도 자극의 양은 확연히 줄어든다. 공원을 산책하거나 피아노를 치는 것도 좋다. 창밖 풍경 감상하기나 낙엽 쓸어 모으기, 방문 잠시 닫기, 텅 빈 교회에 잠깐 동안 앉아 있기 등도 도움이 된다.

⑯ 한 번 시작하면 끝까지 해내는 성격

주도형　섬세형　비범형　은둔형

아동과 청소년을 위한 판타지 소설로 전 세계적 명성을 얻은 작가들이 있다. 이들은 이 시대의 가장 유명한 작가로 꼽히지만, 소심한 성격인 데다 내성적이고 언론과의 접촉을 꺼린다. 어쩌면 그런 성격이야말로 그들이 성공에 이른 비결이었는지도 모른다.

　　존 로널드 루엘 톨킨John Ronald Reuel Tolkien(대표작은《호빗》,《반지의 제왕》), 조앤 K. 롤링Joanne K. Rowling(대표작은《해리 포터》), 수잔 콜린스Suzanne Collins(대표작은《헝거 게임》)는 불멸의 캐릭터를 창출하고 상상의 왕국을 건립했다. 대부분이 시리즈물이다 보니 소설의 길이도 수천 쪽에

달한다. 그런 대규모 연작 소설을 쓰려면 풍부한 아이디어와 더불어 은근한 끈기가 필요하다. 또 다른 내성적 성격의 베스트셀러 작가인 존 어빙John Irving은 "(성공의) 8분의 1은 재능이요, 8분의 7은 자기규제"라고 말하기도 했다.

상상 속에서 모험을 즐기는 내향인이 현실 속 자극을 선호하는 외향인보다 확실히 더 끈기가 있는 것으로 드러났다.

어떤 주제에 대해 성실하고 세심하게 고민하는 내향인의 습관은 굳이 작가가 아니라 하더라도 학술직, 복지직, 행정직 등 여러 직종에서 큰 도움이 된다. 그들은 고객과 상담할 때 상당한 인내심을 발휘하고, 정기적으로 자원봉사를 하며, 포기하지 않고 자녀들에게 예의 바른 태도를 가르치고, 특정 분야의 도서를 긴 세월에 걸쳐 수집하곤 한다. 참고로 야심과 진지함을 복합적 형태로 갖추고 있는 비범형 내향인은 주로 심오하고 광범위한 전문가적 지식을 보유하고 있을 때가 많고, 은둔형 내향인은 주변 사람들에게 확고한 신뢰와 자신이 상대를 배려하고 있다는 인상을 심어 줄 때가 많다.

캐나다 몬트리올에 소재한 맥길대학교McGill University에서 학생들을 가르치는 미국 출신의 신경과학자 대니얼 레비틴Daniel Levitin은 "끈기와 노력은 결코 배신하지 않는다"라는 법칙에 대해 연구했었는데, 비슷한 연구를 진행한 학계 동료들과 같은 결론에 도달했다. 즉 "어떤 분야에서 세계적 전문가라는 이름을 들을 정도의 마스터 경지에 오르려면 1만 시간의 연습이 필요하다. 이는 분야를 막론하고 적용된다.

작곡가, 농구 선수, 소설가, 피겨스케이팅 선수, 피아니스트, 체스 플레이어, 최고의 범죄자 등 분야를 막론하고 늘 1만 시간의 훈련이 필요하다"라는 것이다.

1만 시간은 그야말로 긴 시간이고, 그만큼 많은 시간을 꾸준히 투자할 수 있는 사람은 잘 없다. 세계 최고의 자리에 오르기가 그만큼 힘들다는 말이다. 하지만 세계 최고까지는 아니라 하더라도, 1만 시간까지는 아니라 하더라도 한 분야에 어느 정도 익숙해지려면 꾸준한 노력이 필요한 것은 분명한 사실이다.

친구의 친구 한 명이 지난 3년 간 잠수를 배웠다고 한다. 그의 가족은 골든 리트리버 두 마리를 분양받았고, 피아노 한 대를 구입했으며, 또 다른 강좌에도 등록했는데 시간이 꽤 많이 걸리는 수업이었다고 한다. 나로서는 그저 입이 딱 벌어질 뿐이다. 그렇게 많은 새로운 일들을 한꺼번에 시작하고, 한꺼번에 추진할 능력이 내게는 없기 때문이다. 내향인의 전형적인 마인드는 뭔가 하나를 시작하면 거기에 몰두해야만 한다는 것이다. 내가 아는 외향인의 생각은 조금 다르다. 위에서 말한 친구의 친구도 비슷하다. 하지만 결과는 어땠을까? 개를 키우는 일은 일상의 당연한 한 부분으로 자리 잡았다. 하지만 잠수복은 창고 어딘가에서 (아마도 이제 아무도 타지 않는 인라인스케이트 옆에서) 잠자고 있고, 새로 등록한 강좌 역시 몇 번 가다가 그만두었다고 한다.

내향인은 외향인에 비해 좀처럼 새로운 일을 벌이지 않는다. 하지만 한 번 시작하면 끝까지 제대로 해내는 편이다. 그러한 끈기를 자신들이 가장 힘들어 하는 분야, 즉 사람을 사귀거나 많은 사람이 모이는 자리에 가는 행위 등에도 활용하면 좋지 않을까? 그 두 행위 역시 스케이트 타기와 마찬가지로 연습을 통해 발달시킬 수 있다. 처음 스케이트를 타면 엉덩방아를 찧기 마련인 것처럼 낯선 사람과 가벼운 수다를 떠는 것뿐인데도 그 자리가 불편하기 짝이 없게 느껴지는 게 처음엔 당연하다. 하지만 훈련을 거듭할수록 스케이트 실력이 향상되듯 대화 역시 시도를 거듭할수록 더 큰 안정감을 느낄 수 있다.

물론 처음부터 대인관계의 범위를 너무 넓히려 들어서는 안 된다. 처음에는 가볍게 시작해야 한다. 퇴근길 전철에서 마주친 사람, 혹은 빵을 사려 줄 서 있을 때 내 앞에 서 있는 사람과 가벼운 대화를 시도해 보는 것은 어떨까? 부담되지 않는 상황에서 가벼운 수다를 자주 시도하다 보면 나중에는 힘든 상대와의 대화도 부담스럽지 않게 느껴진다. 그렇게 조금씩 대비하다 보면 엘리베이터에서 상사와 마주쳤을 때나 거래처 사장과 점심 약속을 잡았을 때에도 능숙하게 분위기를 이끌어 갈 수 있을 것이다.

'미스 오스본Miss Osborne'이라는 닉네임의 어느 여성 블로거는 "내 안의 내성적 성향을 극복하는 과정에서 깨달은 바가 있다. 친한 친구나 아는 사람이 많을수록 외계에서 온 인텔리처럼 구는 경우가 줄어든다는 사실이다"라고 적었다. 미스 오스본은 그 깨달음을 바탕으로 자주 마주치는 사람들과 늘 대화를 시도했는데, 거기에는 상당량의 끈기가 필요하다고 충고한다.

기·억 노·트　　　끈기가 지닌 효과는 크다. 대인관계에서도 끈기 있는 사람은 유리한 고지를 점령할 수 있다. 끈기 있는 사람은 또 '단순노출 효과mere exposure effect'의 덕을 볼 수도 있다. 단순노출 효과란, 어떤 사람과 접촉을 자주 하는 것만으로도 그 사람에게 좋은 사람이라는 인상을 심어 줄 수 있다는 이론이다. 화려한 모습을 보여 주려 애쓸 필요도 없다. 단순노출 효과는 '튀지 않을 때' 최대의 효과를 발휘하기 때문이다. 따뜻한 미소, 별 뜻 없이 툭 건네는 한마디 인사나 칭찬, 관심 있어 하는 표정만으로도 기숙사나 피트니스센터에서 누구나 아는 사람이 될 수 있다. 누가 봐도 사람을 피하고 있다는 인상, 대인관계 기피증 환자라는 인상을 심어 줘서는 절대 안 된다.

PART

2

내향인은
절대 약하지 않다

: 내향인 장점 극대화하기

반드시 자신만의 공간이 필요하다

미국의 여성 작가 버지니아 울프Virginia Woolf에게 있어 '자기만의 방a room of one's own'은 작품 제목으로 선정할 만큼 포기할 수 없는 무엇이었다. 울프는 이를 통해 여자들도 자기만의 공간만 주어진다면 남자들 못지않게 위대한 작품을 쓸 수 있다는 사실을 입증하려 했다. 실제로 1929년, 같은 제목의 에세이가 발표된 후 비록 더딘 속도였지만 여자들 역시 남자들과 마찬가지로 자기만의 공간과 방해받지 않는 시간에 대한 권리가 있다는 인식이 조금씩 싹트기 시작했다.

지금 내향인들의 입장도 그 당시 여성들과 비슷하다. 얼마 전까지만 하더라도 조용하고, 조화롭고, 질서정연하고, 외부로부터 철저히 차단된 자기만의 시간과 공간을 필요로 하는 내향인의 요구가 괴벽으로만 치부되었고, 그래서 내향인은 감히 목소리조차 내지 못했었다. 지금도 내향인의 욕구를 충족시킬 수 있는 공간은 각자의 보금자리, 즉 집뿐이다. 바삐 돌아가는 외부 세계에서는 각종 시각적·청각적 정보들이 자의와 상관없이 쏟아져 나오기 때문에 그런 자유를 누리기가 어렵다. 그런 의미에서 이번 장에서는 집뿐 아니라 외부 세계에서도 자기만의 '달팽이집'을 구축하는 방법에 대해 설명해 보고자 한다.

⑰ 내향인에게 어울리는 집

주도형 섬세형 비범형 은둔형

마크 주커버그는 많은 이들이 자신들의 얘기를 '떠벌리기' 좋아한다는 사실을 이용해 엄청난 부를 쌓았다. 하지만 아이러니컬하게도 주커버그 자신은 소문난 내향인으로, 혼자만의 시간을 더 즐긴다. 사생활을 철저히 보호하기 위해 최근 캘리포니아주에 위치한 자신의 저택 주변의 집과 토지를 매우 비싼 값에 사들이기도 했다. 대도시 주거 밀집 지역에 살고 있는 많은 내향인에게 있어서는 그저 꿈같은 소리일 뿐이다. 제아무리 자기만의 고요한 시간과 공간이 절실한 상황이라 하더라도 이웃집에서 잔디를 깎거나 바비큐 파티를 벌이는 날에는 방법이 없다.

내향인이 외향인보다 더 외부와 차단된 주거 공간, 더 조용한 주택을 선호하는 것은 기정사실이다. 문제는 현대식 주택 구조로는 그러한 바람이 잘 충족되지 않는다는 데에 있다. 좋은 채광을 위해 큼지

막한 유리창을 설치하고, 훌륭한 전망을 위해 울타리를 허문 덕분에 이제 내 집 앞을 지나가는 행인들 모두가 내 집 안을 훤히 들여다볼 수 있게 되었다. 그 사실은 내향인의 머리털을 곤두서게 만든다. 집이 휴식을 위한 공간인지, 먹고 마시고 즐기는 식당인지, 아이들이 노는 놀이터인지 구분이 안 갈 때에도 내향인의 스트레스 지수는 급속히 상승된다.

내향인을 위한 주택은 때로는 문을 닫고 자기만의 시간을 가질 수 있게 설계되어야 한다.

특히 좌뇌형 내향인은 자기만의 공간을 신성시하는 경향이 있다. 직장에서뿐 아니라 자기 집 안에서도 혼자 있을 수 있는 시간과 공간이 반드시 필요하다. 외부 세계와 완전히 차단되어야 비로소 조용히 생각을 정리하고 자기가 좋아하는 일에 집중할 수 있기 때문인데, 여기에서 말하는 외부 세계에는 때로는 가족도 포함된다.

'개인적private'이라는 말은 '박탈하다'라는 뜻의 라틴어 '프리바투스privatus'에서 생겨났다. 미국의 법률가 루이스 브랜다이스Louis Brandeis와 새뮤얼 워런Samuel Warren은 1890년 하버드대학교 법률 학술지인 〈하버드 로 리뷰Havard Law Review〉에서 사생활이란 "개개인이 혼자 있을 수 있는 권리the individual's right to be left alone"라고 설명했다. 즉 누구나 집단의 요구에서 벗어나 혼자 있을 권리를 지닌다는 뜻이었다.[44]

특히 주도형 내향인은 타인의 시선을 불편해 한다. 이웃이 자신의 앞마당을 들여다보는 것도 싫어하고, 현관을 드나들 때 누군가가 자신의 모습을 쳐다보는 것도 싫어한다. 어쩌다 자녀의 친구들이 자기 집에서 자고 갈 때면 아침에 일어나 양치질을 하다가 그 아이들과 부딪히게 되는데, 그 역시 주도형 내향인이 끔찍이 싫어하는 상황에 속한다. 그런 이들에게는 일본의 건축가 코우이치 키무라Kouichi Kimura가 설계한 시가현滋賀縣의 '일체형 주택house of inclusion'이 가장 적합할 것이다. 시가현의 일체형 주택 단지에는 각 주택들이 직렬로 배치되어 있고, 외부를 향해서는 닫힌 구조이면서 내부에는 마당이나 연못 등 모든 공간이 갖춰져 있다.

미국의 자연철학자 랄프 왈도 에머슨Ralph waldo Emerson의 어느 작품에는 "주택을 구입한 뒤 나는 일단 나무 몇 그루를 심었다. 하지만 그것만으로는 충분히 나를 감출 수 없었다. 그래서 여기에도 울타리, 저기에도 울타리를 설치했고, 나무……, 나무들을 더 심었다. 주로 사계절 늘 푸른 나무들이었다. 상록수들이 일 년 내내 내 비밀을 보호해 줄 것 같아서였다"라는 구절이 등장한다. 사적인 공간에 대한 내향인의 욕구가 고스란히 묻어 있는 글이다.

한편, 비범형 내향인에게 있어 사생활 공간이란 집 전체라기보다는 자기만의 작은 공간일 때가 많다. 본채와 떨어진 마당 구석 어디쯤에 마련된 작은 공간은 그야말로 이상적이다. 비범형 내향인은 아마도 그곳에서 미리 준비해 둔 재료와 장비들을 이용해 자신의 관심 분야에 몇 시간이고 몰두할 것이다. 사정이 여의치 않다면 가건물도 괜찮고 지하실도 좋다. 차고 한쪽에 마련한 비좁은 공간이라도 괜찮다. 외딴섬처럼 뚝 떨어진 자기만의 공간이라면 어디가 되었든 비범형 내향인의 욕구를 충족시켜 줄 수 있다.

기·억 노·트　　　　집 안에서 바꾸고 싶은 것들의 목록을 작성해 보자. 이때 바꾸기 쉬운 것부터 바꾸기 어려운 것 순으로 써 내려가면서 해결책도 함께 모색하는 것이 좋다. 예를 들어 나는 매우 내성적인 성격이어서 저녁식사 때 커튼을 치는 게 좋은데 나머지 식구들은 모두 다 커튼을 열고 창밖 정원을 바라보며 저녁식사를 즐기고 싶어 한다면 어떻게 하는 게 좋을까? 이 경우 가장 중립적인 해결책은 식탁을 창가에서 멀리 떨어진 곳, 좀 더 안쪽으로 배치하고 정원의 불빛은 원래의 강도 그대로 두는 것이다. 그렇게 하면 모두가 야경을 감상하며 저녁식사를 즐길 수 있다. 모두가 조금씩 양보하는 가운데 모두가 자기가 원하는 바를 얻는 것이다.

⑱ 집을 완벽한 피난처로 만들기

주도형　섬세형　비범형　은둔형

"이 소파가 세상에서 제일 편해!" "난 텅 빈 공간이 좋아!" "아무도 내 집을 들여다볼 수 없었으면 좋겠어!" "집이 곧 나 자신이야. 내 책들, 내 그림들……, 난 그게 있어야 마음이 편해져!" "완벽하게 정리정돈이 되어 있지 않으면 난 불안해서 아무것도 못해!" "같이 사는 친구가 남을 너무 배려하지 않는 것 같아서 좀 짜증나!"

내향인이 주거 공간과 관련해 흔히 하는 푸념들이다. 대부분의 내향인은 밖에서는 사정상, 상황상 어쩔 수 없다 하더라도 집에서만큼은 시각적으로나 청각적으로 아무런 방해도 받지 않고 싶어 한다. 특히 섬세형과 은둔형 내향인은 외부로부터의 차단과 보호, 그리고 자극이 없는 상태를 남들보다 더 필요로 한다. 자신의 주거 공간이 완벽한 '피난처'가 되어 주기를 희망한다.

소음 차단 | 섬세형 내향인에게 있어 소음은 '에너지 도둑 넘버 원'이다. 따라서 소음을 최대한 방지하면 삶의 질은 높아지고 스트레스는 줄어든다. 문제는 그게 말만큼 쉽지 않다는 것. 효과적인 소음 방지법으로는 저소음 가전제품 구입, 방음창 설치, 방음 기능이 있는 커튼이나 카펫 설치 등이 있다. 자신이 좋아하는 음악을 틀어서 원치 않는 소음을 덮어 버리거나 정원 연못에 물이 졸졸 흐르게 하는 방법도 있다. 되도록 높은 층에서 생활하는 것도 좋은 방법이다. 최근 나는 어느 시끌벅적한 호텔에서 '백색 소음white noise'의 효과를 제대로 체험한 적이 있다. 백색 소음은 이름 자체가 말하듯 이미 소리를 동반하고 있지만, 규칙적으로 반복되는 조용한 톤이기 때문에 귀에 거슬리는 각종 소음들을 차단하는 효과가 있다. 단, 백색 소음이 삶의 질을 폭발적으로 개선해 줄 것이란 기대는 하지 말자.

휴식 시간 | 기본적으로는 누구나 남의 방해를 받지 않고 조용히 살 권리를 지닌다. 하지만 요즘처럼 다닥다닥 붙어 사는 세상에서 실제로 그렇게 살 수 있는 사람은 많지 않다. 층간 소음 때문에만 해도 무

수한 갈등이 발생하고 있다. 이웃집 소음이 너무 방해가 된다면 최대한 예의 바르게 부탁해 보거나 합의점을 모색해 보자. 물론 거기에서도 많은 것을 기대할 수는 없다. 소음의 원흉인 이웃집에서는 자신들이 시끄럽다는 사실조차 모르고 있을 때가 대부분이기 때문이다. 게다가 '생활 소음'이 대체 왜 그렇게 거슬리는지도 이해하지 못한다. 조용하게 살고 싶으면 한적한 시골 마을로 이사를 가라는 대답이 되돌아올 때도 많을 것이다. 생활 소음이든, 불필요한 소음이든 자신에게는 분명 방해가 된다면 최대한 아이디어를 짜내는 수밖에 없다. 돈을 들여서든, 시간을 들여서든 어쨌든 최대한 소음을 차단해야 비로소 자신의 삶의 질이 높아지기 때문이다.

미니멀리즘 | 내향인은 실내에 눈에 거슬리는 자극이 없을수록 더 큰 편안함을 느낀다. 특히 집이 작을수록, 방이 좁을수록 "적은 것이 더 많은 것이다"라는 미니멀리즘의 법칙이 더더욱 적용된다. 집 안 여기저기에 놓인 가구를 줄일수록, 주방을 가득 채운 집기들 중 거의 쓰지 않는 물건들을 정리할수록, 쓸데없이 자리만 차지하고 있는 옷걸이들을 치워 버릴수록, 그리하여 자신의 시각적 만족감이 높아질수록 더 큰 여유가 생기고 더 잘 쉴 수 있게 된다. 참고로, 몇몇 가구들을 쌍으로 구비해 두거나 장식용 소품들을 대칭적으로 배치해 두는 것도 시각적 편안함에 도움이 된다고 한다.

인테리어 | 은둔형과 섬세형 내향인은 차가운 타일보다는 따뜻한 천연 소재를 더 좋아한다. 은근한 무늬, 나무 소재, 흰색이나 회색, 연갈

색, 차분한 파스텔톤 등의 색상은 포근하고 조화로운 분위기를 연출하기에 좋다. 사실 좋아하는 색상과 관련해서는 내향인과 외향인의 취향이 같은 선상에 놓여 있다. 여론 조사 전문 기관인 TNS 엠니드TNS-Emnid에 따르면, "집은 되도록 화려한 색상으로 꾸미는 게 좋다"라고 응답한 사람은 14%밖에 되지 않았다. 단, 섬세형 내향인은 트렌드와는 관계없이 다들 각자 자기만의 방식, 자기만의 고유한 미적 감각으로 실내를 꾸민다고 한다.

조망 | 좌뇌형 내향인이 외부인의 시선 차단을 중시하는 반면, 우뇌형 내향인은 외부인의 시선 차단도 중요하지만 그와 동시에 창밖의 아름다운 풍경을 감상하는 것도 좋아한다. 그중에서도 특히 탁 트인 전망을 좋아한다. 예컨대 밤하늘에 빛나는 별빛이나 그린벨트로 묶여 있어서 자연이 그대로 보존된 지역, 싱그러운 빛깔의 나뭇잎, 도시 전체 풍경 등에서 마음의 안정을 찾고 상상의 날개를 펼친다.

조명 | 신경이 예민한 사람에게는 채광은 좋으면서도 직사광선이 직접 내리쬐지는 않는 집이 이상적이다. 특히 지붕창은 하늘 풍경을 집 안으로 옮겨 놓기에 좋고, 빛도 환하게 비춰 줘서 일거양득이다. 블라인드나 반투명 커튼은 직사광선을 차단하면서 적정량의 빛을 투과시켜서 좋다. 정원이나 발코니는 햇볕을 쬐기에도 좋아야 하지만, 그와 동시에 작은 그늘 공간도 마련해 두는 것이 좋다.

청결과 위생 | 실내 공기가 맑으면 우리 몸과 마음의 재생 속도가 빨

라지고, 집중력이 높아지며, 맑은 정신을 오래 유지할 수 있다. 실내 공기를 맑게 유지하기 위해서는 상대 습도와 실내 온도를 적정 수준에 맞추고, 벽지나 바닥재로 천연 소재를 활용하며, 전자파 및 기타 유해한 파장 등을 차단해야 한다. 이와 같은 조건이 충족될 경우, 특히 섬세형과 은둔형 내향인이 더 큰 편안함을 느낀다고 한다.

기·억 노·트　　일본의 베스트셀러 작가 무라카미 하루키는 "나만의 세계라 부를 수 있는 공간을 서서히……, 조금씩…… 만들어 나가고 있다는 느낌이 든다. 그 안에 있을 때면 안도의 한숨을 내쉬게 된다. 하지만 나만의 세계가 필요하다는 사실은 아마도 내가 에너지가 매우 넘치는 사람은 아니라는 걸, 상처받기 쉬운 사람이라는 걸 뜻한다"라고 말한다. 다행히 실내 구조나 조건을 조금만 바꾸어도, 조금만 개선해도 신경과민을 예방하고 마음의 평정을 유지할 수 있다고 한다. 그런 점을 염두에 두고 앞으로는 가구나 집기 등 실내 장식과 관련된 물건을 구입할 때에는 자신의 성향에 조금만 더 신경을 쓰도록 하자.

⑲ 모험이 아닌 휴식을 위한 여행

주도형　섬세형　비범형　은둔형

오드리 헵번은 "난 혼자 있고 싶을 때가 많아요. 토요일 저녁부터 월요일 아침까지 내 집에 혼자만 있을 수 있다면 얼마나 좋을까요? 그게 내가 에너지를 충전하는 방법이죠"라고 말한다. 내향인에게 있어 집은 생활의 중심이자 피난처요, 마냥 편하고 좋은 곳이다. 문제는 그 때문에 집 떠나기를 싫어하게 된다는 것. 집을 떠나야 한다는 생각만 하면 오래전부터 참가하고 싶었던 대도시 투어tour도 갑자기 취소하고 싶고, 잘만 하면 큰 성과를 거둘 수 있게 될 출장도 갑자기 가기 싫어진다.

외향인은 모험을 좋아한다. 기차나 비행기를 타고 어디론가 훌쩍 떠나서 낯선 호텔에 머무르며 낯선 사람들과 부딪히는 것, 나아가 매일 매일의 새로운 모험과 부딪히는 일이 외향인에게는 신선한 도전이다. 하지만 내향인에게는 엄청난 압박을 의미할 뿐이다. 그 압박감 때문에 여행을 즐길 마음의 여유도 사라지고 체력도 떨어진다.

조용하지만 강인한 성품에 뛰어난 실력까지 겸비하고 있는 독일 출신의 골프 선수 마르틴 카이머 역시 그러한 내향인 중 하나다. 2013년 카이머의 랭킹은 1위에서 35위까지 미끄러졌다. 카이머는 갑작스런 추락의 원인을 묻는 질문에 "집이 그리웠습니다"라고 대답했다. 라운딩에서 최고의 컨디션을 유지하려면 카이머에게는 독일식 일상이 필요했던 것이다. "이따금씩 독일산 세탁 세제 냄새가 배어 있는 옷을 입어 줘야" 비로소 실력이 발휘되는 것이다. 그는 "크리스마스는 반드시 집에서 가족과 함께, 거위고기와 붉은 양배추, 고기 경단을 먹으면서 보낼 거예요"라고 다짐하기도했다. 카이머는 자신의 말을 실천에 옮겼다. 그리고 4개월 연속으로 미국에 머무르는 행동은 두 번 다시 하지 않겠다고 선언했다.

다행히 모든 내향인이 카이머 선수처럼 일 년 내내 집을 떠나 국제무대를 누비고 다녀야 하는 것은 아니다. 하지만 내향인은 모두가 카이머와 닮은 점을 지니고 있다. 모두가 자기만의 달팽이집을 필요로 한다는 것, 여행을 떠날 때면 더더욱 집을 그리워한다는 것이다.

작가이자 철학가인 알랭 드 보통Alain de Botton은 《행복의 건축The Architecture of Happiness》에서 섬세한 사람들이 주변에 얼마나 많은 영향을 받는지에 대해 서술한 적이 있다. 그 책에서 그는 "우리는 우리라는 존재가 지닌, 이해하기 힘들 만큼 사실적이고 창조적이고 즉흥적인 면을 원할 때 바로바로 꺼내어 활용하지 못한다. 그것들에 접근하는 과정에서 현재 우리가 머무르는 장소, 벽돌의 색깔, 공간의 높이, 도로와 이어진 모습 등 장소에 너무 많은 구애를 받는다. 세 개의 고속도로에 둘러싸인 호텔 방 혹은 낡고 황폐한 고층 아파트에서 낙관주의와 목표를 향해 나아가는 우리의 추진력은 밑 빠진 독에서 물이 빠져 나가듯 새어 나간다"라고 썼다.

따라서 내향인은 휴식과 아늑한 공간에 대한 욕구를 충족시키는 방식으로 여행할 수 있는 방법을 찾는 것이 좋다. 이를 위해 쓰는 돈은 낭비나 사치가 아니다. 능력만 된다면 누릴 수 있는 건 누리는 게 장기적으로 더 낫기 때문이다. 기차를 탈 때 1등석 표 끊기나 5성급 호텔에서 룸서비스로 조식 즐기기, 공항에서 VIP 라운지 이용하기, 몸에 좋고 신선한 음식 먹기 등은 여행할 때 에너지 소모를 줄여 주고 내면의 에너지를 효율적으로 활용할 수 있게 해준다. 능력만 된다면 비즈니스 클래스를 타지 말아야 할 이유가 없다. 직접 운전하는 대신 운전기사를 고용하는 것도 큰 도움이 된다.

하지만 위에 나열한 사례들은 모두 다 비용이 꽤 많이 드는 것들이다. 다행히 큰돈을 들이지 않고도 자기만의 달팽이집을 구축할 수 있는 방법이 있다. 창의성연구가인 미하이 칙센트미하이의 충고에 따라 자기만의 '이동식 심리 공간'을 마련하는 것이다.[45]

즉 내 마음을 편하게 해주는 것, 내 가치관을 표현해 주는 것들을 소지하고 다니라는 말이다.

요즘은 그게 가능하다. 실제로 많은 이들이 휴대전화나 태블릿 PC 에 친한 사람들의 연락처, 좋아하는 책, 사진, 노래들을 넣어서 들고 다닌다. '네트워크 속 보금자리'라는 애플의 의미심장한 광고 문구처럼 클라우드 서비스 덕분에 이제 '가방 속 내 보금자리'를 들고 다닐 수 있게 되었다.

이어폰을 꽂기만 하면 언제 어디서나 내 집에 있는 듯한 기분을 약간은 느낄 수 있고, 이로써 마음의 불편함을 약간은 덜 수 있다. 내가 좋아하는 선글라스, 내가 즐겨 먹는 시리얼, 즐겨 마시는 물, 입술 보호제, 두꺼운 목도리 등 내 마음을 편하게 해주는 실제 물건들을 소지하고 다니는 것도 좋은 방법이다. 그 물건들이 여행의 피로나 스트레스를 완전히 해소해 주지는 못할 테지만, 무거운 마음을 약간은 가볍게 해줄 것이다.

기·억 노·트　친구들과 함께 별장에서 보내는 휴가, 이탈리아 베로나Verona로의 단체 여행, 가족과 친지들 모두가 함께 모여 보내는 주말……, 외향인의 귀에는 모두 신나고 짜릿하게만 들리겠지만 내향인은 아마 고개부터 가로저을 것이다. 하지만 타고난 '단독 여행가'도 가끔은 여럿이 함께하는 여행을 즐긴다고 한다. 여럿이 함께할 때 여행이 더 즐거워진다는 것은 오랜 세월에 걸쳐 입증된 기정사실이다. 하지만 수십 명이 참가하는 단체 여행이 늘 즐겁기만 한 것은 아니다. 따라서 내향인이라면 편안한 마음으로 여행을 즐기기 위해 미리 몇 가지 준비를 해야 한다. 첫째, 혼자 쓰는 방을 예약해야 한다. 둘째, 전체 여행 기간 혹은 여행 중 한 장소에 머무르는 시간을 스스로 조절할 수 있어야 한다. 셋째, 원한다면 몇몇 투어나 프로그램에는 불참할 수 있는 자유가 있어야 한다. 나를 잘 모르는 사람들은 아마도 단체 여행 중에 왜 단독 행위를 하는지 의아해 할 것이다. 하지만 나는 안다. 그렇게 혼자만의 시간을 갖고 나면 다시금 유쾌한 기분으로 사람들과 어울릴 수 있게 된다는 것을.

⑳ 잠시 숨을 고르는 피트 스톱 시간

주도형　섬세형　비범형　은둔형

이 책을 집필하던 중, 몇 백 명이 참가하는 IT 국제학회에 참가하는 남편을 따라나선 적이 있다. 참가자 수가 많은 만큼 호텔 로비와 회의장은 크게 붐볐다. 그런데 제삼자 입장에서는 눈에 확 들어오는데, 대부분의 참가자들은 무심히 지나치는 풍경이 있었다. 휴식 시간에 노트북을 펴 놓은 채 생각에 잠기거나 스마트폰만 만지작거리는 이들이 꽤 있었던 것이다.

IT 전문가들 중에는 비범형 내향인의 비중이 다른 직종보다 꽤 높은 편인데, 그들 모두에게는 한 가지 습관이 있다. 자기만의 달팽이집에 갇혀 있기를 좋아한다는 것이다. 개중에는 달팽이집 안에서 클라우드를 이용하는 이도 있고 스마트폰으로 책을 읽는 이도 있다. 그들은 던지면 1초 만에 설치되는 텐트처럼 아무 데서나 자기만의 텐트를 펼친 뒤 그 안으로 숨는다. 사람이 많은 곳일수록 텐트가 펼쳐지는 횟수는 더 많아진다.

하지만 대부분의 내향인은 옆에 사람을 놔두고 자기만의 세계에 빠져드는 게 예의 없는 행위라 생각하고, 그래서 주변의 기대에 웬만하면 부응하려고 노력한다. 그럼에도 불구하고 자기 자신만의 시간과 공간이 반드시 필요할 때가 있다. 그러한 휴식 시간은 완전히 지치고, 완전히 무기력해지기 전에 가질수록 더 좋다.

앞서도 소개한 내향적 성향의 심리학 교수 브라이언 리틀은 그런 내향인에게 최상의 조언을 들려준다. 본디 리틀 교수는 강의할 때 자신의 타고난 천성을 뛰어넘는 열정을 쏟아 붓는 편인데, 거기에서 오는 피로감을 풀기 위해 주기적으로 '회복의 틈'을 찾곤 한다. 자동차 경주에 비유하자면 '피트 스톱pit stop(몇 초간의 정차)' 시간을 갖는 것이다. 피트 스톱은 F1을 비롯한 자동차 레이싱에서 주로 쓰이는 용어로, 급유나 정비 등을 위해 매우 짧은 기간 동안 정차하는 시간을 의미한다. 내향인도 마음의 욕구를 충족시키기 위해 그러한 피트 스톱 시간을 가져야 한다.

숨을 고르고 그간의 피로를 푸는 방식은 저마다 처한 상황이나 취향에 따라 달라진다. 다음에 소개하는 방법은 그중 몇 가지 사례일 뿐이다.

명상 | 올바른 방식으로 명상할 수만 있다면 외부 세계나 주변 세상

과 자신을 완벽하게 분리할 수 있다. 또 명상을 통해 자신의 몸을 인식하고, 호흡에 집중하며, 자유로운 사고의 흐름을 유도할 수 있다. 나아가 소리나 냄새 혹은 그 밖의 부정적 감각들도 명상을 하는 동안만큼은 일종의 '정신적 바벨barbell 운동'으로 받아들일 수 있다.

자연 | 감각이 매우 예민한 내향인은 자연의 조용한 아름다움에 심취하는 것을 특히 좋아한다. 그런 이들의 경우, 아마도 막 꽃이 피어나는 초원이나 새하얀 백사장을 떠올리는 것, 점심시간을 이용해 공원을 산책하는 것, 거래처 고객과의 미팅을 위해 이동하는 동안 신선한 공기나 자연을 만끽하는 것이 피트 스톱 시간이 될 것이다.

독서 | 책을 읽는 동안에는 2분이 되었든, 2시간이 되었든 모든 것을 잊을 수 있다. 책장을 펼치자마자 일상의 스트레스에서 벗어날 수 있다는 것도 독서의 장점에 속한다. 이때 장르는 중요치 않다. 자기계발 관련 서적을 읽든, 로베르트 무질Robert Musil의 소설을 읽든 마음의 안정을 찾을 수 있기만 하면 된다. 중요한 것은 자신을 현실과 완전히 동떨어진 세계로 이끌 수 있는 책, 자신에게 회복의 시간을 안겨 줄 수 있는 책을 골라야 한다는 것뿐이다.

운동 | 운동은 긴장을 완화하고, 산소와 당분 공급을 원활하게 해주며, 뇌 기능을 활성화한다. 운동 시간이 길지 않아도 좋다. 집 주변을 빨리 한 바퀴 도는 것도 좋고, 엘리베이터를 타지 않고 3층까지 걸어가는 것 역시 '미니 피트 스톱'이 될 수 있다. 친구나 동료 혹은 낯선

사람에게 "잠깐 같이 걸을래요?"라고 말을 걸어서 함께 운동할 수 있다면 더더욱 좋다.

베이스캠프 | 낯선 곳에 갔을 때에는 자신이 확실히 아는 장소 몇 곳쯤을 일종의 '베이스캠프'로 정해 두는 것이 좋다. 예컨대 유명 박물관이나 시립 도서관도 좋고, 숙소에서 가장 가까운 커피숍을 출발점 혹은 회귀점으로 삼아도 좋다. 평소 자신이 제일 좋아하던 음료를 '정신적 베이스캠프'로 삼는 것도 나쁘지 않은 방법이다.

기·억 노·트   피트 스톱에 있어 가장 중요한 것은 타이밍이다. 최고의 효과를 얻고 싶다면 지치고 피곤하고 짜증난다는 느낌이 들기 전에 '코드'를 뽑아야 한다. 피트 스톱은 아직 멀쩡한 차를 '점검'하기 위한 시간이지, 고장 난 차를 '수리'하기 위한 시간이 아니다. 즉 자신의 내향적 성향으로 인해 지친 심신을 달래고 삶의 연료 탱크를 다시 채우기 위해 피트 스톱 시간이 필요한 것이다. 따라서 부담이 클수록 재생과 회복을 위한 피트 스톱 시간도 당연히 더 자주, 더 길게 잡아야만 한다.

사랑과 우정에도
노력이 따른다

오스카 남우주연상에 빛나는 배우 톰 행크스는 내성적이기로 소문난 사람이다. 행크스는 25년 전 리타 윌슨과 결혼한 뒤 지금까지 스캔들 한 번 없었다. 전기 작가들로부터 예민하고 상처받기 쉬운 사람이라 묘사된 알프레드 히치콕 역시 젊은 시절에 만나 사랑에 빠진 알마 레빌과 54년 동안 함께 살았다. 또 다른 전형적 내향인인 영국 여왕 엘리자베스는 최근 남편인 필립 공과 무려 결혼 66주년을 맞기도 했다.

내향인은 오래 지속되는 행복한 연인 관계를 유지하는 운명을 타고난 것일까? 대답은 적어도 그렇게 보인다는 것이다. 내향인은 외향인에 비해 외도나 이혼율이 낮다.[46] 배우자가 내향인일 경우, 마음을 나누는 진정한 사랑 속에서 살아가게 될 확률이 높다.

내향인이 배우자와 가족, 몇몇 친한 친구들에게만 집중하는 경향은 진화론적, 사회학적 관점에서 볼 때 매우 득이 된다. 외부의 유혹보다 배우자와 함께 있는 것을 더 좋아하는 만큼 가정이 해체될 확률도 그만큼 낮아지기 때문이다.[47] 그럼에도 불구하고 내향인의 연애 방식, 사랑 방식이 무조건 옳다고는 할 수 없다. 내향인은 친한 몇몇과 함께 있을 때에만 비로소 편안함을 느끼고, 이에 따라 외부로부터 주어지는 긍정적 자극들을 거부할 때가 많다. 이를 테면 두 남녀 사이에 타인이 끼어들 틈이 없는 것이다. 그러면서 상대방에 대한 기대는 한껏 부풀어 오른다. 바람을 피우지 않는 이유가 상대방을 진정 사랑하고 아껴서가 아니라 그저 모험이 싫고 아무런 의욕이 없어서 다른 남자나 다른 여자에게 눈길조차 주지 않는 것이라면, 그것은 상대방에게 진정 충실한 태도라고 할 수 없다.

이 장에서는 배우자와 연인 관계를 가꾸어 나가는 방법, 서로 대비되는 성격의 사람이 만난 상황에서도 긍정의 싹을 틔우고 더 큰 행복으로 나아가는 방법, 모든 것이 그저 좋기만 했던 처음의 그 시절로 돌아가는 방법에 대해 알아보기로 하자.

㉑ 서로를 위한 규칙의 필요성

주도형　섬세형　비범형　은둔형

커플이 되기 전, 여자는 남자에게 약속을 받아냈다. 남자는 적어도 일주일에 한 번은 같이 외출을 하고, 두 시간 동안은 일 얘기가 아닌 다른 얘기를 하며 즐거운 시간을 보내기로 약속했다. 소아과 의사인 프리실라 챈과 페이스북 창시자인 마크 주커버그가 그 약속의 주인공들이다. 둘은 그새 결혼도 했고, 지금도 둘의 혼인 관계는 유지되고 있다. 아마도 행복한 결혼생활을 유지하는 방법, 즉 각자의 바람과 욕구를 서로 충족시키고 존중하는 방법을 찾아냈기에 가능한 일일 것이다.

주도형과 비범형 남자 내향인은 백마 탄 왕자 행세를 하지 않는다. 그러기에는 수줍음이 너무 많고, 너무 외톨이형이고, 일에 너무 빠져 있다. 같은 유형의 여자들도 비슷하다. 실용적으로 목표를 향해 매진하고, 로맨틱 코미디에서나 나올 법한 사랑 방식을 영원히 유지하려 애쓰는 행위는 유치한 태도에 불과하다고 생각한다. 현실적인 사고 방식을 지닌 내향인은 연인 관계에서도 낭만보다는 현실적인 것, 즉 신뢰와 안전, 안정을 추구한다.

주도형, 비범형 내향인과는 관계를 오래 지속하게 될 확률이 높다.

주도형과 비범형 내향인은 웬만해서는 누군가에게 한눈에 반하지 않고, 감정 교류에 있어서도 상당히 절제하는 편이다. 하지만 필요한 때가 되면 올바른 행동을 취할 줄도 안다. 가족과 배우자를 진지하게 생각하고, 어린이집이 끝나는 시간에 정확히 그곳에서 대기하고 있다가 아이들을 집으로 데려오며, 아침마다 문을 열어 고양이를 산책시킨다. 굳이 남녀평등법이 없더라도 상대방의 눈높이에 자신을 맞추고, 상대방을 배려하는 습관이 되어 있는 것이다. 함께 지적인 대화를 나눌 수도 있다. 비범형 내향인이면서 기계에 관심까지 있다면 아마도 집 안의 모든 가전제품이 고장 나도 아무런 걱정이 없을 것이다. 고장 난 제품을 수리하는 작업을 전혀 귀찮아하지 않고 오히려 재미있어 하기 때문이다.

비범형 남자 내향인과 얘기를 나눠 보면 늘 거론되는 고민이 있다. 시간을 많이 투자해야 하는 취미를 가졌고, 패션이나 근육 만들기, 시시콜콜한 수다에는 전혀 관심이 없는데, 그런 자신이 여자들이 원하는 이상형과 너무 동떨어져 있는 것 같다는 것이다. 하지만 사회학자인 니나 바우르Nina Baur의 연구 결과는 정반대의 결론을 제시하고 있다. 세대를 막론하고 여자들이 원하는 바람직한 남편상은 유머 감각이 풍부하고 아이를 좋아하는 남자, 자녀를 갖고 싶어 하는 남자다. 기계 조작 쪽에 능하면 더더욱 좋다고 한다. 미국의 패션 잡지 〈코스모폴리탄Cosmopolitan〉도 여자들이 비범형 남자들에게 매력을 느끼는 이유를 7가지로 정리한 바 있다. 예컨대 "고장 난 컴퓨터를 고치겠다며 사용설명서를 4주 동안이나 탐독하는 비범형 남자라면 배우자와의 관계에 문제가 생겼을 때 그것을 해결하기 위해 적어도 몇 날 밤을 뜬눈으로 꼴딱 새울 것이다" 같은 것들이었다. 독일의 경제 전문지 〈브란트 아인스Brand Eins〉는 "비범형 남자가 매우 섹시하다고 생각하는 여성들이 실제로 적지 않다"라며, 많은 비범형 남자 내향인에게 희망을 안겨 주기도 했다.

주도형, 비범형 내향인과는 안정된 삶을 구축할 수 있다. 연애 문제에 있어서도 해당 유형의 내향인은 뇌 구조 자체가 오래 지속되는 관계를 추구하도록 설계되어 있다. 누구나 사랑에 빠지면 행복감과 만족감을 선물해 주는 호르몬인 도파민이 다량으로 분비되는데, 외향인이 내향인보다 도파민 분비량이 대체로 더 많다. 그런데 처음의 알콩달콩한 시간이 지나고 나면 도파민 분비량은 줄어들고, 대신 옥시토신oxytocin이라는 호르몬이 그 자리를 채운다. 옥시토신은 일명 '사랑과 신뢰의 호르몬'이라 할 수 있는데, 옥시토신의 분비량은 내향인이 외향인보다 좀 더 많다고 한다.[48] 즉 훌륭한 남편감, 훌륭한 아내감의 필수 자질인 신뢰와 유대감이 더 강한 것이다.

실제로 좌뇌형 내향인 중에는 어떻게든 내 가족만큼은 먹여 살리는 이들이 많다. 개중에는 벌이가 꽤 좋은 이들도 많다. 하지만 그런 강한 책임감에도 불구하고 몇몇 분야에 있어서만큼은 논리적 사고가 도저히 불가능한 상태에 빠져 버리는 듯하다.

예컨대 좌뇌형 내향인이 달팽이집에 들어가기로 작정하면, 웬만한 이유로는 밖으로 다시 불러낼 수 없다.

좌뇌형 내향인을 특별한 이유 없이 그저 모여서 먹고 마시는 떠들썩한 모임에 참석시키는 일은 어렵다. 아마도 그보다는 낙타를 바늘구멍에 통과시키는 일이 더 쉬울 듯하다. 집 안에서도 마찬가지다. 가족 중 주도형과 비범형 내향인이 있는 경우, 나머지 가족 구성원들은 해당 구성원이 혼자만의 시간과 공간을 필요로 한다는 사실을 받아들여야 한다. 하지만 외향적 성향의 가족 구성원들에게 있어 남과 어울리기 싫어하는 독단적 태도를 납득하기란 늘 쉽지만은 않다. 친구들과 만날 때 굳이 남편을 데리고 나가야 하는 것은 아니지만, 때로는 부부모임이라는 것도 있고, 그게 아니라 하더라도 가끔은 남편(혹은 아내)이나 아버지(혹은 어머니)와 더 많은 시간을 보내고 싶은 마음이 들기 마련이기 때문이다. 따라서 가정의 평화를 위해서는 주커버그 부부가 그랬던 것처럼 사전에 미리 선을 그어 두고 규칙을 정해 두는 것이 좋을 듯하다.

규칙 1. 미리 합의해 외출 횟수 정하기 │ 자녀의 재롱잔치에는 무조건 참석하기, 일 년에 몇 번은 영화나 오페라를 감상하기 등 일정 기간 동안 함께 외출하는 횟수를 대화를 통해 미리 정해 두는 것이다. 이때 외출 시 밖에서 머무르는 시간이 대략 얼마가 될지도 미리 합의해 두는 것이 좋다.

규칙 2. 중요한 자리는 꼭 참석하고 끝까지 함께하기 │ 절대로 중간에 자리를 떠서는 안 되는 행사들이 몇몇 있다. 친한 친구의 결혼식, 가까운 친척의 장례식, 환갑이나 칠순잔치 등 특별한 생일 파티, 세례식, 회식, 회사 창립 기념행사 등은 예의상 혹은 전략상 끝까지 남아 있어야 하는 행사들에 속한다. 개중에는 부부 동반을 요구하는 행사들도 많다. 그런 행사들을 앞두고 있을 때에는 상대방이 자신을 설득하기에 앞서 미리 참가 의사를 밝히고, 중간에 갑자기 집으로 돌아오지 않겠다고 약속하는 것이 좋다. 즉 분위기를 봐서 '선택'이 아닌 '필수'라는 느낌이 들면, 싫더라도 해당 행사에 참석해서 끝까지 자리를 지켜야 한다.

규칙 3. 초대에 불응하는 이유 직접 전달하기 | 초대를 거절할 때에는 너무 늦지 않게, 상대방의 기분을 최대한 배려해서 거절 의사를 밝혀야 한다. 홀로 행사에 참석한 남편(혹은 아내)으로 하여금 자신의 불참 이유를 현장에서 설명하게 해서는 안 된다. 가족이나 친척들 모임이라 하더라도 혼자만의 시간을 필요로 하는 이유를 충분히 설명해야 하고, 때로 행사에 빠진다 하더라도 그 사람들이 싫어서가 아니라는 사실을 충분히 납득시켜야 한다.

기·억 노·트 　　　부부 동반 모임이나 기타 행사에 함께 간 자리에서 내성적 성격의 남편이나 아내가 도살장에 끌려온 소 같은 표정을 짓고 있으면 배우자는 그 자리가 바늘방석처럼 느껴진다. 하지만 주도형과 비범형 내향인도 조금만 노력하면 시시콜콜한 대화에도 적극적으로 참여할 수 있다. 외향인인 배우자와 함께 있는 동안, 혹은 사업상 어쩔 수 없이 마주쳐야 하는 사람을 만날 때마다 내게 부족한 부분을 차근차근 보완해 나가자.

22 감정 표현의 짠돌이들

주도형 　섬세형　 비범형 　은둔형

주도형과 비범형 내향인은 감수성은 예민하지만 감정 표현에 있어서만큼은 지독한 '짠돌이들'이다. 집에서든, 직장에서든 마찬가지다. 달콤한 밀어를 속삭이는 대신 다가올 겨울을 날 수 있을 만큼 땔감을 충분히 마련해 두었는지를 묻는 식이다. 사랑하는 이의 눈을 그윽하게 들여다보는 대신 컴퓨터 앞에 앉아서 최신 버전의 익스플로러를 실험하는 식이다. 문제가 있어도 대개 혼자서 해결한다.

독일 축구 국가대표팀 선수인 일카이 권도간Ilkay Gündogan은 〈디 차이트Die Zeit〉와의 인터뷰 중 "일과 관련해 고민이 있을 때 누구와 상담하느냐"는 질문에 이렇게 대답했다. "혼자 해결합니다. 그런 느낌이나 생각에 대해 남들과 얘길 나누는 게 싫어요. 긍정적인 느낌에 대해서도 마찬가지고요. 그 문제에 있어서 저는 좀 내성적인 편이에요. 가족끼리 있을 때에도 마찬가지죠. 집에 가면 제일 많이 듣는 말이 '제발 얘기 좀 하자꾸나!'랍니다." 주도형, 비범형 내향인의 기질이 고스란히 담겨 있는 대답이었다.

사람들과의 사이에 선을 긋고 자기를 차단한다는 말은 감정을 거부한다는 말과 동일하다. 마르틴 루보Martin Rubeau와 릴라 하스Leela Haas는 관련 논문에서 자신을 차단할 경우 결국 "감수성이 저하되고, 사유와 통제능력이 발달되는 대신 예리한 감각이나 활력이 줄어든다"라고 지적한다.[49] 그런 상황을 원치 않는다면 앞으로 최대한 다양한 방법으로 애정을 표현하려고 노력해야 한다. 남녀 사이에 있어 물리적 도움이나 정성이 담긴 선물, 혹은 금전적 지원 등은 분명 관계를 뒷받침하는 든든한 기둥들이다. 하지만 함께한다는 것 자체나 서로를 인정하고 존중하는 것, 함께하면서 포근함을 느끼는 것 등 정신적인 부분이 관계 안에서 차지하는 비중도 결코 무시하지 못한다. 어쩌면 지금 내가 사랑하는 바로 그 사람은 눈에 보이는 선물보다는 눈에 보이지 않는 감정적 교류를 더 갈망하고 있을지도 모른다.

좌뇌형 내향인에게 해주고 싶은 충고가 있다. "친환경 전원주택을 짓기 위해 은행에서 최대한 많은 대출을, 최대한 낮은 이율에 받아 내는 것은 결코 낭만적인 일이 아니다. 낭만이란 영화 〈아웃 오브 아프리카Out of Africa〉의한 장면처럼, 사바나 한가운데에서 로버트 레드포드가 메릴 스트립의 머리를 감겨 주는 것이다!"

꽃다발이나 선물, 실용직 도움은 눈에 보여서 사랑을 '측정'하기에 좋다. 하지만 함께하는 것, 서로를 인정하고 존중하는 것, 서로에게 안정과 포근함을 주는 것 등은 눈에 보이는 선물이 아니기 때문에 가늠하기도 어렵다. 하지만 그러한 감정들을 강화할 수 있는 구체적 방법들이 분명 존재한다. 예컨대 가벼운 포옹이나 함께 있는 동안 많이 웃기, 칭찬하기, 요리하기, 오늘 하루를 어떻게 보냈는지에 대해 얘기 나누기, 고민 들어주기 등이 바로 그 방법들이다.

주도형과 비범형 내향인은 모든 걸 자제하려는 기질을 지녔기 때문에 특별히 그 부분에 신경 쓰고 남들보다 더 노력해야만 한다. 그렇지 않으면 상대방은 표현을 하지 않을지는 몰라도 분명 그 관계 속에서 아쉬움을 느낄 것이다.

사실 실용적인 도움이 필요할 때에는 누군가에게 부탁하기가 쉽다. 하지만 관심을 가져 달라거나, 힘을 좀 실어 달라거나, 더 많은 스킨십을 해달라는 요구는 쉽사리 할 수 있는 게 아니다. 나아가 부탁한 뒤에 비로소 가져 주는 관심이나 스킨십은 자발적일 때에 비해 효과도 반감되기 마련이다.

기·억 노·트　　　미국의 커플상담치료사 게리 채프먼Gary Chapman은
《5가지 사랑의 언어The 5 Love Languages》라는 책에서 애인이나 부부 사이에 통용되는
문법을 체계적이고도 따라 하기 쉽게 설명했다. 예컨대 연인의 장점들의 목록을 작성
하거나, 매일 퇴근 후 집으로 돌아갈 때마다 "오늘은 어떤 방식으로 내 삶에서 가장 소
중한 사람을 행복하게 해줄까?"를 고민해 보라는 충고들이었다. 채프먼은 그런 노력과
고민들을 하고 나면 적어도 하루 한 번은 상대방에게 아름다운 말을 건네기가 쉬워지
고, 상대방으로 하여금 자신의 사랑을 느끼게 해줄 수 있다고 조언한다. 나아가 "아무
래도 그건 내 스타일이 아닌 것 같다"라는 거부감이 들더라도 꾹 참고 상대방을 위해
애정 표현을 해보라고, 또 그렇게 했을 때 상대방의 반응이 어떤지도 주의 깊게 살펴보
라고 조언한다.

㉓ 부족함을 채워나가는 만남

　주도형　　섬세형　　비범형　　은둔형

섬세형과 은둔형 내향인은 연인과의 관계에서도 평소 자기 자신한테
가장 바라던 것들, 즉 이해심과 배려, 세심함, 풍부한 공감 등을 원한
다. 대인관계에서도 상대방이 자신과 비슷한 생각을 지녔을 경우 말
없이도 서로를 이해하는, 그야말로 깊고 진지한 관계가 자연스럽게
구축되는 것이다. 게다가 친구나 동료가 아니라 연인 사이라면 둘 사
이에 강렬한 유대감이 형성되는 것은 필연에 가깝다고 할 수 있다.

　그러나 둘 다 섬세형 내향인인 경우 예민함과 예민함이 부딪치면
서 갈등이 일어날 수 있다. 둘 다 은둔형인 경우에는 각자 자신의 세

계에 빠져들면서 사랑이 식거나 관계가 소원해질 수 있다. 많은 섬세형, 은둔형 내향인은 내심 상대방이 자신과 다르게 생기발랄하고 유쾌한 성격이기를 바라기 때문이다.

물론 외향적 성격의 상대방은 섬세형 파트너의 지나치게 예민한 감각을 백퍼센트 이해하지 못할 것이다. 은둔형 파트너가 대체 왜 그렇게 많은 시간을 혼자 보내려 하는지 도무지 이해되지 않아서 답답하기도 할 것이다. 그래도 외향적인 파트너는 결국 두 사람의 관계에 활력을 불어넣고 재미를 더할 것이다. 내향적인 파트너 내면에 숨겨진 외향적 기질을 밖으로 끌어내려 노력하는 동시에, 두 사람의 관계를 외부 세계로부터 차단하려는 노력도 할 것이다.

그렇다고 외향적인 파트너가 그 관계 속에서 일방적으로 희생만 하는 것은 아니다. 적어도 자신과 함께 사는 내향인 파트너는 두 사람의 관계를 무엇보다 소중히 여기며, 그 관계를 아름답고 조화롭게 가꿔 나가기 위해 최선을 다할 것이라는 사실을 누구보다 잘 알고 있기 때문이다. 반대로 외향인을 연인으로 둔 내향인은 상대방의 말에 늘 귀 기울이고, 필요할 때는 질 줄도 알며, 바람이 부는 방향에 몸을 실은 채 조용히 파트너와 함께 세상이라는 넓은 바다를 항해해 나갈 것이다.

두 사람이 함께할 때 편협함은 줄어들고, 삶의 지평은 넓어진다.

성격이 정반대인 이들이 함께할 경우 서로에게서 많은 것을 배울 수 있고, 서로를 통해 성장할 수 있으며, 상대방의 재능과 가치관 등을 관찰하면서 각자 자신의 부족함을 채워 나갈 수 있다.

유료 온라인 파트너 찾기 사이트인 '엘리트파트너www.elitepartner.de' 역시 그러한 특징을 십분 활용하고 있다. 엘리트파트너는 서로에게 어울리는 파트너를 검색하는 소프트웨어를 활용하고 있는데, 대개 학벌이나 집안, 관심사, 가치관이 최대한 비슷한 사람들을 연결해 준다. 단, 내향성과 외향성 문제에 있어서만큼은 다른 알고리즘을 적용한다. 이와 관련해 해당 업체의 대표이사인 요스트 슈바너Jost Schwaner는 "극도로 외향적인 두 사람을 붙여 놓으면 그 관계는 금세 폭발하고 맙니다. 극도로 내향적인 두 사람, 극도로 말이 없는 두 사람을 소개해 주면 그 관계는 금세 식어 버리고요. 따라서 극도로 내향적, 혹은 극도로 외향적인 사람을 서로 이어 주는 건 우리 업체에서는 절대 금물로 통합니다"라고 말한다.

다시 말해 남녀관계에 있어 조용한 사람에게는 유쾌한 사람이 어울린다는 것이다. 서로의 차이점을 잘만 활용한다면 각자 장점은 계발하고 단점은 보완하는 가운데 둘이 함께 더 나은 삶을 추구할 수 있다. 물론 서로 부딪히는 부분이 많고 갈등이 감당할 수 없는 수준으로 고조될 수도 있다. 나한테는 재미있기만 한 일이 상대방에게는 스트레스이고, 상대방이 좋아하는 일이 나한테는 스트레스이기 때문에 둘 다 신경이 곤두서는 경우가 많은 것이다.

하지만 그 문제는 그다지 심각하지 않다. 적어도 대화를 통해 해결점을 찾을 수 있다. 만날 때 이미 서로 다르다는 점을 알고 있었고, 그럼에도 불구하고 혹은 바로 그런 점 때문에 서로 사랑에 빠지지 않았던가! 성격 차이로 말미암아 생기는 그보다 더 큰 문제는 자기희생, 의존적 관계, 지나친 불평불만에서 비롯된다.

자기희생 | 섬세형과 은둔형 내향인은 뭐든 다 갖다 바치려는 경향이 있다. 예리한 안테나를 지닌 덕분에 상대방이 원하는 것, 상대방을 기쁘게 만들 수 있는 것, 상대방을 고민에 빠뜨리는 것이 무엇인지도 비교적 쉽게 감지한다. 일단 감지한 후엔 금전적, 물질적, 물리적 희생을 감수하고라도 상대방을 돕기 위해 최선을 다하는데, 그게 자신한테나 상대방한테나 도움이 되지 않을 때가 많다. 따라서 이 유형에게 적용되는 '행동수칙 1호'는 자기 삶을 파트너에게 얼마큼이나 맞출 것인지를 현명하게 결정하라는 것이다. 자신의 입장에서는 물론 좋은 뜻에서 자기를 버리고 상대방을 위하는 것이겠지만, 상대방 입장에서는 그게 답답하게만 느껴질 수도 있다. 늘 감시받고 통제받는다는 느낌이 들 수도 있고, 지나친 관심이 집착으로 느껴질 수도 있다. 외향적 성격의 내 파트너는 이미 위기를 극복할 힘과 추진력을 나보다 더 많이 갖추고 있다. 이제는 내가 스스로의 삶과 취미생활로 눈길을 좀 더 돌려야 할 때다.

의존적 관계 | 둘 중 외향적 성격의 사람이 늘 장을 본다. 재산 상속 문제로 문제가 생겼을 때 해결책을 찾는 것도 외향인이다. 여럿이 함께 모인 자리에서 내성적 성격의 파트너가 대화에 끼어들 수 있도록 배려해야 하는 것도 외향인의 몫이다. 반면 내향적 성격의 파트너는 연말정산 문제를 해결하고, 가족·친지·친구들의 생일을 잊지 않고

챙기는 등 '내무부'를 관장한다. 이러한 역할 분담은 실용적이고, 공평하고, 집안일이나 바깥일이 많이 바쁠 때에는 매우 효과적인 해결책이 되어 주기도 한다. 그럼에도 불구하고 한 가지 단점이 있다. 두 사람 모두 자기가 좋아하는 일만 계속 하다 보면 파트너 관계가 아니라 서로 의존하는 관계가 되어 버릴 수 있다는 것이다. 즉 서로가 서로에게 부담이 될 수 있다.

지나친 불평불만 | 섬세형 내향인에게는 세상이 너무 가혹한 곳이고, 그래서 앓는 소리를 입에 달고 사는 편이다. 하지만 정도가 지나치면 결국 외향인 파트너 입장에서는 두 사람의 관계가 너무 가혹하게만 느껴질 것이다. 즉 불평도 정도껏 해야 하는 것이다. 적어도 상대방의 기분이나 상황을 배려는 해야 한다. 상대방이 세상 모든 불행으로부터 자신을 구원해 주기를 바라서는 안 된다. 상대방도 자기처럼 세상 모든 불의와 부당함을 예민하게 발견하고 분노해 주기를 기대해서도 안 된다. 불공평하고, 불가능하고, 비현실적인 기대에 불과하다. "지금 내 기분이 어떤지 알아?", "그것도 못 해 줘?" 같은 말로 상대방에게 너무 큰 부담을 지우지 말자.

기·억 노·트　　　　섬세형과 은둔형 내향인은 긴밀하고 집중적인 관계를 원한다. 느슨하고 피상적인 관계는 피곤한 관계, 불만스러운 관계에 불과하다. 이에 따라 파트너나 가족에게 집착하기도 한다. 혹시 내가 모든 고민을 상대방에게 떠넘기고 있는 것은 아닌지, 상처 받기 쉬운 성격이라는 이유로 상대방에게 너무 큰 부담을 주거나 집착하고 있는 것은 아닌지 한 번 되돌아보자. 내 여자친구 혹은 남자친구는,

내 아내 혹은 남편은 어느 정도까지의 관심을 애정으로 받아들이고, 어느 지점부터는 부담으로 느낄까? 그 사람의 사생활을 어느 정도까지 존중해 주어야 할까? 지금처럼 늘 불평불만만 늘어놓으면 파트너 아니라 그 누구라도 나를 피곤해 하지 않을까? 그렇다면 나는 내 고민과 염려를 어떻게 스스로 극복할 수 있을까?

㉔ 가족이라도 모두 다른 성향

주도형 섬세형 비범형 은둔형

크리스마스 시즌이 되면 가족 중 외향인은 하루 종일 캐럴을 틀어 놓고, 파티 프로그램을 짜고, 여러 곳에 전화를 걸어 스케줄을 조정하고, 할머니 할아버지도 파티에 초대한다. 그 와중에도 내향인은 어떻게든 조용한 시간, 자기만의 시간, 평소와 다름없는 시간을 가지기 위해 기를 쓰고 노력한다.

가족 구성원 중에 내향인도 있고 외향인도 있는 경우, 대화와 타협 없이는 금세 티격태격 부딪치다가 갈등을 겪는다. 주말에 뭘 할 것인지, 누구네와는 관계를 유지하고 누구네와는 거리를 둘 것인지, 음악은 얼마나 크게 틀어도 되는지, 대화는 얼마나 자주 또 무슨 주제로 나눌 것인지 등을 미리 가족회의 같은 것을 통해 결정해 두지 않으면 금세 심각한 사태가 벌어지고 만다. 누구의 잘못도 아닌데 여기저기서 문제들이 터진다. 이유는 그냥 서로 다르기 때문이다.

어떤 사람은 내향인이고, 어떤 사람은 외향인이기 때문에 그런 문

제들이 발생하는 것이다.

그런 사태를 방지하기 위해 세 가지 방법을 쓸 수 있다. 첫째, 외향인이 입을 다물고 내향인을 배려하는 것. 하지만 이 방법은 한쪽의 일방적 희생을 요구하는 것이기 때문에 불공평하다. 외향인이 무조건 희생한다는 보장이 없으므로 비현실적이기도 하다. 둘째, 모두가 만족할 만한 다양한 규칙들을 마련하는 것. 충분히 현실적이고 공평한 방법이다. 셋째, 내향인이 외향인을 방해하지 않은 채 자기만의 공간으로 후퇴하는 것. 이게 어쩌면 가장 우아하고 실용적인 길인지도 모르겠다.

코냑 명가 헤네시 가문 출신이면서 향수 사업에도 손을 댄 킬리안 헤네시 Kilian Hennessy 는 하루 중 아침이 제일 좋다고, 아침이야말로 자기를 위한 시간이라고 말한다. "이른 아침, 모두가 아직 잠들어 있을 때 나는 여유로운 마음으로 하루를 준비하기 시작합니다. 먼저 욕조에 몸을 담그고, 다음으로 식탁 앞에 앉아 이메일을 확인합니다. 폭풍 전의 고요라고나 할까요?" 이 말만 들어도 아침이 그에게 얼마큼의 의미를 지니는지, 나아가 그 이후에 어떤 광경이 펼쳐질지 대략 짐작할 수 있다.

요즘은 가족을 둘러싼 모든 일들도 바깥일만큼이나 바삐 돌아간다. 내향적 성향의 부모라면 바쁜 가운데에서도 재충전을 위한 틈을 반드시 필요로 하는데, 이는 결코 시간의 낭비가 아니다. 당사자들에게 있어 그 시간은 그야말로 '생명의 묘약'이다.

내향인에게 있어 가족은 아름다운 사람들, 내게 행복을 주는 사람들인 동시에 부담과 스트레스를 의미하기도 한다. 예컨대 자녀를 돌보려면 쉴 틈이 없고, 늘 소음에 노출되어야 하고, 끊임없이 질문에 대답을 해주어야 한다. 때로는 자녀의 친구들이 내 집에서 자고 가기도 하고, 그 외에도 자녀와 관련해서 만나야 하는 사람, 참가해야 하는 행사가 한둘이 아니다. "죄송하지만, 제가 내향인이어서 그 행사에 참가할 수 없어요"라는 식의 변명은 통하지 않는다. 부모라면 응당 부응해야 하는 기대들이기 때문이다. 그 기대를 저버렸다가는 사랑하는 내 아이가 따돌림을 당하는 꼴을 봐야 할 수도 있다.

이쯤 되면 제아무리 내성적 성격의 부모라 하더라도 결국에는 이제 막 기기 시작한 아이에게 친구를 만들어 주기 위해 놀이그룹에 참가하고, 재롱잔치나 아이 친구의 생일 파티에 가서 다른 학부모들과 수다를 떨 수밖에 없다.

가족치료사이자 작가인 레베카 마르토렐라Rebecca Martorella는 "귀여운 내 아이들과 하루 종일 집에 있는 것이야말로 내성적인 내 성격에 완벽하게 들어맞는 활동이라 믿었다. 이제야 깨달았다. 내성적 성격으로 홍보담당자가 되는 것이 내성적 성격으로 엄마가 되는 것보다 더 쉽다는 것을!"이라고 쓴 적이 있다. 이는 신세한탄도, 세태풍자도 아닌 그저 담담한 자기성찰일 뿐이었다.

마르토렐라는 내성적 성격의 부모들 대부분이 그렇듯 집이 조용하기를, 서로가 서로를 존중하는 곳이기를 희망한다. 외향적 성격의 아이가 혼자서 조용히 노는 법을 습득하기도 바란다. 마르토렐라는 아이를 떼어 둔 채 혼자 조용히 장보는 것을 좋아하고, 또래 자녀를 둔 가족들과 만날 때에도 되도록 아이들이 신나게 노는 동안 부모들은 조용히 대화를 나눌 수 있는 곳, 예컨대 미술관 같은 곳으로 약속 장소를 잡는다.

조용하고 내향적인 스타일의 양육은 내성적 성격의 부모뿐 아니라 아이들에게도 큰 도움이 된다. 외향적 성향의 자녀라면 이를 통해 자기 안의 침착하고 신중한 면을 계발하고, 자제력이나 집중력, 창의력, 공감능력도 발달시킬 수 있다. 즉 속도를 조절하고 성질을 '죽이는' 방법을 습득하게 되는 것이다. 본디 내향적 성격의 아이라면 비슷한 성향의 부모와 일종의 '동맹 관계'를 맺을 수 있다. 휴식과 사생활을 존중하고 보장해 주는 엄마, 아빠 덕분에 함께하는 시간의 귀중함뿐 아니라 혼자 있는 시간의 소중함도 터득할 수 있을 것이다.

기·억 노·트   외향인은 판단과 행동이 재빠르다. 내향인은 자기주장을 강하게 펼치는 적이 별로 없고, 오래 고민하는 편이며, 문제가 생기더라도 어떻게든 혼자 해결하려 애쓴다. 내향적 성격의 아이들이 외향적 성격의 아이들에 비해 관심 밖으로 벗어나는 경우가 많은 것도 그 때문이다. 그럴 때면 사람마다 타고난 성향이 다르다는 사실을 부모가 납득시켜 줘야만 한다. 내향적 성향의 아이가 자신의 타고난 성격을 받아들이도록, 나아가 형제자매나 부모의 성격이 자기와 다를 수도 있다는 사실을 알려 줘야만 한다. 외향적 성향의 아이로 하여금 내향적 성향의 아이의 의견을 들어보게 하는 것도 좋은 방법이다. 반대로 내향적 성향의 아이에게 외향적 성향의 형제자매가 어느 분야에 왜 관심을 가지는지 물어보게 하고, 함께 놀아 보게 하는 것도 좋다. 책이나 영화에 등장하는 외향적 혹은 내향적 성향의 주인공들에 대해 아이들과 이야기를 나누어 보는 것도 매우 좋은 방법이다. 그 주인공들은 문제를 어떻게 해결했는지, 그 주인공들은 주변 사람들과의 관계가 어땠는지, 외향적 성격일 때 혹은 내향적 성격일 때 각기 장단점은 무엇인지에 대해 진지하게 얘기를 나누어 보자.

㉕ 내향인과 외향인은 최고의 파트너

주도형 섬세형 비범형 은둔형

"나에겐 당신이 있는데, 다른 사람들과 어울려야 해?" 영국의 시리즈 드라마 〈다운튼 애비Downton Abbey〉에 나오는 소심한 남편이 아내에게 한 말이다. 그 말 속에는 외향인과 내향인이 만나면 상호보완적 관계에 놓이게 된다는 뜻이 담겨 있기도 하다. 자신이 갖지 못한 점들을 상대방이 보완해 주는 것이다. 둘 중 외향인은 내향적인 파트너에게 에너지와 아이디어를 제공하고, 내향인은 진지하고 깊이 있는 관계의 기틀을 마련한다.

외향인과 내향인의 장점이 이렇게 합해질 수만 있다면 둘의 차이는 단점이 아니라 장점이 된다. 현대인들의 결혼에 대한 기대 역시 바로 그런 것들이다. 최근 〈뉴욕타임즈〉에 실린 어느 기사에 따르면 현대인들은 점점 더 배우자와의 관계 속에서 자기발견, 자존감 상승, 개인적 성장을 기대하고 있다고 한다.[50] 무조건 기댈 수 있는 사람과 결혼하던 시대는 이제 지나가 버렸다. 요즘 우리가 기대하는 바람직한 배우자상은 다음과 같다.

새로운 감정과 새로운 사고로 나아갈 수 있는 길을 열어 주는 동시에, 내 감정과 사고방식도 이해해 주는 사람이 바로 현대인들이 바라는 이상적인 배우자상이다.

비범형과 은둔형 내향인이 특히 힘들어 하는 부분이 바로 그 부분이다. 이 두 유형은 적어도 집에서만큼은, 적어도 여가시간만큼은 있는 그대로의 자기 모습으로 살고 싶어 한다. 그 심정이 이해가 가지 않는 것은 아니지만, 외향적 성향의 배우자 입장에서는 많은 아쉬움을 불러일으키는 결정이 아닐 수 없다. 함께 성장하기 위해서는 아내와 남편이 서로 존중해야만 한다. 둘 다 늘 참기만 하는 상황이 되어서는 안 된다. 상대방의 장점을 부각시켜 주고, 상대방이 잘하는 일, 좋아하는 일에도 최소한 약간의 관심을 가져 주어야 한다.

심리학자 벤 플레처Ben Fletcher 는 "뭔가 다른 것을 해보라Do something different"라는, 간단하고도 실용적인 방법을 제시한다. 그는 또 "대단한 일이 아니어도 좋다. 사소한 일도 큰 효과를 발휘한다. 약간의 변화만으로도 완전히 다른 결과가 나올 수 있다"라고 조언한다. 그러한 점들을 고려해 여기에서는 둘 중 내향적인 쪽이 다음 몇 주 동안 시도해 볼 수 있는 일들을 몇 가지 제안해 볼까 한다.

- 외향인인 내 배우자가 나보다 더 잘하는 일이 무엇인지 알아내고, 거기에 대해 감탄해 보자. 내 아내(혹은 남편)에게는 아마도 제 시간에 오지 않은 수리공과 통화를 하는 동시에 수많은 인파 속에서도 가족과 친구들에게 줄 크리스마스 선물을 세심

하게 고르는 능력이 있을지도 모른다. 만일 내가 잘하지 못하는 일을 상대방이 대신해 주었다면 칭찬과 감사의 말을 잊지 말자.

- 외향인인 내 배우자에게서 아이디어를 얻어 보자. 예컨대 다음 강연 주제에 대해 어떻게 접근하면 좋을지, 다음번 스몰토크 때에는 어떤 태도를 보여 주면 좋을지에 대해 조언을 얻어 보자.

- 내키지 않더라도, 억지로라도 외향인인 내 배우자가 좋아하는 일, 좋아하는 사람들에게 관심을 가져 보자. 취미활동을 함께 해보는 것도 좋고, 배우자의 친구들과 함께 식사를 하는 것도 좋다. 그런 다음 배우자의 기분이 어땠는지 물어보라. 또 함께하는 동안에는 시선 맞추기(아이컨택)나 고개 끄덕이기, 미소, 질문, 제스처 등을 통해 내가 결코 그 자리를 따분해 하고 있지 않다는 느낌을 주자.

- 내 친구들과 함께하는 자리를 마련해 보자. 물론 이때에도 내 외향인 배우자가 동반한다는 조건이 붙는다. 혹시 끊임없는 수다가 부담스럽다면 클래식 공연장이나 스키장을 선택하는 것도 하나의 방법이 될 수 있다.

- 혼자 있을 시간이 필요할 때 마냥 꾹 참거나 말없이 사라지지 말자. 배우자나 자녀 혹은 친구들에게 자신의 계획을 정확히 알리고, 언제 다시 그들과 함께할 것인지도 미리 알려 주자.

- 외향인 파트너를 나의 내향적 취미생활에 끌어들여 보자. 예컨대 책벌레형 내향인이라면 외향인 배우자도 재미있어 할 만한

책을 권해 보는 것이다. 조용한 음악을 틀어 놓고 함께 차 한 잔을 마시는 것으로 하루를 마감하는 습관을 들이는 것도 좋은 방법이다.

- 가족 모두에게 도움이 되면서도 혼자만의 시간을 가질 수 있는 활동을 찾아보자. 예컨대 휴일 낮에 정원을 가꾸거나 늦은 밤에 식기세척기 안에 든 그릇들을 꺼내어 정리하는 일 등은 혼자 있을 수 있는 동시에 가족을 위해 뭔가를 할 수 있는 대표적 활동들이다.

기·억 노·트 　외향인은 화가 나거나 무언가 심각하게 고민해야 할 때면 입을 다문다. 외향인에게 있어 침묵은 분노나 무관심의 상징이다. 반면 내향인에게 있어 침묵은 일상이요, 습관이다. 내향인이 아무 말이 없다는 것은 아직 생각 중이라는 뜻이다. 이런 차이 때문에 종종 외향인과 내향인 사이에 오해가 발생하곤 한다. 불필요한 오해를 방지하려면 "잠깐만, 아직 정리가 덜 됐어. 조금만 기다려 줘"라든가, "아직 고민 중이야. 늦어도 언제까지 결정을 내려야 하지?" 등의 말로 내 계획을 암시하고 상대방을 안심시키는 것이 좋다.

26 오랜 우정을 유지하는 방법

주도형 　섬세형 　비범형 　은둔형

할리우드의 유명 배우 제니퍼 로렌스는 "전 외출을 그다지 좋아하지 않아요. 외출할 때면 늘 제 소파가 그립답니다"라고 말한다. 물론 우정은 내향인에게도 외향인에게만큼이나 중대한 문제다. 하지만 내향인이 우정을 가꾸는 방식은 외향인과 다르다. 내향인이 제일 좋아하는 자리는 몇 안 되는 사람이 모여 함께 식사하는 자리, 둘 또는 셋 정도가 커피숍이나 자기 집 소파에 앉아 담소를 나누는 자리다. 나이트클럽보다는 함께 DVD를 감상하는 걸 좋아하고, 파티보다는 심각한 문제에 대해 진지하게 토론하는 걸 좋아한다. 내향인은 시끌벅적한 파티보다는 조용조용한 대화를 나눌 때 더 큰 행복감을 느낀다.

친구를 사귈 때도 그러한 경향이 여지없이 반영된다. 내향인은 '마당발'이 되기보다는 몇몇 소수 정예 친구들과 서로 사생활을 침범하지 않는 가운데 깊고 긴밀한 우정을 오래 유지하는 것을 선호한다. 친구의 성격도 내향적이라면 그야말로 금상첨화다. 물론 내향인에게도 외향인 친구가 있을 수 있다. 하지만 내향인-외향인의 교우 관계는 내향인끼리의 교우 관계와는 분명 성격이 좀 다르다.

나는 상당히 내향적인 데 비해 가장 친한 친구들 중 한 명은 외향적인 성향이 훨씬 더 강하다. 바로 그러한 차이 때문에 우리는 더 친해질 수 있었다. 그 친구는 나와는 달리 결코 칭찬에 인색하지 않고, 내가 혼자서는 절대 하지 않았을 것 같은 활동들도 그 친구와 함께라면 가능했다. 나는 또 그 누구와 같이 있을 때보다 그 친구와 함께 있을 때 가장 많이 웃는다. 반대로 그 친구는 내가 신중하고 침착해서 좋다고 한다. 고민이 있을 때면 나와 함께 다각도에서 토론을 하고, 결국 자신이 원하는 답변을 찾을 수 있어서 좋다고 한다.

한꺼번에 너무 많은 사람과 어울리려 들지만 않는다면 내향인과 외향인도 충분히 친구가 될 수 있다. 특히 내향인 측에서 외향인 친구가 대화의 주제나 활동의 종류 혹은 만남의 장소를 바꾸기 좋아한다는 사실을 이해하고 배려할 경우 더 돈독한 우정을 다질 수 있다. 양측에서 약간의 공감능력만 발휘하면 누구도 불만을 품지 않는다. 예컨대 내향인과 외향인 친구가 커피숍에서 만날 때 내향인은 벽 쪽을 바라보게 앉고, 외향인은 실내 전체가 보이는 곳을 향해 앉는다. 주문도 주로 외향인이 담당한다. 내향인은 벽을 마주한 자리가 더 편하지만, 외향인은 시야가 탁 트여 있지 않으면 답답해 하거나 불편해 하기 때문이다.

내향인이 외향인과의 우정을 때로 힘들어 하는 이유는 주로 만남의 방식과 횟수 때문이다.

내게도 상당히 외향적인 사촌이 한 명 있는데, 느닷없이 밤 9시에 전화를 걸어와 "그냥 목소리가 듣고 싶었어요"라고 말한다. 물론 따뜻한 마음에서, 나를 좋아하고 걱정해서, 내 안부가 궁금해서 전화를 걸었을 것이다. 또 친한 친구 중 한 명은 부부 동반으로 저녁을 먹기로 한 자리에 또 다른 부부 두 쌍을 사전에 내 의사를 물어보지도 않고 초대하곤 한다. 내향인인 내 입장에서 보면 그날 저녁식사는 내가 기대했던 바와 완전히 다른 모양새로 흘러가서 기분이 썩 좋지만은 않다. 자주 만나던 부부 한 쌍과 오붓하게 대화를 나눌 수 있을 거라 기대했는데, 갑자기 몇 다리 건너서 이름만 들어 본 사람, 즉 '모르는'

사람이 네 명이나 추가되었으니 말이다.

　외향인과 오랜 우정을 유지하려면 되도록 많은 이들과 교류하고 싶어 하는 외향인의 성향을 이해해야 한다. 내향인은 "적은 것이 많은 것이다"라고 생각하는 반면, 외향인은 "아무리 많아도 지나침이 없다"라고 믿는다고 보면 된다.

　하지만 이번에도 해결책은 존재한다. 게다가 이번에는 상대방이 직장 동료나 상사가 아니라 친한 친구이고, 그렇기 때문에 내 기분과 심정을 터놓고 얘기하기도 편하다. 만일 둘의 성향 차이를 언급하지 않은 채 그저 늘 참기만 하면 오히려 역효과만 불러온다. 외향인인 친구 입장에서는 속 시원하게 말하지 않고 쭈뼛거리기만 하는 내 태도가 불쾌하게 느껴질 것이다. 심지어 무시당했다는 기분이 들 수도 있다. 그럴 때는 다음과 같은 방법들을 써보자.

성향 차이에 대해 얘기하기 | 누군가가 처음 보는 사람 앞에서 불편해할 때, 말수가 적을 때, 주저하는 태도를 보일 때 우리는 그 사람이 내성적이라 판단한다. 그런데 내향인 중에는 그런 행동을 취하지 않는 사람도 있다. 혹은 적어도 자신의 그러한 성향을 잘 감추고 포장하는 이들이 있다. 이 경우 외향인은 그 사람이 가끔씩 보이는 내향인적 성향을 도무지 이해하지 못한다. 내향인이 혼자 있을 때 스트레스를 가장 잘 해소하고, 에너지를 가장 많이 충전한다는 사실을 잘 납득하지 못하는 것이다. 최근 나는 어느 외향인 친구에게 우리 둘의 차이를 이렇게 설명했다. "우리 둘이 같이 어느 식당에서 저녁을 먹잖아? 식사가 끝날 때쯤이면 나는 '아, 정말 좋은 사람과 정말 맛있게 잘 먹

었어. 이제 얼른 집에 가서 쉬어야지'라고 생각해. 하지만 너는 '아, 정말 좋은 사람과 정말 맛있게 잘 먹었어. 이제 자리를 어디로 옮기지?'라고 생각해!"

유대감 강화하기 ┃ 외향인은 매사에 관심이 많고 늘 누군가와 어울리고 싶어 한다. 만남을 주선하는 것도 외향인일 때가 많다. 여럿이 함께 어울려서 휴가 여행을 떠나는 것도 좋아하고, 누군가에게 칭찬을 건네는 횟수도 내향인보다 훨씬 더 많으며, 악수나 포옹도 더 자주 하거나 더 마음을 실어서 하는 편이다. 반면 내향인은 타고난 성품이 조용하고 얌전하며, 외향인과는 달리 즉흥적으로 무언가를 계획하는 일이 거의 없다. 이러한 차이를 보완하기 위해서는 특별히 신중하게 고른 선물이나 이메일을 자주 보내는 방법, 굳이 생일이 아니라 하더라도 그 친구에 대한 내 진심이 담긴 정성스런 카드를 '뜬금없이' 건네는 방법 등이 도움이 된다. 이로써 내가 무심한 게 아니라 그저 성향이 다르다는 것을 표시하고, 나아가 둘 사이의 유대감도 강화할 수 있기 때문이다.

만남의 형태 제안하기 ┃ 내향인도 사람이 많지 않은 자리, 친한 사람들로만 구성된 자리에서 자기가 좋아하는 주제에 관해 얘기를 나눌 때면 외향인 못지않은 활기를 띤다. 외향인 친구에게 모든 것을 떠넘기는 대신 스스로 만나는 사람의 범위와 장소 등을 정해 보자. 그렇게 적극적인 모습을 몇 번 보이다 보면 나중에는 내가 원치 않는 모임을 거절하기도 쉬워진다. 어떤 장소, 어떤 모임을 제안할지는 그다지 중요치 않다. 함께 영화를 보러 가자고 제안해도 좋고, 노래방에 가자고 제안해도 된다. 그보다는 내가 자기들을 얼마나 좋아하고 아끼는지를 표현하는 것이 관건이다.

대안 제시하기 | 직장에서 꽤 인정받는 어느 여직원은 친구들 사이에서도 인기가 매우 높다. 시간이 날 때마다 친구들을 자기 집으로 불러 소박한 파티도 열곤 했는데, 그런 그녀가 어느 날 친구들의 초대를 거절했다. 하지만 그녀는 "미안, 이번 모임은 참석할 수 없을 것 같아. 아무리 생각해도 사람이 많이 모이고 떠들썩한 사순절 축제는 나와 맞지 않아. 시간이 될 때 다시 자리를 갖는 게 어떨까? 같이 아침식사를 하는 것도 난 좋은데, 넌 어때?"라며 대안을 제시했다. 이로써 예전과 다름없는 돈독한 우정도 지킬 수 있었다.

기·억 노·트　　　내향인에게 있어 완벽한 주말이란, 친구들과 함께 어울려 즐거운 시간을 보내는 것보다는 조용히 혼자만의 시간을 가지며 휴식하는 것이다. 칼 라거펠트는 완벽한 주말에 대해 이렇게 말했다. "내게 있어 주말이란 시계를 쳐다볼 필요 없이 편안한 마음으로 책을 읽고, 도안을 그리고, 충분히 잠자고, 누구에게도 나를 맞출 필요가 없는 시간입니다. 난 혼자 있는 걸 좋아합니다. 재충전을 위해 반드시 필요한 시간이죠. 다행히 나는 집을 여러 채 갖고 있어요. 친구들과의 만남을 위한 집이 따로 있고, 오직 나만을 위한 집이 따로 있죠." 물론 라거펠트처럼 그렇게 용도별로 집을 따로 마련해 둘 정도의 여유를 지닌 사람은 많지 않다. 비록 보금자리가 한 군데뿐이라 하더라도 계획만 잘 짜면 '함께 어울리기'와 '홀로 있기' 사이를 충분히 자유롭게 넘나들 수 있을 것이다.

내향인의 말에는
힘이 있다

"난 잘 모르겠소!" 고전 법정영화 〈12인의 성난 사람들12 Angry Men〉에서 8번 배심원 역할을 맡은 헨리 폰다Henry Fonda가 '무죄' 쪽에 손을 들고 난 뒤에 한 말이다. 열두 명의 배심원 중 피고인(살인 혐의를 가진 소년)의 유죄를 의심한 배심원은 헨리 폰다 단 한 명뿐이었다. 모두가 유죄를 외칠 때 헨리 폰다는 혼자 꿋꿋이 의혹을 제기하며 배심원단이 서둘러 피고인에게 유죄를 선고하는 사태를 막았다. 유죄가 인정될 경우, 피고인은 사형을 선고받을 게 빤한 상황이었다.

"난 잘 모르겠소!" 이 말은 내향인 배심원의 조용한 항변이었다. 8번 배심원은 논의 내내 눈에 잘 띄지도 않는 인물이었다. 그는 토론에 참여하는 시간보다 구석진 창가 어딘가에 우두커니 서서 생각에 잠겨 있는 시간이 더 많았다. 하지만 이 영화를 본 사람이라면 8번 배심원이 배심원단 전체에게 사건의 디테일을 다시 한 번 자세히 살펴보게 만드는 원동력이었음을 잘 알 것이다. 차분한 말투와 논리적인 말솜씨로 그는 배심원단 한 명 한 명을 차례로 설득했고, 결국에는 나머지 열한 명의 생각을 바꾸게 만들었다. 모두가 감정이 과열되고 흥분한 상황에서도 그는 조용히 의문을 제기하고, 다른 이들의 말에 귀 기울이며 토론을 중재하고, 침착하게 반박했다. 그 과정에서 그가 보여 준 태도는 지나치게 과묵하지도, 지나치게 말이 많지도 않았다. 상대방을 설득하고 싶을 때 꼭 필요한, 딱 그 정도만큼의 침착함을 보여 주었다.

8번 배심원은 내향인의 의사소통 방식 안에 어떤 힘이 들어 있는지를 90분에 가까운 토론 시간 내내 보여 주었다. 내향적 의사소통 속에는 원하는 결론에 도달할 수 있게 만드는 힘이 담겨 있다. 나아가 화해를 유도하고, 인간관계에 힘을 실어 주며, 어떤 모임에서 숨은 리더 역할을 맡게 해주고, 무대 뒤에서 결국 모든 것을 조정하게 해준다.

물론 그 어떤 직업상담사도 취업 면접을 앞둔 수강생에게 "난 잘 모르겠어요"처럼 애매한 표현을 권장하지는 않을 것이다. 이런 모호한 말과 태도는 외향적으로 점점 더 기울고 있는 요즘 시대의 커뮤니케이션 문화에 부합되지 않기 때문이다. 그럼에도 불구하고 은행이나 기업이 줄줄이 도산하는 요즘 같은 금융 위기 시대에는 좀 더 많은 사람이 신중한 의견을 제시하여, 앞뒤 없이 무조건 확장만 지향하는 세태를 완충해 주면 좋지 않을까 하는 생각이 든다.

27 말하는 방식이 다른 내향인과 외향인

주도형 섬세형 비범형 은둔형

외향인과 내향인의 대화 스타일 사이에 절대로 넘을 수 없는 벽이 있는 것은 아니다. 하지만 기본적인 차이점 몇 가지는 존재한다. 토론을 할 때 내향인은 외향인에 비해 목소리를 내지 않는 편이고, 그래서 때로는 손해를 본다는 느낌도 들 것이다.

그런데 공격적인 토론을 지향하는 이들도 내심 두려워하는 부분이 있다. 내향인의 신중한 의견에 가끔은 깜짝 깜짝 놀라고, 내향인이 자신을 너무 가볍게 보지는 않을까 걱정이 되는 것이다. 그런 차이나 두려움을 어떻게 극복할 수 있을까? 어떻게 하면 내향인과 외향인 사이에 순조로운 대화와 토론이 이루어질 수 있을까? 여기에서는 토론에 임하는 내향인과 외향인의 중대한 차이와 오해 몇 가지를 분야별로 정리해 보았다.

1. 시선 맞추기

내향인 | 남의 말을 들을 때 시선 맞추기

내향인은 자신이 내뱉는 말 한마디 한마디를 신중하게 선택하는 편이다. 말하면서 시선을 아래에 둘 때가 많은 것도 그 때문이다. 반대로 상대방의 말을 들을 때에는 작은 부분도 놓치지 않기 위해 시선을 상대방에게 고정한다.

내향인을 위한 충고 말할 때는 시선을 약간 위로 두고, 들을 때에는 반대로 눈높이를 약간 낮게 조정하자. 외향인은 말할 때 누군가가 자기를 빤히 쳐다보는 것을 싫어한다.

외향인 | 스스로 말할 때 시선 맞추기

외향인은 말할 때 의식적으로 상대방과 시선을 마주친다. 반대로 상대방의 말을 들을 때는 시선을 다른 데로 돌리는 편인데, 이는 완전히 집중하지 않고 있다는 뜻이기도 하다.

내향인을 위한 충고 외향인의 주의를 내게로 돌리고 싶다면 목소리를 약간 높여 보자. 상대방의 이름이나 직함을 부르는 것도 좋고, 질문을 하는 것도 효과가 있다.

2. 생각과 말

내향인 | 생각부터 정리하고 말하기

내향인은 생각이 정리된 다음에야 비로소 말문을 연다. 그래서 상대방의 의견에 동의하지 않을 때에도 즉각적인 반박을 잘하지 못하는 편이다. 충분히 생각하지 않은 의견을 툭툭 내던지지도 못한다. 대신, 어떤 의견을 제시했다 하면 그 속엔 분명 알맹이가 들어 있다.

내향인을 위한 충고 신문 기사처럼 잘 정리된 말만 하고 살 수는 없다. 때로는 완벽하지 않은 아이디어도 토론의 디딤판이 될 수 있다. 또 토론 중에 생각에 잠겨 있기만 하고 입을 떼지 않으면 남들의 주목을 받을 수 없고, 나중에 자신의 주장을 관철시키기도 그만큼 더 힘들어진다.

외향인 | 생각과 말을 동시에 하기

외향인은 말을 하면서 생각을 정리한다. 외향인의 의견이 때로는 조금 엉성하게 들리는 것도 그 때문이다. 그래도 전체적으로 말수가 많기 때문에 누가 봐도 내향인보다는 토론에 적극 참가하고 있다는 느낌을 준다.

내향인을 위한 충고 외향인이 말을 할 때 중간에 잘라서는 안 된다. 그것이 바로 외향인이 생각을 정리하는 방식이기 때문이다. 말이 끝난 다음에는 칭찬을 건네서 외향인에게 확신을 심어 주자. 외향인 중에는 말을 한 뒤에 자신이 핵심을 지적했는지, 아닌지 몰라서 불안해 하는 이들이 많다.

3. 대화 상대와의 거리

내향인 | 적당한 거리 두기

내향인은 심리적으로나 물리적으로나 자기만의 공간을 필요로 하고, 재촉이나 독촉에는 재주가 없다. 사람이 많은 곳이나 신체 접촉도 꺼리는 편이다.

내향인을 위한 충고 너무 형식적으로 악수를 하고 있지는 않은지 생각해 보자. 혹은 업무상 이메일을 보내야 할 때 인사말이나 뉘앙스가 너무 딱딱하지는 않은지 점검해 보는 것도 필요하다. 외향인은 지나치게 형식적인 제스처나 이메일을 접하면 상대방을 가까이 하기 힘든 사람으로 오해하곤 한다.

외향인 | 가까이 다가가기

외향인은 중심에 서기를 좋아한다. 북적이는 인파 속에서도 큰 스트레스를 느끼지 않고, 포옹이나 어깨동무, 하이파이브와 같은 제스처는 의식적으로든 무의식적으로든 업무의 일부로 간주한다. 이메일을 쓸 때도 친근한 말투나 이모티콘 활용을 주저하지 않는다.

내향인을 위한 충고 누군가가 자신에게 다가온다는 것은 그만큼 친해지고 싶다는 뜻이다. 외향인이 자신에게 다가올 때 지나치게 거부만 해서는 안 된다. 적어도 사회적 관습과 통념에 맞게 최소한의 관심은 보여주어야 한다.

4. 대화하는 태도

내향인 | 수동적 태도

내향인은 누군가가 말을 걸어 주기를 기대하고, 누군가가 자신을 대화에 끌어들여 주기까지 기다리는 편이다.

내향인을 위한 충고 머릿속에 떠오르는 생각을 '필터링' 과정 없이 그대로 내뱉는 훈련을 해보자. 늘 확실한 말, 정확한 말만 하고 살 수는 없고, 그럴 필요도 없다.

외향인 | 능동적 태도

외향인은 낯선 사람에게도 곧잘 말을 거는 편이고, 남들의 대화에도 쉽게 끼어든다. 자기 의견을 즉흥적으로 표현하는데, 개중에는 아무 생각 없이 툭툭 내던지는 말도 적지 않다.

내향인을 위한 충고 외향인의 말 한마디 한마디에 온 신경을 집중할 필요는 없다.

5. 대화 중 침묵

내향인 | 긴 침묵

내향인은 대체로 말과 말 사이에 오래 침묵하는 편이다. 입을 다물고 있는 동안 자신이 방금 한 말을 다시금 되새기고, 다음에 할 말을 정리하는 것이다.

내향인을 위한 충고 외향인과 대화를 할 때에는 상대방이 자신의 침묵을 실제보다 더 길게, 자신이 생각하는 것보다 더 불쾌하게 느낄 수 있다는 점을 감안하자.

외향인 | 짧은 침묵

외향인은 대화가 시들해지는 상황을 참지 못한다. 대화 상대의 침묵을 "이제 당신이 말할 차례예요"라는 신호탄으로 여기기도 한다.

내향인을 위한 충고 손짓이나 몸짓을 통해, 혹은 "잠깐만, 아직 생각 중이에요"라는 말로 조금 더 기다려 달라고 부탁해 보자.

6. 대화 말투

내향인 | 차분한 어조

내향인은 자신의 주장을 목청껏 외치는 타입이 아니다. 외향인보다 목소리가 작고, 말투도 단조로운 편이다. 그 덕분에 좀 더 전문적으로 들리기도 하지만, 아무런 특징 없이 밋밋하다는 느낌이 들게 만들기도 한다. 그 때문에 실제로 알찬 내용을 얘기했음에도 불구하고 동의나 주목을 충분히 받지 못하는 경우도 빈번하다.

내향인을 위한 충고 자녀에게 동화책을 읽어 줄 때 일부러 더 큰 목소리로, 일부러 더 억양에 변화를 주어 보자. 자녀도 분명 줄거리에 더 집중할 것이고, 부모 입장에서도 목소리 톤을 훈련할 수 있어서 좋다.

외향인 | 드라마틱한 말투

외향인은 대개 내향인보다 목소리가 크고 말도 빠르다. 한 문장 안에서도 톤에 변화를 많이 주는 편이고, 필요한 단어를 특별히 강조하는 데에도 능하다. 외향인이 말할 때 많은 사람들이 더 귀 기울이는 것은 이 때문이다.

내향인을 위한 충고 외향인은 원래 말투가 강렬한 편이다. 강한 어조 때문에 굳이 설득당하지 않아도 될 것을 설득당할 필요는 없지만, 내향인 입장에서도 타고난 성향에서 조금 벗어나 외향인처럼 말투에 강세와 변화를 주려고 노력해서 나쁠 것은 없다.

7. 대화 주제

내향인 | 깊이 파고들기

내향인은 한 번에 여러 주제를 다루지 않는다. 정해진 몇몇 주제에 대해 자세하게 얘기하기를 더 좋아한다.

내향인을 위한 충고　상대방이 자신과 관심사가 비슷할 때에는 아무 문제가 없다. 하지만 즐거운 '대화'가 일방적 '독백'이 되어서는 안 된다. 말이란 본디 하는 사람 입장에서나 듣는 사람 입장에서나 재미있고 유익해야 한다. 오직 자신만 관심 있는 주제는 상대방을 피곤하게 만들 뿐이다. 모두가 즐겁게 대화에 참여할 수 있는 주제에 대해 얘기하는 습관을 들여 보자.

외향인 |　넓게 확장하기

외향인은 말을 할 때 여러 주제를 넘나들 때가 많다. 이 얘기를 하는가 싶더니 어느 순간 다른 얘기를 하고 있다. 내용이 피상적일 때도 적지 않다.

내향인을 위한 충고　깊이가 없는 얘기라 해서 무조건 무시할 일은 아니다. 얕은 의견이 '먹힐' 때도 적지 않기 때문이다. 다양한 주제를 거론하다 보면 비록 깊이는 떨어질지 몰라도 그 자리에 있는 사람들 모두가 (아마도 돌아가면서) 한 번쯤은 자신의 얘기에 관심을 보인다는 장점도 있다.

8. 단어 선택

내향인 |　합리적인 단어 선택

내향인은 단어 선택에 있어서도 매우 신중하고 합리적이다. 천성에 충실한 것이다. 그런데 합리적이고 이성적인 단어, 중립적인 단어를 선택하면 우선 듣기에는 객관적으로 들릴지 몰라도 듣는 입장에서는 재미가 없다.

내향인을 위한 충고 자기가 자주 쓰는 단어에 큰 불만이 없다면 애써서 바꿀 필요는 없다. 하지만 자신의 단어 선택이 너무 단조롭다는 느낌이 든다면 '동의어 사전'을 활용해 보는 것도 좋은 방법이다. 예컨대 "괜찮네"라는 말 대신 "완벽해", "훌륭해", "멋져"를 써 보는 것은 어떨까? 혹은 "정말 기분 좋아"라든가 "진짜 고마워" 등 약간은 과장스러운 수식어를 좀 더 활용해 보는 것은 어떨까?

외향인 | 과장된 단어 선택

똑같은 일을 해냈을 때에도 외향인이 자신의 성과를 설명하는 방식은 분명 내향인과는 다르다. 그런데 지나친 자화자찬 자체가 목적인 경우는 잘 없다. 그보다는 원래 성격이 작은 일에도 많이 감탄하고 긍정적인 부분을 강조하는 쪽으로 맞춰져 있기 때문일 때가 많다.

내향인을 위한 충고 외향인의 '과대 포장'에 너무 예민하게 반응하지 말자. 그보다는 가까운 동료나 친구들과 함께 있을 때의 자기 말투나 표현 방식에 변화를 주려고 노력하는 편이 더 생산적이다.

9. 표현 방식

내향인 | 객관적 서술

내향인은 상황을 객관적, 사실적으로 묘사하는 데 있어서만큼은 달인들이다. "마틴이 이런저런 실수를 저질러서 톰이 화를 냈어"라는 식으로, 자신의 해석이나 의견이 들어가지 않은 말을 하는 데 아주 능숙하다. 개인적 견해가 포함되지 않은 만큼 듣는 입장에서도 공정하고 객관적으로 들리고, 신빙성이 더 크게 느껴진다.

내향인을 위한 충고 예컨대 물품을 판매해야 하는 상황 등 상대방을 설득해야 하는 상황이라면 해당 제품의 장점을 적극적으로 홍보하고, 해당 제품을 왜 구매해야 하는지에 대한 개인적 견해도 충분히 피력하는 것이 좋다.

외향인 | 주관적 평가

상황을 객관적으로 얘기해 달라는 부탁에 외향인은 말꼬리를 흐리며 "내 생각엔 톰이 좀 지나쳤던 것 같아"라고 말하는 식이다. 하지만 어디까지나 개인적 견해일 뿐, 어느 쪽이 진실인지는 알 수가 없다. 나아가 상황을 지나치게 포장하거나 너무 극단적으로 묘사할 위험도 없지 않다.[51]

내향인을 위한 충고 업무상 대화에서 상대방의 개인적 견해에 현혹되어서는 안 된다. 그보다는 눈에 보이는 수치와 사실에 더 집중하자.

10. 의사소통

내향인 | 글로 하는 의사소통

내향인은 글을 통한 의사소통을 좋아한다. 말로 할 때보다 생각을 더잘 정리할 수 있고, 단어 선택에도 더 신중을 기할 수 있기 때문이다. 함부로 전화를 거는 일도 거의 없다. 상대방이 지금 어떤 상황인지 모르기 때문이다. 하지만 이메일이나 SNS 등 비동시성asynchronous 커뮤니케이션 채널을 이용할 경우, 즉 말이 아닌 글로 대화를 주고받는 경우에는 상대방에게 폐를 덜 끼칠 것 같은 기분이 들어서 마음이 편해진다.

내향인을 위한 충고　이메일은 일상적 업무 처리에 매우 유용한 의사소통 도구다. 하지만 직접 만나 대화를 나눠야 할 때도 있다는 사실을 잊지 말자.

외향인 | 말로 하는 의사소통

외향인은 말하는 것을 좋아하고, 직접적인 접촉을 통해 에너지를 얻는다. 회의나 통화 등 동시성synchronious 커뮤니케이션을 선호하는 것도 그 때문이다.

내향인을 위한 충고　때로는 비서나 자동응답기를 통하지 않고 직접 통화를 해서 중대한 업무들을 처리해 보자.

기·억　노·트　외향인과 내향인은 말하는 방식이 다르다. 하지만 외향인이 수적으로 더 많기 때문에 외향적 의사소통 방식이 규범과 규준이 되었다. 그렇다 해도 외향적 의사소통 방식이 늘 더 효과적이라고는 할 수 없다. 영어가 독일어나 일본어보다 훌륭한 언어라서 세계 공용어가 된 것은 아니다. 어쩌다 보니 그저 널리 퍼졌고, 많은 이들이 사용하다 보니 공용어가 된 것뿐이다. 따라서 내 말투나 대화 방식이 내향적이라 해서 무조건 외향적으로 바꾸려고 노력할 필요는 없다. 외향인의 소통 방식을 일종의 '제2 외국어'로 간주하는 것으로 충분하다. 단, 외향인의 소통 방식을 이해하고 그 안에 어떤 장점이 내포돼 있는지 정도는 알아 두는 것이 좋다.

㉘ 대화에 반드시 필요한 공감능력

내향인이 예민한 사람으로 간주될 때가 많은데, 사실과 다르다. '내향인=예민한 사람'이라는 공식이 늘 성립되지는 않는다. 섬세형과 은둔형 내향인 중에는 분위기 파악을 잘하고 자신을 상황에 맞춰 조절할 줄 아는 이들도 적지 않기 때문이다. 하지만 주도형과 비범형 내향인은 자기와 생각이나 감정이 다른 이들에게 다가가는 일을 매우 힘들어 한다.

최근 미하엘은 어깨 수술을 받았다. 수술은 순조롭게 잘 끝났고, 2주쯤 지나자 통증도 거의 느껴지지 않았다. 미하엘은 집에서 꾸준히 맨손체조와 근육이완 운동을 한 덕분에 치료가 성공적으로 마무리된 것이라 굳게 믿고 있다. 그런데 우연의 일치인지 몰라도 미하엘의 아내 역시 그로부터 얼마 후 비슷한 수술을 받게 되었다. 미하엘의 아내는 수술 뒤 강한 통증을 호소했고, 몸을 제대로 가누지도 못했다. 아내는 자신이 얼마나 아프고 힘든지 남편에게 호소하고 위로를 얻으려 했다. 하지만 미하엘은 위로와 공감을 표현하는 대신 빡빡한 훈련 프로그램이 담긴 엑셀 파일 하나를 아내에게 선물해 주었다. 자신의 증상이 훈련을 통해 개선되었기 때문에 아내에게도 그 방법이 통하리라 믿은 것이다.

주도형, 비범형 기질이 강한 내향인은 자신의 감정을 잘 표현하지 않을 뿐 아니라 상대방이 감정을 표현할 여지도 잘 주지 않는다. 무심하거나 냉담해서가 아니다. 그 두 유형은 주어진 상황을 하나의 덩어리로 이해하고 전체적인 분위기를 파악하는 대신 세부 정보를 분석하고 해결책을 모색하는 데 더 집중하기 때문이다. 즉 위로나 공감보다는 실용적 도움을 주는 게 더 낫다고 믿는 것이다. 그런데 문제가 한 가지 있다.

자신의 논리만 강력하게 밀어붙이다 보면 '외딴섬' 취급을 받는다.

커뮤니케이션은 공감이 전제되어야 한다. 공감대가 없는 대화는 서로 비껴갈 뿐이다. 그런데 특별히 감수성이 발달된 사람이 아니라 하더라도 타인의 욕구를 발견하고 이해할 수 있다. 공감능력이 오로지 감성에 의해 발휘되는 것이 아니기 때문이다. 공감능력 속에는 이성적, 합리적 요소도 포함되어 있다.

비언어적 의사소통 분야의 세계적 전문가이자 심리학자인 미국의 폴 에크만Paul Ekman은 "인지적 공감능력은 어떤 사람의 감정 상태를 파악하는 능력이고, 정서적 공감능력은 그 사람의 감정을 똑같이 느끼는 능력이다"라고 말했는데, 상당히 정확한 지적이라 사료된다. 에크만의 주장에는 지성만 활용해서도 상대방이 지금 어떤 감정인지, 정확히 무엇에 감동을 받았는지, 무엇이 동기를 부여했는지 등을 해석할 수 있다는 의미가 담겨 있다. 그렇게 볼 때 공감능력 역시 훈련을 통해 강화할 수 있다고 할 수 있는데, 다음 세 가지 행동수칙이 공감능력을 훈련할 때 도움이 될 듯하다.

행동수칙 1. 행간 읽기 | 눈에 보이고 귀에 들리는 것 이상을 파악하려고 노력해 보자. 상대방이 시원하게 툭 터놓고 얘기하지 않을 때에도 행간에 담긴 의미가 무엇인지 읽고 듣는 눈과 귀를 키워 보자. 대화를 나누는 틈틈이 상대방의 목소리와 어조, 몸짓, 표정, 감정 변화 등에 주의하자.

행동수칙 2. 다른 시각에서 바라보기 | 영화 촬영장에 가보면 여러 대의 카메라가 각기 다른 각도에서 배우들의 모습을 촬영하고 있다. 사람도 마찬가지다. 같은 상황을 두고도 저마다 느끼는 방식이 다르고, 같은 주제에 대해서도 저마다 다른 논점을 제시한다. 그러한 다양한 느낌, 다양한 관점을 잘 파악하고 싶다면 평소에 같은 말, 같은 사건을 다양한 시각에서 바라보는 훈련을 해야 한다.

행동수칙 3. 디테일에 관심 갖기 | 어떤 상황에서 어떤 감정이 적절한지 시간을 두고 고민해 보자. 예컨대 업무상 이메일을 주고받을 때 "그럼, 잘 부탁드립니다", "그럼, 답변을 기다리겠습니다. 감사합니다"라고 끝을 맺어도 형식적으로는 전혀 문제가 없다. 하지만 약간의 개인적 인사가 들어가서 나쁠 건 없다. 실제로 많은 이들이 "북해쪽 날씨는 어떤가요?"라든가 "추운 날씨에 감기 조심하세요" 같은 안부 인사를 비즈니스 메일에도 포함시킨다. 물론 글을 쓸 때든, 말을 할 때든 그러한 인사를 건네기 위해서는 상대방이 처해 있는 상황을 알아야 하고, 그러기 위해서는 평소에 작은 디테일도 놓치지 않는 세심함이 요구된다. 그 작은 관심과 세심함이 어쩌면 업무의 순조로운 진

행을 위한 열쇠가 될지도 모른다. 동료들과 원만한 관계를 맺는 발판
이 될 수도 있다. 순조로운 사회생활과 대인관계를 위해 그 정도 수
고는 충분히 할 가치가 있는 것이다.

기·억 노·트　　　뉴욕 신사회연구원New School of Social Research의 데이
비드 커머 키드David Comer Kidd와 엠마누엘 코스타노Emanuele Costano 교수는 공감능력
과 사회성 그리고 체계적 사고능력과 관련된 일련의 테스트들을 실시했다. 그 결과 총
1,000명이 넘는 피실험자들 중 평소에 (수준 있는) 소설을 많이 읽는 이들의 점수가 평
균적으로 더 높게 나왔다. 커머 키드와 코스타노는 "실제 삶과 마찬가지로 소설 속 등
장인물들 간의 관계는 매우 복잡하게 얽혀 있고, 그 때문에 각 인물들의 내면을 파악
하기란 결코 쉽지 않다"는 점을 지적하면서 문학작품 속 등장인물들을 관찰하고 이해
하는 훈련을 통해 현실 속 사회적 맥락이나 이해관계의 충돌, 반쪽짜리 진실 등을 간
파하는 능력이 강화된다고 강조했다. 나아가 두 교수는 해당 능력들이 단 둘 사이의
관계뿐 아니라 모임의 규모가 클 때에도 도움이 된다고 설명했다.[52]

㉙ 스몰토크에 대한 고정관념

주도형　섬세형　비범형　은둔형

도대체 누가 스몰토크가 재미있다고 주장했을까? 적어도 내향인이
아닌 것만큼은 확실하다. 유형을 불문하고 모든 내향인은 스몰토크
자리에만 가면 영국 BBC의 시대극 시리즈물인 〈다운튼 애비〉의 톰
브랜슨Tom Branson이 되어 버린다. 톰 브랜슨은 가난한 집에서 태어난

아웃사이더로, 나중에 부유한 크롤리Crawley 가문의 딸과 결혼한다. 브랜슨은 매사에 신중하고 겸손한 태도로 새로운 도전들을 극복해 나가는 유능한 인물이지만, 스몰토크 자리에서만큼은 여느 내향인과 다름없이 어쩔 줄 몰라 쩔쩔맨다.

백작 가문의 여자들 중 서열 1위인 바이올렛 크롤리 역役의 매기 스미스 Maggie Smith는 극중에서 "톰의 스몰토크 방식은 정말이지 형편없군"이라며 분개한다. 실제로 톰은 스몰토크에는 재주가 없다. 정치 문제에 관해서라면 일장연설도 가능하고, 실제로 귀부인 여럿이 둘러앉은 식탁에서 명연설을 해서 그 자리에 있던 모든 이들을 깜짝 놀라게 하기도 했다. 하지만 몇몇이 둘러앉았거나 둘러서서 시시콜콜한 얘기를 주고받는 자리에서만큼은 어색하기 짝이 없다. 톰은 스몰토크라는 걸 배운 적도, 훈련한 적도 없는 인물이었다.

톰이 결혼한 여인의 가문, 즉 귀족 가문의 문화는 톰이 살아온 방식과는 분명 달랐다. 예나 지금이나 상류층 자제들은 어릴 때부터 우아하고도 재치 있게 스몰토크를 이끌어 가는 방법을 배운다. 어떤 자리에서 어떤 주제를 거론하는 게 좋은지, 상대방의 말에 어떤 식으로 예의바르고 재치 있게 응수하는지 등을 배우는 것이다. 이른바 엘리트라 불리는 사회지도층 사이에서도 알맹이가 전혀 없어 보이는 농담들을 주고받는 것이 관행이다. 전 세계적으로 내향인으로 소문난 영국 왕실 구성원들 역시 적어도 스몰토크 분야에 있어서만큼은 완벽에 가까운 능력을 발휘한다.

스몰토크 능력은 실제로 훈련을 통해 개선할 수 있다. 조금만 노력하면 보다 적극적으로, 보다 자연스럽게 스몰토크에 참여할 수 있다. 하지만 많은 내향인이 그런 사실을 모른 채 소심한 자신을 한탄하며 남의 얘기를 그저 멍하니 듣기만 한다. 특히 처음 보는 사람이나 별로 친하지 않은 사람들 앞에서는 거의 반벙어리가 되어 버린다.

소설 《오만과 편견》에서 다아시는 "아무런 압박감 없이 낯선 이들과 대화를 나누는 재주를 가진 이들이 몇몇 있지. 내겐 그런 재주가 없다네"라고 고백한다. 많은 내향인의 심정을 대변하는 말이다.

세계적 명지휘자 헤르베르트 폰 카라얀Herbert von Karajan 역시 그와 비슷한 말을 남겼다. 카라얀은 "저는 제 안에 저 자신을 심하게 가두는 타입입니다. 딸들은 사람들과 매우 쉽게 접촉하는 편인데, 제게는 그런 능력이 없습니다"라고 말했다. 많은 사람들이 자기는 부끄럼을 많이 타서 스몰토크에 재주가 없다고 생각한다.

그런데 지금까지 여러 사람들을 관찰해 본 결과, 원인은 다른 데 있는 듯하다. 즉 알맹이 없는 말들을 주고받는 행위가 시간 낭비에 지나지 않는다는 생각 때문에 스몰토크에 참여하지 않는 이가 더 많았다. 내향인은 내용 없는 미사여구를 주고받기보다는 본질적인 문제에 관한 심오한 토론을 더 좋아한다. 노벨평화상 수상자인 미국의 정치가 앨 고어Al Gore도 "많은 정치가들이 서로 어깨를 두드리고 악수를 나누면서 에너지를 얻는 듯합니다. 저는 여러 가지 아이디어를 주제로 토론하는 과정에서 에너지를 얻습니다"라고 말했다.

내향인 중에는 고어의 말에 동의하는 이들이 적지 않을 것이다. 그런데 그게 오만한 고정관념일 수도 있다. 다아시에게도 고정관념이나 편견이 있었고, 그 때문에 스몰토크를 힘들어 했다. 자연스럽게 스몰토크에 참가하고 싶다면 몇 가지 고정관념들을 극복해야 한다.

고정관념 1. 스몰토크는 쓸데없는 수다에 불과하다? | 그렇지 않다. 스몰토크는 '합목적적 대화'다. 일단 관계의 물꼬를 트게 해준다. 스몰토크가 시시덕거리는 행위에 지나지 않는다면서 계속 피한다면 개인적으로나 업무적으로나 사람을 사귀기 힘들고, 나아가 그 누구와도 끈끈하고 탄탄한 유대관계를 맺을 수 없다. 인맥을 넓히고 싶다면 스몰토크는 도저히 피할 수 없는 '통과의례'다.

고정관념 2. 스몰토크는 외향인의 전유물이다? | 그렇기도 하고, 아니기도 하다. 칭찬을 건네거나 거침없는 달변에는 대체로 외향인이 내향인보다 능하다. 하지만 외향인이라 해서 모두 다 화려한 사교능력을 자랑하는 것은 아니고, 내향인이라 해서 모두 다 사회성이 제로인 아웃사이더도 아니다. 내향인의 전형적 장점인 경청능력이나 공감능력 등은 외향인의 거리낌 없는 태도, 자연스러운 태도만큼이나 스몰토크에서 중대한 부분을 차지한다.

고정관념 3. 내향인에게는 스몰토크 능력이 없다? | 그렇지 않다. 생각해 보면 내향인도 이미 스몰토크를 실천하고 있다. 바뀐 버스 노선 때문에 출퇴근길이 불편해졌다며 한숨을 내쉬는 것, 친구와 함께 올

봄 패션 트렌드에 대해 얘기하는 것이 다 스몰토크다. 특별히 중대한 정보를 교환하는 것도, 세상을 구할 아이디어를 함께 모색하는 것도 아니지만 상대방을 조금 더 잘 이해할 수 있게 해주는 모든 대화가 스몰토크라 보면 된다. 어쩌면 내향인도 스몰토크의 방식을 이미 잘 알고 있을 수도 있다. 문제는 낯선 사람, 그다지 친하지 않은 사람과의 스몰토크 때 자신이 알고 있는 것들을 좀체 실천에 옮기지 못한다는 것이다.[53] 그런데 때로는 내향인이 외향인보다 스몰토크를 더 재치 있게 이끌어 가기도 한다. 적어도 외향인의 지나친 친근함이나 거침없는 말투는 내향인의 주저하거나 침묵하는 태도만큼이나 상대방에게 불편한 느낌을 줄 수 있다.

기·억 노·트   미국의 심리학자 마티아스 멜Matthias Mehl은 시시콜콜한 수다보다 깊이 있는 대화가 우리에게 더 큰 행복감을 준다는 사실을 발견했다. 그런 의미에서 내향인의 사고방식이 옳다고 할 수 있다. 문제는 스몰토크를 알맹이 있는 대화로 승화시키기 위해서는 서로 상대방에 대해 어느 정도 파악을 하고 있어야 한다는 것이다. 저 사람은 내게 어떤 의미로 중요한 사람인지, 상대방을 믿어도 좋은지, 상대방의 관심사가 어디에 있는지 등을 미리 알고 있어야 한다는 것이다. 그러한 몇 가지 난관만 극복하면 이후에는 '탄탄대로'가 펼쳐진다. 즉 내향인이 원하는, 바로 그런 깊이 있는 대화가 가능해진다.

주도형   섬세형   비범형   은둔형

전반적으로 매우 시끄럽다. 다들 목청을 돋우고 있다. 여기저기에서 인사말들이 들려오고, 몇몇 그룹은 뭐가 그렇게 재미있는지 신이 나서 대화에 열중하고 있다. 여기에서는 모두가 모두를, 서로가 서로를 다 잘 알고 있는 듯하다. 나만 그 사람들을 모르고, 그 사람들이 모르는 사람도 나 한 명뿐인 듯하다. 마음이 불편해진다. 계속 어정쩡하게 홀로 서 있을 수는 없다. 그래서 우물쭈물 어느 그룹 옆에 슬쩍 다가간다. 대화에 끼어들어도 되는지 잘 모르겠다. 일단 그 사람들이 하는 말을 들으면서 희미하게 미소만 짓는다. 그러다가 어찌 됐든 나도 무슨 말이라도 해야겠다 싶어서 뭔가를 웅얼거린다. 하지만 모깃소리에 가까워서 사람들이 내 말을 못 들은 것 같다. 서빙하는 사람이 들고 가는 접시에서 음료 한 잔을 집어 든다. 줄곧 손을 어디에 둬야 할지 몰라서 어색했는데, 무언가를 잡고 있으니 약간은 안심이 된다.

내향인이라면 위와 같은 상황을 한 번쯤은 겪어 봤을 것이다. 하지만 그런 자신의 경험을 자랑처럼 떠들고 다니는 사람은 없다. 그런데 알고 보면 그런 경험을 한 이들이 한둘이 아니다. 사교 모임에 참가한 사람들 둘 중 한 명은 그 자리가 마치 뜨뜻미지근한 샴페인처럼 어색하고 이상했다고 말한다. 물론 모두가 겉으로는 아무렇지 않은 척하느라 바쁘다. 내향인도 마찬가지다. 다행히 내향인은 감정 포장의 달인들이다. 잘만 포장하면 주변 사람들은 내가 그 자리를 불편해한다는 사실을 눈치조차 채지 못한다. 경영 전문 트레이너인 헨리 L.

톰슨Henry L. Thompson은 '침착함의 환상illusion of calmness'이라는 말로 내 향인의 이러한 태도를 묘사한 바 있다.[54] 그런데 몇 가지 부분에만 유 의하면 내향인도 충분히 스몰토크에 적극적으로 참여할 수 있다.

끈기 있는 훈련 | 스몰토크도 결국 훈련의 문제다. '미니 대화'에 자 주 참여할수록 스몰토크를 자연스럽게 이어 가기 위한 전략도 더 많 이 개발할 수 있다. 그렇다면 어떻게 훈련을 하면 좋을까? 예컨대 좋 은 책을 평소에 많이 읽어 두는 것도 좋은 전략이다. 하지만 그보다 더 중요한 것은 끊임없이 사람들에게 다가가기 위해 노력하는 것이 다. 우연이든, 의도적이든 그 노력을 지속하지 않으면 스몰토크 능력 을 계발할 수 없다.

스몰토크 능력을 훈련하는 가장 간단한 방법은 지금 눈앞에 보이 는 뭔가에 대해 언급하는 것이다.

슈퍼마켓 계산대 앞의 줄이 길다. 한참을 기다려야 할 것 같다. 그 럴 때 내 앞에 서 있는 사람에게 "이 요구르트 뭐예요? 새로 나온 거 예요?"라고 말을 걸어보는 것은 어떨까? 혹은 피트니스센터에서 함 께 운동하는 사람에게 "주로 일요일에만 오시는 것 같네요?"라고 말 을 거는 것도 좋고, 지하철에서 프레젠테이션 자료를 들여다보고 있 는 사람에게 "저기, 훔쳐봐서 죄송한데……, 와, 자료를 정말 잘 만드 셨네요. 무슨 소프트웨어를 썼는지 물어봐도 될까요?"라며 말을 건네 는 것도 한 가지 방법이다. 처음에는 말을 꺼내기조차 힘들겠지만 그 힘든 과정을 자주 극복할수록 보다 자연스러운 스몰토크가 가능해지고, 나중에 정말 필요할 때 정말 필요한 능력을 발휘할 수 있게 된다.

신중한 준비 │ 준비하지 않으면 어떤 것도 보여 줄 수 없다. 최근 인기몰이를 하고 있는 연극에 대해 최소한 줄거리라도 미리 파악해 보고, 구글 검색을 통해 결혼식에 참가하는 하객들의 정보를 미리 살핀 후 그 정보를 바탕으로 누구한테 어떻게 말을 걸 것인지 생각해 보고, 신년 회식 자리에서 누구와 주로 대화를 나눌지 미리 계획해 보는 것은 어떨까? 다행히 내향인은 매사에 철저하게 준비하는 습관을 지니고 있다. 즉 스몰토크를 시작하기 위한 준비를 하기에 적절한 능력을 이미 갖추고 있는 셈이다.

거기에서 한 걸음 더 나아갈 수도 있다. 예컨대 학회나 기타 모임을 앞두고 있을 때 링크드인Linkedln(세계 최대 비즈니스 네트워크 사이트)이나 트위터, 페이스북 등 각종 채널을 통해 참가자들과 미리 접촉해 보자. 그러면서 상대방에 대한 관심을 표현하고, 왜 관심을 가지게 되었는지도 미리 밝혀 두면 나중에 직접 대면했을 때 보다 자연스럽게 대화를 시작할 수 있다.

공감 가는 내용 │ 스몰토크에서 축구 얘길 하든, 에릭 피슬Eric Fischl(미국 출신의 화가)의 최근 전시회 얘길 하든 중요한 것은 상호 동의를 도출하고, 공동의 관심사를 발견하며, 오해를 방지하고, 되도록 튀지 않는 선에서 스몰토크가 기분 좋게 흘러가도록 이끄는 것이다. 감정이입 능력이나 관찰력을 동원하여 대화 상대방에게 다가가 보자. 예컨대 말하는 속도나 크기를 상대방에게 맞추는 것도 좋은 방법이다. 그렇게 서로 배려할 때 두 사람 사이에 공감대가 만들어진다.

다양한 화제 제시 | 주도형과 비범형 내향인은 책도 많이 읽고, 생각도 많이 하며, 아는 것도 많다. 그 덕분에 언제 어디에서 어떤 얘기가 오가건 힘들이지 않고 대화에 참여할 수 있다. 또 대화가 지루해진다 싶으면 스스로 새로운 얘깃거리를 제시할 수 있으며, 그런 만큼 자신감도 넘친다. 하지만 스몰토크 자리에서 특정 주제를 너무 깊이 파고드는 것은 좋지 않다. 특히 자신이 관심 있는 분야일수록 너무 심오한 지식으로 주변 사람들을 피곤하게 만드는 경우가 많은데, 그런 상황은 되도록 지양하는 것이 좋다. 또 어쩌다가 반대 의견을 제시할수는 있지만, 의견충돌이 생겼을 때 너무 꼬치꼬치 따지는 태도는 바람직하지 않다. 스몰토크에 있어 주제는 어디까지나 목적 달성을 위한 수단, 즉 서로에 대해 조금 더 잘 알아 가고 분위기를 부드럽게 만들기 위한 수단일 뿐이다.

경청 능력 강화 | 내향인은 다행히 상대방의 말에 귀 기울일 줄 아는 재주를 타고났다. 그 능력을 스몰토크에서도 전략적으로 활용해 보자. 첫째, 관심을 표현하는 제스처나 시선 접촉, 미소 등을 활용하자. 얘기를 듣는 중간 중간에 "그렇죠"라든가 "정말입니까?"라는 식으로 동의나 감탄의 '추임새'를 넣어 줌으로써 내가 상대방의 말에 집중하고 있다는 표시를 해주는 것도 좋은 방법이다. 둘째, 대화가 중단되어 분위기가 어색해진다 싶을 때는 상대방이 방금 한 말을 그대로 받아

서 얘기를 이어 가자. 예컨대 "방금 신차를 구입했다고 하셨죠? 승차감이 어떻던가요?"라고 물어보는 것이다. 셋째, 상대방이 제시한 주제에 대해 대화가 너무 빨리 끝나 버리지 않게 배려하자. 예컨대 "아, 전 아직 스톡홀름에는 가보지 못했어요. 거긴 볼거리가 뭐가 있죠?"라고 물어봄으로써 상대방이 얘기를 조금 더 이어 갈 수 있게 배려하는 것이다. 넷째, 상대방의 말을 잘 기억해 두었다가 다음번에 만났을 때 대화의 물꼬를 트는 도구로 활용하자. 예컨대 "지난번에 스키장에 간다고 하시지 않았나요? 2월에 진짜 눈이 많이 왔는데, 어땠나요? 그때 스키장에 가셨나요?"라고 물어보는 것이다.

기·억 노·트   유형을 불문하고 모든 내향인은 스몰토크에 약하다. 그런데 유형별로 취약한 포인트는 조금씩 다르다. '주도형' 내향인은 대화를 질질 끄는 경향이 있다. 상대방이 알고 싶어 하지도 않는데 역사와 관련된 수치나 정치, 경제 관련 주제를 꺼내기도 한다. 스몰토크는 가벼운 마음으로 개인적 느낌을 교환하는 자리라는 점을 잊지 말자. '비범형' 내향인은 가벼운 자리임에도 불구하고 너무 깊이 파고든다는 단점이 있다. 너무 심오하게 접근하지 말자. 스몰토크에서는 오히려 피상적, 표면적 얘기가 더 효과적이다. 사진이나 동영상을 보여 주고 싶은 유혹도 때로는 극복하는 것이 좋다. 스몰토크는 탁구처럼 공을 주고받는 것이다. 상대방이 내게 보낸 공을 너무 오래 쥐고 있어서는 안 된다. '섬세형' 내향인은 처음 보는 사람에게 마음 속 깊은 얘기를 너무 쉽게 털어놓는 경향이 있다. 그런 사태를 방지하고 싶다면 어떤 주제에 대한 얘기를 지나치게 길게 끌지 않는 것이 좋다. 상대방이 내가 꺼낸 주제를 어려워하거나 곤란해 하는 기미가 보일 때면 "아, 어차피 중요한 얘기도 아니에요"라며 상대방을 안심시키고 최대한 예의바르게 해당 주제를 끝맺을 줄 알아야 한다. '은둔형' 내향인의 약점은 낯선 사람에게 먼저 다가가지 못한다는 것이다. 그럴 땐 어색한 표정으로 멀뚱하게 서 있지만 말고 친구나 지인들에게 사람들을 소개시켜 달라고 부탁해 보자. 이때 어떤 말로 대화를 시작할 것인지 미리 조금씩 생각해 두는 것이 좋다.

31 상냥하지만 단호한 거절

주도형　섬세형　비범형　은둔형

내향인은 이메일만 읽고도 상대방의 마음을 잘 읽어 내는 편이다. 하지만 외향인은 중요한 고객이 몇 번이고 전화를 걸어와 문의를 해야 비로소 상대방이 원하는 바를 알아차리는 식이다. 혹은 내성적 성향의 아내는 책을 읽으려 하는데, 눈치 없는 남편은 자꾸만 다음번 휴가 때 어디로 가면 좋을지를 묻는다. 혹은 그다지 친하지 않은 사람이 갑자기 말을 놓고 지내자고 제안해 올 때 내향인은 당황스럽다.

　내향인과 외향인은 표현 방식이나 상대방의 의사를 알아차리는 속도에 차이가 있다. 외향인은 드러내 놓고 얘기를 해야 비로소 상대방의 의도를 눈치 채지만, 내향인은 결코 그렇게 하지 않는다. 무언가 원하는 것이 있을 때에도 그저 넌지시 신호를 보내거나 희미한 암시를 줄 뿐이다. 그러니 둘 사이에 문제가 없을 리 없다.

　새로 입사한 직원이 어느 날 "어차피 집도 가까우니 서로 좋잖아요"라며 카풀car pool을 제안한다. 그 말을 들은 내향인의 심경은 뒤엉킨 실타래처럼 복잡해진다. 일주일은 내 차로, 그다음 일주일은 자기 차로 출퇴근을 하면 서로 기름값도 아끼고 좋지 않겠냐고 하는데, 아무리 생각해도 꼬투리를 잡으려야 잡을 수 없는 합당한 제안 같다. 하지만 외향인은 그 바람직한 제안에 내향인이 압박감을 느낄 수도 있다는 사실을 예측하지 못한다. 물론 내향인도 카풀이 얼마나 친환경적이고 경제적인지, 또 '생태발자국ecological footprint'을 줄이는 데 있어서도 얼마나 큰 기여를 하는지 잘 알고 있다. 그럼에도 불구하고 누군가와 출퇴근을 같이한다는 생각만 해도 가슴이 답답해지는 것은 어쩔 수 없다. 그래서 내향인은 고민에 빠진다. "아, 어떻게 해야 정중하게 거절할 수 있지?"

은둔형과 섬세형 내향인은 거절이라는 것을 좀체 하지 못한다. 상대방을 무안하게 만드는 것은 범죄나 마찬가지 행위라고 믿으며, 사소한 오해에도 안절부절못하며 애를 태운다. 까다로운 사람, 피곤한 사람, 오만한 사람이라는 말을 듣지 않기 위해 자신의 욕구를 숨기고, 분노나 절망을 억누르며, 상대방에게 자기를 억지로 맞춘다.

영국 배우 키라 나이틀리Keira Knightly도 그런 타입 중 한 명이다. 화가 났을 때 어떻게 하느냐는 질문에 나이틀리는 "속으로 앓는 편이에요. 그게 내향인의 숙명 같아요. 내향인은 무슨 일이 생기면 스스로 해결하고 말죠. 밖으로 폭발하는 게 분명 건강에 더 이로울 텐데도 말이죠"라고 대답했다.

이렇게 조용히 갈등을 해결하는 내향인의 방식은 예부터 지속되어 왔다. 누구에게도 상처를 주지 않는다는 장점 때문이었을 것이다. 하지만 거기에는 자기 자신의 욕구를 억눌러야 한다는 단점이 있다.

과민증 전문 연구가인 롤프 젤린Rolf Sellin은 "지나치게 예민한 이들은 너무 늦게 행동에 착수하는 경향이 있다. 그들은 파이가 다 분배된 다음에야 행동한다"라고 분석했다. 즉 상황이 종료된 다음에야 비로소 자신의 당연한 권리를 주장한다는 것이다. 이와 관련해 젤린은 "그 경우, (너무 늦게 자기 권리를 주장한 사람이) 모두의 평화를 깨뜨리는 자가 되고 만다. 시기를 조금 미룬 탓에 원래는 이타주의자였던 이들이 순식간에 이기주의자로 둔갑해 버리는 것이다"라고 지적했다.[55]

이런 경험이 있다면 이제부터라도 적절한 시기에 대응하고, 참더라도 한계를 정해 두는 것이 좋다. 협상에서 완전히 밀린 다음에 앓는 소리를 해서는 안 된다. 물론 적절한 시기에 자신의 권리를 주장함으로써 주변 사람들의 마음을 불편하게 할 수는 있다. 하지만 내 이익, 내 권리, 내 마음의 평화를 위해서라면 필요할 때 싸울 줄도 알아야 한다.

은둔형과 섬세형 내향인은 상대방의 미묘한 변화도 예민하게 감지하는 능력을 지녔다. 또 '포커 페이스'로 얘기를 이어 갈 수도 있고, 초조함이나 짜증을 감추는 재주도 지니고 있으며, 어떤 해결책이 올바른 것인지 아닌지를 판단하는 능력도 타고났다.

반면 외향인은 쉽게 상처받지 않지만 미묘한 감정 변화를 잘 눈치채지 못하고, 양심을 저버리는 경우도 내향인보다는 많은 편이다. 상대방의 목소리에서 무관심이나 짜증의 기미를 알아차리는 재주도 타고나지 않았다. 혹은 눈치챘다 하더라도 자신의 이익을 위해 모른 척 슬쩍 넘겨 버린다.

따라서 내향인은 상냥하지만 단호한 어조로, 직접적으로 싫은 건

싫다고 표현해야 한다. 만일 생각할 시간이 필요하다면 그 역시 직접적으로 요구해야 한다. 앞에서 언급한 카풀 사례라면 다음과 같은 거절의 말이 도움이 될 것이다.

- "그 문제에 대해 좀 더 생각할 시간이 필요해요. 늦어도 다음 주 초까지는 결과를 말씀드리겠습니다."
- "제안은 고맙지만 솔직히 그다지 내키지 않네요. 차를 타고 가는 동안 전화로 처리해야 할 일들이 많은데, 그러려면 아무래도 혼자가 편해서요."
- "저는 혼자 출퇴근하는 걸 더 좋아합니다. 그게 아무래도 시간이 자유로워서 좋아요. 혹시 제가 마음이 바뀌면 그때 다시 제안해도 될까요?"

기·억 노·트   직설적 화법이 이기적이라는 인상을 줄 수도 있지만, 따지고 보면 꼭 그런 것도 아니다. 쾰른의 심리학자 미하엘 토모프Michael Tomoff는 자신의 블로그에 "부탁을 거절하는 내가 내게 도움을 청하는 상대방보다 더 이기적이라고 말할 수는 없다"라고 썼다.[56] 내 능력, 내 시간, 내가 가진 자원으로 내게 부과된 의무 외에 가외로 더 감당할 수 있는 선이 어디까지인지 생각해 보자. 만일 상대방의 요구가 버겁다면, 혹은 내가 진행 중인 프로젝트나 내가 추구하고 있는 목표에 방해가 된다면 머뭇거리지 말고 깔끔하게 '노no'라고 대답하자. 힘들겠지만 반드시 거쳐야 하는 과정이다. 들어줄 수 없는 부탁에 '예스yes'라고 대답하는 것은 결코 예의바른 태도가 아니다. 부탁을 거절한다 해서 무조건 무례한 것도 아니다. 친절한 말투로, 상대방의 기분을 최대한 배려하면서 '노'라고 말하면 상대방도 내 입장을 이해해 줄 것이다.

🟢 침착하게 협상하는 능력

내향인은 자신들이 협상이나 세일즈 혹은 자기주장을 관철시키는 부분에 있어 매우 약하다고 생각한다. 그리고 지금까지 늘 세상이라는 커다란 바퀴를 돌리는 것은 목소리가 큰 사람들의 몫이라 믿어 왔다. 연봉 협상에서 자신이 원하는 액수를 받아 내는 사람, 고객의 마음을 사로잡아 결국은 물건을 사게 만드는 사람, 자기주장을 결단력 있게 밀어붙이는 사람, 동료들 사이에서 인기가 좋은 사람들은 모두 다 외향인인 것 같고, 그 사람들은 늘 자신이 원하는 것을 거머쥐는 것처럼 보인다.

그럴 때 내향인은 "난 아직 내가 원하는 게 무엇이고, 그걸 어떻게 요구할 수 있을지조차 생각해 내지 못했는데, 저 사람들은 어떻게 저렇게 빠르지?"라며 부러워하고 감탄한다. 그런데 눈에 보이는 것이 반드시 진실은 아니다.

사람들은 외부로부터의 압력이 없을 때 상대방의 의견에 더 잘 동의한다. 즉 인내심과 겸손함이 전제되어야 상대방의 동의를 얻을 수 있다는 말인데, 그 두 가지 덕목은 바로 내향인의 강점이기도 하다. 영화 〈12인의 성난 사람들〉은 소기의 목적 달성을 위해서는 조용하고 현명한 태도가 큰 목소리로 고함치며 요구하는 것보다 더 유리하다는 사실을 교과서적으로 보여 주었다. 내향인의 강점은 겉으로 잘 드러나지 않는다. 그리고 바로 그 덕분에 8번 배심원 역할을 맡은 헨리 폰다는 나머지 배심원들을 한 명 한 명 포섭하여 생각을 바꾸게 만들 수 있었다. 그 영화에서 보여 준 폰다의 적절한 행동양식이나 의사소통 방식은 많은 내향인의 몸에 이미 배어 있을 것이다. 그 능력들은 다음과 같다.

세심한 관찰력 | 배심원단이 모인 자리에서 8번 배심원은 늘 한 걸음 뒤에 물러서서 한 사람 한 사람을 유심히 관찰한다. 스몰토크에도 참여하지 않는다. 법정에서, 혹은 중간 휴식 시간에도 꾸준히 정보를 수집하고, "그렇군요"나 "정말인가요?" 같은 말들로 상대방이 더 많은 말을 하도록 유도한다. 결국 8번 배심원은 뛰어난 정보력을 바탕으로 배심원들 사이에서 누가 입김이 세고, 누가 비교적 약한지를 판단해 내는 데 성공했다.

자율적 사고능력 | 8번 배심원은 유무죄 여부를 묻는 첫 번째 투표에서 유일하게 반대표를 던지며 무죄를 주장했고, 이로써 집단의 압력에 굴복하지 않는 내향인의 자율적 사고능력과 의사결정능력을 보여주었다. 한편, 이러한 자주적 성격과 사고방식에서 사리사욕을 포기하고 남을 위해 앞장서는 숭고한 희생정신도 발달된다고 한다.[57]

침착함 | 8번 배심원은 결코 피고인에게 무죄를 선언하라고 윽박지르지 않는다. 결론을 미리 정하지 말고 공정한 토론을 하자고 주장할 뿐이다. 여유롭고 조용한 태도 덕분에 그를 적으로 여기는 사람은 아무도 없다. 8번 배심원은 자신의 생각을 신중하고 침착하게 전달하고, 이어지는 토론에서는 사안의 본질에만 집중하고, 상대방의 공격

적 언행은 한 귀로 듣고 한 귀로 흘린다. 또 현명한 질문을 제기함으로써 첫 투표에서 다수의 의견에 동조했던 배심원들, 즉 피고인이 유죄라고 말한 이들로 하여금 자신들의 결정을 한 번 더 생각해 보게끔 자극한다.

공감능력 | 극중 헨리 폰다, 즉 8번 배심원은 작은 제스처들을 통해 포섭하기 쉬운 대상들부터 조용히 공략한다. 예컨대 어느 배심원이 과열된 분위기를 진정시키기 위해 목캔디를 나눠 줄 때 그 캔디를 받아먹은 사람은 폰다 한 명뿐이었는데, 이로써 폰다는 해당 배심원에게 한 발짝 더 가까이 다가갔다. 그 뒤에도 마음이 흔들리는 것처럼 보이는 배심원과의 친밀감을 높이기 위해 모든 기회를 최대한 활용한다.

철저한 준비 | 8번 배심원은 증거물들 속에서 결정적 반전의 기회를 찾았다. 검찰이 제시한 범행 도구는 범죄 현장에서 발견된, 흔히 볼 수 없는 작은 칼이었다. 피고인 역시 범행 당일에 똑같은 모델의 칼을 구입한 기록이 있었고, 배심원단은 그것이 결코 우연이 아니라 확신했다. 이때 8번 배심원은 모두 모인 자리에서 그것과 똑같은 모델의 칼을 양복 주머니에서 꺼내 들었고, 이로써 누구나 그 칼을 구입할 수 있고, 그 칼을 구입한 사람은 누구나 희생자를 살해할 수 있었다는 사실을 주지시켰다. 8번 배심원이 얼마나 철저하게 준비를 했는지 보여 주는 장면이었다. 내향인은 본디 우연에 운명을 맡기지 않는다. 철저한 준비와 전술로 조용히 목표를 향해 나아간다.

조용한 태도 ┃ 결정적 반증물을 제시한 뒤 8번 배심원은 다시 한 발짝 뒤로 물러난다. 나머지 배심원들의 토론을 주로 듣기만 하다가 아주 가끔씩 조심스럽게 자신의 의견을 발표하는 식이었다. 이렇게 온화하고 조용한 태도 덕분에 8번 배심원은 자신과 의견이 다른 배심원들이 자신에게 등을 돌리는 사태를 방지할 수 있었고, 결국 자신이 원하는 쪽으로 논의가 흘러가도록 조용히 조종할 수 있었다.

일관성과 유연성 ┃ 8번 배심원은 피고인이 무죄라는 자신의 견해를 일관되게 유지했다. 그와 동시에 언제든지 자신의 의견을 뒤집을 준비가 되어 있다는 것도 알려 주었다. 이성적인 토론을 여러 차례 거친 뒤에도 모두가 피고인이 유죄라고 결론 내리면 자신도 다수결에 따르겠다고 선언한 것이다. 8번 배심원은 부드러우면서도 일관성 있는 태도로 결국 배심원단 사이에서 주목과 인정을 받게 되었다.

겸손과 자제력 ┃ 결국 배심원단은 만장일치로 피고인이 무죄라는 결론을 내린다. 하지만 무죄 선언이 나오기까지 일등공신 역할을 했던 8번 배심원은 내향인의 전형적 미덕인 자제력을 끝까지 발휘했다. 그의 표정에서 자신의 주장을 관철시킨 것에 대한 기쁨 따위는 결코 읽을 수 없었다. 오히려 자기를 가장 많이 공격했던 바로 그 배심원에게 화해의 제스처로 재킷을 건네기까지 했다.

이 영화에서 헨리 폰다는 내향인의 장점을 속속들이 보여 준다. 신중하게 분위기를 파악하고, 상대방의 약점이 무엇인지 철저하게 파고들며, 필요할 때면 토론에 활력을 불어넣고, 의견을 같이해 줄 동지들을 포섭하고, 때로는 양보도 할 줄 알고, 상대방의 자극에 결코 흥분하지 않으며, 토론에 임할 때 자신의 불안감을 감추지 않고, 고정관념이나 낡은 사고방식에서 벗어나려 노력한다. 그리고 무엇보다 자신의 승리가 확실한 상황에서도 결코 자만하지 않는 겸손한 태도를 보임으로써 '숨은 실세'가 되어 자신이 원하는 바를 달성한다.

기·억 노·트   내향인은 협상할 때 밀고 당기는 기술을 발휘할 줄 모른다. 공격적으로 자신의 목적을 관철시키는 힘이나 유전자도 타고나지 않았다. 어떤 속임수도, 어떤 압박도 가하지 않은 채 그저 솔직하고 정직하게 협상에 임한다. 그 때문에 손해를 본다는 느낌이 많이 들겠지만, 실제로는 자신들이 생각하는 것보다 훨씬 많은 것들을 얻는다고 한다. 영국의 세일즈 연구가 닐 래컴Neil Rackham과 존 칼라일John Carlisle은 장기간에 걸쳐 49명의 노조협상가들의 협상 전략을 추적하고 연구했다.[58] 그 결과, 평범한 협상가들이 화기애애한 분위기 속에서 윈윈win-win 해결책을 이끌어 내는 최고 협상가들에 비해 4배나 더 공격적인 태도를 취한다는 사실을 알아냈다. 즉 상대방을 적이 아니라 파트너로 이해하면서 협상을 진행하는 것이 훨씬 득이 된다는 것이다. 단, 너무 쉽게 양보를 해서는 안 된다. 중대한 세부 사항에 대해서는 끈질기게 싸워야 한다.

이미지는
만들어지는 것이다

메르켈, 사르코지, 워즈니악, 빌 게이츠 그리고 빌 클린턴. 이 유명 인사들의 면면을 살펴보니 외향인이 딱히 머리가 더 좋고, 그래서 성공과 권력을 거머쥘 가능성이 더 높다고 주장할 수는 없을 것 같다. 외향인이 거침없이 힘차게 성공을 향해 뚜벅뚜벅 나아가는 반면, 내향인은 신중하고 꾸준하게 목표 지점을 향해 묵묵히 걸어간다는 차이가 있을 뿐이다. 내향인은 성공한 사람이라 하더라도 좀체 화려한 빛을 발산하지 않는다. 그렇다고 늘 보이지 않는 곳에 숨어 있고만 싶어 하는 것도 아니다.

그래야 할 필요도 없다. 외적 영향력도 노력을 통해 강화할 수 있다. 내향인이든, 외향인이든 자기 안의 능력과 잠재력을 어떻게 계발하고 활용하느냐에 따라 그 사람의 이미지가 정해진다. 매력과 흡인력 역시 내향인과 외향인 중 누가 더 강하고, 누가 더 약하다는 식의 공식은 존재하지 않는다. 내향인도 카리스마를 발산할 수 있고, 외향인도 사람을 은근히 끌어당길 수 있다. 둘의 스타일이 다를 뿐이다.

33 네 가지 유형의 카리스마

주도형 섬세형 비범형 은둔형

존 F. 케네디가 내향인이라는 사실을 아는 사람은 많지 않다. 대중 앞에서 늘 당당하고 자신감 넘치는 정치가의 모습만 보여 주었기 때문에 전형적인 외향인이라 착각하기 쉬운데, 언젠가 케네디는 〈뉴스위크Newsweek〉 기자 두 명에게 자신은 비행기 안에서 옆자리 승객들과 얘기를 나누는 것보다는 책을 읽는 게 더 좋다고 털어놓았다.

미국의 역대 대통령 중 가장 카리스마 있는 인물 중 하나로 꼽히는 케네디는 성공적 이미지 관리에 대해 다음과 같은 말을 남겼다. "설득력과 지성 그리고 진솔함을 갖춘 사람이라는 걸 전달할 수 있어야 합니다. '내가 이만큼 잘난 사람'이라는 식으로 광고하고 다니는 건 구시대적 발상입니다. 중요한 건 설득력과 지성 그리고 진솔함, 이 세 가지예요. 제 생각에 저는 그 세 가지를 갖추고 있는 것 같습니다. 하지만 그 능력들은 화려한 조명을 받아야 비로소 기분이 좋아지는 것과는 전혀 상관이 없습니다."

화려한 면모를 과시하는 게 결코 효과적인 자기 PR이 될 수 없다는 말이다. 실제로 신뢰는 화려함보다는 진지함, 전문성, 진솔함, 타인을 진지하게 받아들이는 자세 같은 것들에서 싹튼다. 내향인은 외향인보다 화려하지는 않지만, 진지함이나 전문성, 진솔함, 타인을 진지하게 받아들이는 태도 같은 분야에 있어서는 외향인에게 결코 뒤지지 않는다. 그리고 이 네 가지 덕목들은 요즘 시대에 더더욱 필요한 자질로 간주되고 있다.

《해리 포터》의 헤르미온느와 《트와일라잇》의 벨라 그리고 《헝거 게임》의 캣니스, 이 세 여주인공들 모두가 조용한 강인함으로 원하는 바를 이룬다는 설정은 결코 우연이 아니다. 헤르미온느와 벨라 그리고 캣니스의 진지한 태도는 전 세계 수백만 독자와 영화 팬들의 마음을 사로잡기에 충분했다.

굳이 화려한 제스처를 취하지 않아도 효과적인 이미지 관리가 가능하다는 뜻이다.

스스로를 비범형 내향인이라 말하는 리더십 코칭 전문가 올리비아 폭스 카반Olivia Fox Cabane은 《카리스마, 상대를 따뜻하게 사로잡는 힘 The Charisma Myth》에서 "내향인이 매우 강한 카리스마를 지닐 수 있다는 흥미진진한 연구 결과들이 이미 제시되었다. 서구 사회는 외향인의 능력과 전문성을 매우 높이 평가하는 경향이 있고, 그 때문에 내향인은 늘 '나는 뭔가 부족하다, 멋진 사람이 아니다'라고 생각하게 된다"라고 썼다. 그러면서 폭스는 매력을 발산하는 방법은 매우 다양하다는 점을 강조했다. 멋진 말솜씨와 화려한 제스처만이 카리스마의 원천이 아니라는 뜻이다. 저자는 해당 저서에서 네 가지 유형의 카리스마를 제시했다.

권위 카리스마 | 강력한 힘을 발산하는 카리스마로, 고전적 의미의 카리스마에 가장 가까운 개념이다. 즉 외모나 이미지 혹은 지위 때문에 사람들이 나를 강인한 사람, 힘 있는 사람으로 간주하는 것이 바로 권위 카리스마다. 권위 카리스마를 지닌 이들은 조용하지만 큰 효과를 발휘하는 제스처를 활용하기도 하고, 단어 선택에 신중한 편이며, 말하는 중간 중간에 일부러 잠깐 쉼으로써 더 큰 효과를 노리기도 한다.

- **권위 카리스마를 지닌 사람들의 특징**: 앙겔라 메르켈 같은 주도형 내향인은 상대방에게 안정감을 주는 능력과 신중한 단어 선택 능력을 타고났기 때문에 권위 카리스마를 지녔다고 할 수 있다.
- **권위 카리스마의 효과**: 사람들이 내 말을 경청하고 나를 존경해 줄 확률이 높다.
- **권위 카리스마의 단점**: 권위 카리스마를 지나치게 발산하면 오만하다는 인상을 주기 쉽고, 상대방을 불안하게 만들 수 있으며, 결과적으로 상대방의 비판 능력이나 창의력을 위축시킬 수 있다.

비전 카리스마 | 영감을 주는 카리스마다. 비전 카리스마를 지닌 이들은 매우 열정적이고, 그 열정이 타인에게 '전염'되기도 한다. 특히 제

시된 비전 속에 이상적인 요소들이 포함돼 있는 경우라면 그야말로 많은 이들을 열광시킬 수 있다. 비전 카리스마를 지닌 이들은 대개 자신이 품은 계획에 대해 온전한 확신을 지니고 있다. 이 유형의 카리스마를 지닌 이들은 나머지 세 유형에 비해 옷이나 외모에 신경을 덜 쓰는 편이다.

- **비전 카리스마를 지닌 사람들의 특징**: 비범형 내향인은 자신들의 아이디어와 발명 능력, 작은 디테일에도 집착하는 완벽주의 같은 것들이 세상을 발전시킨다고 굳게 믿는다.
- **비전 카리스마의 효과**: 비전 카리스마는 많은 사람들을 열광시키고, 변화에의 의지를 불러일으키며, 기부나 자원봉사 의지도 일깨울 수 있다.
- **비전 카리스마의 단점**: 상대방이 나만큼의 열정을 느끼지 못할 경우, 상대방에게 내 의견을 강요하고 있다는 인상을 줄 수 있다. 또 특정 분야에 대해 지나치게 강박관념을 지니고 있다는 인상을 줄 수도 있다.

친절 카리스마 | 상대방에게 편안함을 준다. 내가 상대방을 완전히 이해하고 있다는 느낌을 줄 수도 있다. 친절 카리스마를 지닌 이와 대화를 나눌 때면 그 사람이 나를 좋아하고, 배려하고, 인정하고 있다는 느낌을 받는다. 친절 카리스마가 지닌 이러한 긍정적 효과는 시선이나 표정, 말투, 목소리, 몸짓 등을 통해 신뢰와 이해심을 전달할 때 최대한으로 발휘된다. 반면 긴장감, 무관심, 회의감 등을 조금이라도 내비치는 순간, 친절 카리스마가 지닌 마력은 사라져 버린다.

- **친절 카리스마를 지닌 사람들의 특징**: 은둔형 내향인은 충성심과 인내심이 강하고, 상대방의 장점만 쏙쏙 가려서 보는 재주를 지녔다.
- **친절 카리스마의 효과**: 친절 카리스마를 지닌 사람들은 상대방에게 편안함과 안정감을 심어 준다. 따라서 요양보호사나 간호사 등 누군가를 보호하고 보살피는 사람들, 교사나 교수 등 누군가를 가르치는 직종에 종사하는 사람들, 어떤 그룹이나 단체를 대표하는 사람들에게 특히 더 필요한 카리스마라 할 수 있다.
- **친절 카리스마의 단점**: 친절 카리스마에는 늘 약간의 권위 카리스마가 따라붙어야 한다. 마냥 친절하기만 했다가는 내가 너무 굴욕적 자세로 무언가를 부탁하거나, 너무 큰 기대를 품고 있다는 느낌을 줄 수 있다. 즉 상대방을 부담스럽게 만들 수 있다.

영국의 윌리엄 왕세손은 어느 자리에 가든 자신도 결국 평범한 사람이라는 사실을 입증하려고 꽤 노력하는 편이다. 최근 윌리엄 왕세손은 런던 로열오페라하우스에서 여배우 헬렌 미렌Helen Mirren에게 트로피를 건넨 적이 있는데, 이후 미렌은 윌리엄 왕세손에 대해 "무대 뒤에서도 정말 멋진 모습을 보여 주었어요. 정말 사랑스러운 모습이었어요. 뭐랄까, 그냥 평범한 청년, 친절한 청년 한 명과 얘길 하고 있다는 느낌이 들었어요. 왕실 소속이라는 걸 전혀 느낄 수 없었어요"라고 말했다. 친절 카리스마는 영국 왕세손의 역할과 성품에 딱 들어맞았다. 즉 왕가의 일원이라는 지위와 친절 카리스마가 어우러지면서 더 큰 매력을 발산할 수 있었던 것이다.

포커스 카리스마 ┃ 상대방에게 '당신은 특별합니다!'라는 메시지를 전달하는 카리스마다. 포커스 카리스마를 지닌 사람은 상대방에게 지금 바로 이 순간, 이 자리에 온전히 집중하고 있다는 인상을 준다. 상대방은 그 모습을 보면서, 내가 자기를 제대로 이해하고 존중하고 있다는 느낌을 갖는다. 포커스 카리스마를 지닌 이들은 상대방의 말을 인내심 있게 끝까지 경청하고, 정곡을 찌르는 질문들을 제시하며, 이해심 있게 상대방에게 다가간다. 단, 대화 도중에 초조하고 조급해 보이는 제스처를 취하거나 시선을 다른 곳으로 돌려서는 안 된다. 끊임없이 울리는 휴대전화 벨소리 역시 집중을 방해하는 요소다.

- **포커스 카리스마를 지닌 사람들의 특징**: 섬세형 내향인은 상대방에게 집중하는 능력, 상대방이 하고 싶은 말을 읽어 내는 능력이 남다르다.
- **포커스 카리스마의 효과**: 포커스 카리스마를 지닌 사람들과 대화를 나누다 보면 자신도 모르게 그 사람에게 속내를 털어놓게 된다. 포커스 카리스마는 서비스 업종, 기자, 의사, 컨설턴트 등에게 유리한 카리스마다.
- **포커스 카리스마의 단점**: 지나친 집중은 상대방으로 하여금 부담을 느끼게 하고, 지나친 열정은 나의 위상을 저하시킬 수 있다.

기·억 노·트   네 가지 유형 중 한 가지 카리스마만 지닌 사람은 아무도 없다. 내가 가장 많이 지닌 카리스마는 무엇인지 생각해 본 뒤 적극 활용하고, 내가 가장 갖고 싶은 카리스마는 무엇인지 생각해 본 뒤 적극 계발하자. 물론 어느 종류의 카리스마든 상황과 상대를 고려해서 발휘하는 것이 좋다. 예컨대 크고 작은 위기가 발생했을 때에는 '권위 카리스마'를 발휘하는 것이 최상이다. 확신에 찬 모습을 보일 때 모든 것을 최대한 빨리 제자리로 돌려놓을 수 있기 때문이다. 반면 유쾌하고 온화한 분위기를 창출하고 싶다면 '포커스 카리스마'나 '친절 카리스마'를 발휘하는 것이 적절하다.

㉞ 옷, 가장 쉽게 이미지를 바꾸는 도구

주도형 섬세형 비범형 은둔형

노벨상 수상자인 마리 퀴리Marie Curie는 결혼식 때 진파랑 웨딩드레스를 입었는데, 색상이나 디자인을 봤을 때 나중에 실험실에서도 입을 수 있는 실용적인 옷이었다. 퀴리 부인의 이러한 드레스 선택은 전형적인 내향인의 기질을 보여 준다.

　내향인은 내면의 가치에 더 치중하고, 외모나 패션에 대해서는 외향인보다 신경을 덜 쓴다. 특히 비범형과 은둔형 내향인의 패션은 매우 실용적이고 심플하다. 물론 옷이 능력을 대변하지는 않는다. "아무도 멍청이 같은 네 블로그에 신경 쓰지 않아No one cares about your stupid blog!" 같은 자극적 문구가 새겨진 티셔츠를 입고 다니든, 은둔형들이 좋아하는 기다란 소매의 니트 카디건을 걸치고 다니든 그 사람의 기본적 자질이 늘어나거나 줄어드는 것은 아니다. 마크 주커버그 역시 퀴리 부인처럼 패션에 지나치게 신경 쓰지 않아도 위대한 일들을 해낼 수 있다는 사실을 증명했다.

하지만 외모는 분명 그 사람의 이미지에 다소간의 영향력을 미친다.

자신의 이미지를 끌어올리는 데에는 여러 가지 도구를 활용할 수 있다. 옷은 그중 가장 쉽고 간단한 수단이다. 장소와 상황에 어울리는 옷을 입는 것만으로도 이미 자신의 전문적 자질과 진지한 태도를 상대방에게 전달할 수 있고, 상대방의 집중을 유도할 수 있다. 따라서 중대한 고객과의 상담을 앞두고 있을 때나 취업 면접을 앞두고 있을 때라면 옷장 앞에서 찬찬히 고민해 볼 필요가 있다.

확실한 것은 잘 차려 입은 사람이 그렇지 않은 사람보다 더 신뢰가 간다는 사실이다. 즉 자신의 직업이나 지위에 걸맞은 스타일, 체형에 맞는 사이즈, 고급 소재, 우아한 색상 등을 선택함으로써 상대방에게 더 큰 신뢰감을 안겨 줄 수 있다. 올바른 옷차림에 유의하고 싶다면 다음 조언들을 참고해 보자.

첫째, 내 성격과 인품을 강조해 줄 수 있는 옷을 선택하자.

둘째, 직장 내에서 어떤 패션 코드가 통용되는지 관찰해 보자.

셋째, 올바른 옷 선택에 자신이 없다면 차라리 늘 똑같은 스타일을 고집하자. 오바마 미국 대통령도 늘 엇비슷한 옷을 입지만 소재는 말할 것도 없고 핏fit 역시 완벽에 가깝기 때문에 누구도 오바마의 패션에 토를 달지 않는다.[59]

넷째, 자신의 직업 및 지위에 어울리는 소재와 색상, 디자인을 선택하자.

다섯째, 주름이 잘 가지 않는 소재의 모직 혹은 면직 의상을 주로 구입하고, 데님이나 니트, 저지 소재의 아이템들은 한 번에 한 개씩만 활용하자.

여섯째, 존재감을 드러내 주지 못하는 색상은 되도록 피하자. 남들이 내 존재조차 인식하지 못하는 사태를 방지하는 가장 간단한 패션 코드는 새하얀 드레스 셔츠(혹은 티셔츠)에 직장인들이 주로 입는 색상의 정장을 입고, 거기에 약간 튀는 색상으로 포인트를 주는 것이다. 검은색, 회색, 갈색으로만 밋밋하게 코디할 경우, 상대방으로 하여금 남의 눈에 띄지 않도록 위장복(군인들이 적의 눈을 피하기 위해 입는 군복)을 입고 있다는 착각을 불러일으킬 수 있다.

기·억 노·트   옷의 디자인은 색상만큼이나 중요하다. 특히 은둔형 내향인은 펑퍼짐한 옷을 즐겨 입는데, 그렇게 해서는 자신을 드러낼 수 없다. 사적인 자리에서야 물론 몸에 착 달라붙지 않는 옷들이 훨씬 더 편하겠지만, 지나치게 큰 사이즈의 옷은 적어도 비즈니스 세계에서는 때와 장소에 알맞은 패션이 뭔지 모르는 사람, 게으른 사람으로 치부되기 쉽다. 편안함을 포기할 수 없다면 신축성이 좋은 스트레치stretch 소재의 옷을 선택하자. 부드러운 소재의 스카프나 목도리, 조금 넉넉하게 마름질된 코트 역시 격식에 어긋나지 않으면서도 편안함을 주는 아이템들이다.

35 강점을 알리기 위한 태도

주도형 섬세형 비범형 은둔형

섬세형과 은둔형 내향인은 무리들 사이에서 튀는 것과는 거리가 멀다. 누군가가 나서서 계획을 짜고, 원대한 목표를 세우며, 자신을 앞다퉈 드러내는 동안 섬세형과 은둔형은 뒤에서 조용히 기획하고, 힘든 일도 마다하지 않으며, 묵묵히 뒤치다꺼리를 한다. 그 두 유형에게 있어 중요한 것은 알찬 내용, 신중한 콘셉트, 완벽한 결과들이지 위상 다툼이나 지위 경쟁이 아니다.

안타깝게도 비즈니스 세계에서는 그런 태도만 고집해서는 안 된다. 조용해서 좋은 것은 저소음 냉장고나 진공청소기이지, 성실한 일꾼이 아니다. 성실하게 일해서 나온 결과물을 홍보하고 판매하려면 '떠들' 줄도 알아야 한다.

세상 많은 일들이 그렇듯 이미지 관리 역시 결국 자기 자신의 몫이다. 소속사에서 철저하게 관리를 해주는 스타들조차도 결국 인지도를 끌어올리기 위해서는 스스로 노력해야 한다. 즉 부지런히 모습을 드러내야만 하는 것이다.

필요할 때, 필요한 자리에 모습을 드러내야만 한다.
반드시 그 자리에 있어야만 하는 것이다.

섬세형과 은둔형 내향인은 되도록 사람들 앞에 나서지 않으려 한다. 필요할 때 필요한 일을 뒤에서 조용히 하거나 묵묵히 남들을 돕는 일에는 앞장서지만, 자기 자신이나 자신이 이뤄 낸 성과를 소개해야 할 때가 되면 왠지 모르게 마음이 불편하고 떨린다. 필자 역시 그런 타입에 속한다. 컴퓨터를 이용한 작업, 독서, 그림 평가, 도표 해석 같은 작업은 몇 시간이고 거뜬히 해낼 수 있다. 제시간에 완벽하게 업무를 마무리하라는 요구 역시 큰 부담이 되지 않는다. 하지만 제시간에 끝낸 업무를 사람들 앞에서 발표하라고 하면 갑자기 가슴이 덜컥 내려앉는 기분이다. 어떤 업무든 문제가 없지만, 사람들 앞에 서는 일만큼은 어떻게든 피하고 싶다.

어느 회사의 기획부 부장이 수차례의 청탁 끝에 드디어 유명 강사를 섭외하는 데 성공했다. 경영진들을 위한 리더십 강연이었다. 그런데 기획부 부장은 강연 장소에 들어가지 않기로 결심했다. 혹시나 자신에게 '한 말씀 해달라'고 할까 봐 겁이 나서였다. 하지만 강연자는 해당 부장을 끈질기게 설득했고, 부장은 결국 마지막 순간에 강연장 안으로 들어갔다. 그는 그 당시를 회고하며 "결국 강연장에 들어간 게 얼마나 다행이었는지 몰라요. 강사님께서 강연 마지막에 저를 많이 칭찬해 주셨거든요. 제 끈질긴 섭외에 어쩔 수 없이 바쁜 일정 중에도 짬을 낼 수밖에 없었다고 말이에요. 그 말을 들은 사장님께서도 상당히 기뻐하셨답니다"라고 말했다.

어떤 프로젝트를 책임지게 되었으면 그 프로젝트를 남들에게 설명도 해야 한다. 고객에게 차를 한 대 팔았다면 고객이 차를 가지러 올 때 그 자리에 있어야만 한다. 어떤 행사를 책임지고 준비했다면 행사가 시작될 때 무대에 서서 모두에게 인사를 건네야만 한다. 행사 책임자가 누구이고, 기획을 누가 했는지 모두가 궁금해 하기 때문이다.

그런데 그 자리에 있는 것만으로는 충분치 않다.

물리적으로 그 자리에 참석하는 것만으로는 원하는 바를 모두 얻어 낼 수 없다. 어떤 모임, 어떤 자리에 참석할지 말지 여부는 스스로 결정할 수 있을 때도 있다. 어쨌든 참석하기로 결심했다면 그 자리에 완전히 집중해야 한다. 즉 몸뿐 아니라 마음과 정신도 그 자리에 있어야 하는 것이다. 내가 그 자리에 완전히 집중하고 있다는 사실을 표현하기 위한 가장 좋은 도구는 바로 자세다. 구석진 어딘가가 아니라 사람들 눈에 잘 띄는 곳에 앉는 것만으로도 이미 상당한 주목을 받을 수 있다. 그다음에는 양손을 가지런히 허벅지 위에 올린 채 앉는다. 이때 구부정하게 앉지 말고 허리를 꼿꼿이 세우는 게 좋다. 만일 이 자세가 불편하다면 두 팔을 편하게 좌석 팔걸이에 걸쳐 보자. 그 자세로 다른 사람들이 하는 말에 완전히 집중하고, 주변 사람들의 반응도 세심하게 관찰하자. 이따가 처리해야 할 업무나 이메일, 통화 등은 나중에 생각하자.

올바른 자세, 올바른 태도만으로도 이렇게 나의 장점을 남들에게 알릴 수 있다. 한마디도 내뱉지 않고 조용히 앉아 있기만 할 뿐인데도 내가 그 자리, 그 순간에 완전히 집중하고 있다는 사실을 누구나 알 수 있는 것이다. 처음에는 어색하고 힘들겠지만 몇 주 정도 기간을 정해 놓고 훈련하다 보면 여유를 찾을 수 있을 것이다. 그리고 여유로운 태도로 임하다 보면 많은 일들이 지금보다 훨씬 더 수월해지고, 나아가 성공에도 한 발짝 더 가까이 다가갈 수 있을 것이다.

기·억 노·트　　어떤 자리에 몸과 마음을 완전히 집중하려면 일단 자세가 편안해야 한다. 어디에 앉는지도 중요하다. 외풍을 그대로 맞아야 하는 좌석에 앉아 덜덜 떨거나, 옆자리에 앉은 이의 체취 때문에 코를 계속 틀어막아야 하거나, 끼니를 거른 탓에 배에서 계속 꼬르륵 소리가 나거나, 밤잠을 설친 탓에 자꾸만 졸음이 쏟아진다면 도저히 집중이 되지 않는다. 저도 모르게 위축되고, 표정이 굳거나 일그러지고, 눈이 스스로 감기는 것이다. 누군가 그런 내 모습을 본다면 분명 자신감이 없는 사람, 예의가 없는 사람, 지금 논의 중인 주제에 대해 관심이 없는 사람으로 오해하기 십상이다. 따라서 중대한 행사를 앞두고 있을 때에는 체력 관리도 필수이고, 행사장에서는 현명하게 자리를 선택해야 한다.

36 나 자신을 홍보하는 표현력

주도형 섬세형 비범형 은둔형

누구나 자신의 능력에 대해 잘 알고 있다. 내향인은 다른 사람들에게 자신의 능력을 자랑할 필요가 없다고 생각한다. 군이 떠벌리지 않더라도 결과가 자신의 능력을 입증해 줄 테니 말이다. 부끄럼이 많거나 지나치게 겸손해서 자신의 능력을 감추려는 게 아니다. 자신이 뭘 얼마나 잘하는지를 스스로 떠들고 다니는 게 멍청하고 한심해 보일 뿐이다.

사람들 중에는 없는 능력도 포장해서 마치 대단한 재능이라도 타고난 것처럼 자기를 홍보하는 이들도 많지만, 주도형과 비범형 내향인은 결단코 남들의 칭찬을 갈망하지 않는다. 허풍 떠는 건 더더욱 싫어한다.

그런데 자만심 가득한 동료들을 보면 속이 상할 뿐 아니라 조금은 부럽기도 하다.

주도형과 비범형 내향인은 일단 과제가 주어지면 절대 곁눈질하지 않고 거기에만 집중한다. 또 업무 자체가 아니라 말을 통해서도 자신의 능력을 입증할 수 있다는 사실을 잘 이해하지 못한다. 물론 그런 심정을 경솔하게 겉으로 드러내지는 않지만, 마음속으로는 이해가 되지 않고 못마땅하기 짝이 없다.

독일의 심리학자 미하엘 두프너Michael Dufner는 "일정 지위 이상부터는 약간의 자만심이 반드시 필요하다"라고 강조한다.[60] 연구 결과, 자신의 지식과 능력을 약간 과대평가하는 이들이 더 매력적이고 정서도 안정적이었다고 한다. 반면 내향인은 주로 자신에 대해 현실적이고 조심스러운 평가를 내렸는데, 결과적으로는 수동적이고 비관적인 사람으로 판단되었다고 한다.

리더의 위치에 서려면 '능력'과 '끈기' 그리고 '말'이 필요하다. 분명한 표현이 동반되지 않으면 주변 사람들의 인정을 받을 수 없고, 결국 승진 기회에서도 탈락하고 만다. 그런 의미에서 자기발전과 성공을 위해 표현력을 단련하는 몇 가지 방법을 소개하고자 한다.

나도 참여하고 있다는 사실을 분명하게 전달하기 | 내향인은 주변의 평가보다는 업무 자체에 더 집중하고, 그렇기 때문에 좀처럼 표현을 하지 않는다. 어떤 아이디어가 있다 하더라도 생각이 마무리되기 전까지는 입을 떼지 않고, 생각이 마무리된 뒤에도 어떻게 전달할지를 충

분히 고민한 다음에야 말문을 연다. 외향인 눈에는 이러한 한 발짝 늦은 표현 방식이 무관심과 참여 정신 결여로 보인다. 자신은 기획과 브레인스토밍 단계에서 이미 적극적으로 의견을 제시했는데, 그러는 내내 잠자코 있다가 결정이 다 내려진 다음에야 입을 떼면 어쩌라는 거냐는 식이다. 따라서 가끔은 중간 중간에 표현을 해서 내가 해당 사안에 대해 무관심한 게 아니라는 사실을 알려야 한다. 덜 무르익은 생각이라 하더라도 상관없다. "아, 갑자기 든 생각인데요……", "그 문제를 어떻게 하면 좋을지 저도 고민 중인데 말이죠……" 같은 말로 말문을 열고 자신의 의견을 제시하면 된다. 이로써 내 존재감을 표시할 수 있을 뿐 아니라 회의 분위기를 좀 더 자유롭고 여유 있게 유도함으로써 모두 창의적 아이디어를 짜내는 데에도 기여할 수 있다.

중간에 끼어들기 | 내향인은 중간에 말을 자르는 것만큼 무례한 행동은 없다고 생각하기 때문에 상대방의 말을 웬만하면 끝까지 듣는다. 하지만 여러 명이 함께하는 토론 자리에서 그랬다가는 결국 입을 뗄 기회조차 얻지 못할 공산이 크다. 필요하다 싶을 때면 자신의 의사를 분명히 밝혀야 한다. 손을 들거나 회의 진행자와 시선을 맞춤으로써 발언 의사를 표시하고, 자신의 의견을 제시해야 한다. 지금부터는 여러 명이 모이는 자리에서 적어도 한 번은 무조건 내 의견을 제시하는 훈련을 해보자. 비록 획기적인 아이디어가 떠오르지 않는다 하더라도 훈련 차원에서 반드시 그렇게 해보자. 성격상, 체질상 그게 너무 힘들다면 처음에는 가족이나 친구들이 모이는 자리에서 연습하는 것도 좋은 방법이다.

분명한 말투로 표현하면서 이미지도 함께 제시하기 | 내향인은 한 가지 일에 집중하기 좋아하고, 그렇기 때문에 정보 파악 면에 있어서도 동료들보다 앞서는 경우가 많다. 그 정보들을 동료들과 공유하자. 내가 그간 어떤 정보들을 수집했는지, 어떤 정보는 논리적이라 생각되고 어떤 정보는 평범한지를 알려 주자. 단, 내가 제시하는 정보에 모두가 고개를 끄덕이고, 내가 말을 마치자마자 모두가 내 천재성에 감탄하리라는 기대는 하지 말자. 내가 오랜 기간 수집하고 고민한 정보들이 듣는 사람 입장에선 단번에 이해되지 않을 수도 있다. 복잡한 내용, 어려운 내용이라면 기본적인 개념부터 설명하고, 그 안에 어떤 효용과 장점이 담겨 있는지 차근차근 설명해 주어야 한다. 이때 해당 분야의 문외한들도 쉽게 이해할 수 있도록 적절한 비유나 그림 등을 제시하면 매우 좋다. 그렇게 한 가지 사안에 대해 방대한 정보를 제공할 경우, 상대방은 내 능력과 지식에 분명 감탄할 것이다. 그 상대방이 고객인 경우, 내 설명 덕분에 상품의 장점을 더 분명하게 깨닫고 실제로 구매를 결정하게 될 수도 있다.

자신의 능력을 재치 있게 홍보하기 | 주도형과 비범형 내향인은 자기 자신 혹은 자신의 능력을 포장하고 싶어 하지도, 그렇게 할 재주도 없는 경우가 많다. 회사가 주최하는 크리스마스 파티에서 누군가가 자화자찬을 끊임없이 늘어놓을 때에도 내향인은 결코 응수하지 않는다. 자기도 그 정도는 할 수 있다는 말이 목구멍까지 차오르더라도 끝내 입을 다물고 만다. 그럴 때엔 유머와 재치를 발휘해 보자. 좌뇌형 내향인은 분명 자기 풍자에도 능하고, 각종 유머러스한 수단을 활

용해 자기를 홍보할 능력을 지니고 있다.

빌 게이츠는 틈날 때마다 조용한 유머만으로도 자기 자신을 얼마나 잘 홍보할 수 있는지를 보여 주었다. 어느 고등학교에서 게이츠가 한 연설은 그중에서도 특히 언론에 자주 인용되면서 유명해졌는데, 학생들 앞에서 게이츠는 이렇게 말했다. "공부만 할 줄 아는 바보들에게 잘해 주세요. 사회에 나간 뒤 그 바보 밑에서 일하게 될 확률이 매우 높답니다." 자화자찬에 능한 이들이 하는 말 전부가 사실이 아닐 수는 있다. 하지만 적어도 그들은 창의력과 '포장 능력' 면에서는 나보다 뛰어난 사람들이다.

기·억 노·트　　　　　　내향인 중에는 글로 하는 의사 표현을 말로 하는 의사 전달보다 더 좋아하는 이들이 많다. 그렇다면 그 능력을 적극 활용해 보자. 이메일이나 블로그, 뉴스레터 등을 통해 내가 어떤 사람인지를 홍보해 보자. 내가 입을 열기 전에 생각부터 정리하는 사람이라는 점, 어떤 사안이든 깊이 있게 파고드는 것을 좋아하는 사람이라는 점, 단어를 신중하게 고르는 사람이라는 점, 대안까지도 미리 생각하는 사람이라는 점, 힘들게 수집한 정보나 전문 지식을 남들과 공유하기 좋아하는 사람이라는 점을 적극적으로 알리는 것이다. 고객과의 통화나 취업 면접 혹은 연봉 협상을 마친 뒤 담당자에게 이메일을 써서 다음번 약속 시간과 장소를 정하거나, 이미 정한 약속을 한 번 더 확인하거나, 나에 대해 더 알려 주고 싶은 내용을 전달하는 것도 매우 좋은 방법이다.

주도형 섬세형 비범형 은둔형

북적이는 인파 속으로 뛰어들지 않아도 해결할 수 있는 일들은 많다. 크리스마스 선물은 인터넷에서 구입하면 되고, 수영장에는 사람이 비교적 적은 아침 시간에 가면 된다. 또 트립어드바이저Tripadvisor 같은 각종 여행 정보 앱을 잘 활용하는 것만으로도 술집 거리에 위치한 시끄러운 호텔, 잠을 이루지 못할 정도로 열악한 호텔을 피할 수 있다.

물론 세상과 완전히 단절된 채 살 수는 없다. 때로는 사람들과 부딪혀야 한다. 회식을 마친 뒤 동료가 방향이 같으니 네 명이서 같이 택시를 타고 가자고 제안할 경우, 아무리 혼자 택시를 잡아타고 되도록 빨리 집에 도착하고 싶다 하더라도 상대방을 설득할 명분이 서지 않는다. 자녀들이 크리스마스 시장이나 봄맞이 축제에 데려가 달라고 조를 때면 아무리 내키지 않아도 눈 딱 감고 견뎌내는 수밖에 없다.

내향인은 인파와 소음이라면 질색을 한다. 섬세형 내향인은 그중에서도 특히 더 '증상'이 심한 편이다. 남들은 재미있어 하면서 즐기거나 적어도 큰 불편을 느끼지 않는 반면, 섬세형 내향인은 얼른 그 자리에서 벗어나고픈 마음뿐이다. 심지어 그 자리에 가기로 결정한 자신을 책망하고 세상을 혐오하기 시작하는 이도 있다. 대규모 공연장이나 박람회장 입구는 그중에서도 특히 '최고'다. 시끄러운 음악에 화려한 조명, 답답한 공기, 걸음을 옮길 때마다 옆 사람과의 신체 접촉을 피할 수 없을 정도로 가득 찬 실내 등 섬세형 내향인이 싫어하는 것만 한 곳에 모아놓은, 일종의 '종합 선물세트'인 것이다.

섬세형 내향인은 그런 장소, 그런 상황에서 현기증과 무기력감, 압박감을 느낀다. 하지만 분위기를 망치지 않으려면 그 자리에 계속 머물러야 한다는 사실도 잘 알고 있다.

섬세형 내향인에게 있어 대규모 행사나 모임들은 공적인 자리든, 사적인 자리든 결코 자신들의 '소생활권'이 될 수 없다. 그러기에는 너무 예민하기 때문인데, 그렇다고 너무 염려할 필요는 없다. 내가 느끼는 불편을 상대방이 눈치채지 못하는 경우가 생각보다 많기 때문이다. 게다가 섬세형 내향인은 주변 사람의 기대에 부응하는 능력을 타고난 이들이다. 독일 슈투트가르트Stuttgart에 소재한 과민증연구소HSP Institute의 소장인 롤프 젤린은 "과민증 환자들은 바로 그 예민한 감각 덕분에 주변 상황에 자기를 맞추는 데에 있어 진정한 달인들이라 할 수 있습니다"라고 말한다.[61]

이 책을 집필하는 도중에 나도 그와 비슷한 경험을 한 적이 있다. 어느 화장품 회사의 초대를 받고 한 파티에 참석했었다. 디스코 음악이 끊임없이 흘러나오고, 웨이터들이 음식을 접시에 담고 행사장 여기저기를 휘젓고 다니며, 레이저 불빛들이 행사장 이곳저곳을 가로지르고, 수백 명의 손님들이 초대된 그런 파티였다. 사외 고문이었던 내게 그곳은 아는 사람도 별로 없는 시끄러운 파티장일 뿐이었다. 나는 남들이 나의 불안함을 혹 눈치채지 않을까 싶어 겁이 났다. 대표이사의 연설이 끝난 뒤 행사장 내부 모습이 스크린에 비춰지기 시작했는데, 나는 그 화면들을 곁눈질로 훔쳐봤다. 그런데 어느 순간, 검은 원피스를 입은 한 여자가 눈에 띄었다. 바로

나 자신이었다. 화면 속 내 모습에서는 긴장한 기미가 전혀 느껴지지 않았다. 오히려 아주 여유롭게 주변에 서 있는 이들과 담소를 나누고 있는 듯했다. 그때부터 남들 눈에는 내가 스스로 생각하는 것보다 훨씬 여유롭게 비칠 수 있다는 사실을 깨달았다. 내 마음 속 불안이 사실은 생각보다 근거 없는 것, 생각만큼 크지 않은 것이었음을 알았다.

자기 집에 있는 것처럼 편안한 마음이 아니라 하더라도 어떤 행사나 모임에서 충분히 '정상인'의 모습을 보여 줄 수 있다. 심지어 유쾌한 모습을 보여 줄 수도 있다. 어떤 행사가 되었든 참석하는 데에는 이유가 있기 때문이다. 예의상 어쩔 수 없어서 참석할 때도 있고, 가족 모임이라 피할 수 없을 때도 있고, 일과 관련된 행사여서 소음과 인파를 견디기로 결심할 때도 있다. 어쨌든 내게 익숙한 장소와 상황을 잠시 떠날 이유가 충분한 것이다.

캐나다 출신의 하버드대학교 심리학과 교수 브라이언 리틀은 이 현상을 '자유 특성 행동free-trait behavior'이라는 말로 설명한다. 즉 누구나 필요한 경우 때에 따라 자신의 기질이나 선호 경향과 관계없는 행동양식을 자유롭게 선택한다는 뜻이다.[62] 그렇다고 자기 자신을 버린다는 뜻은 아니다. 자유 특성 행동을 하고 있는 동안에도 '나는 나'이다. 필요에 따라서, 혹은 무언가를 간절히 원해서 주어진 상황에 자신을 잠시 맞출 뿐이다.

명분과 의지만 있다면 실제로 우리는 많은 일들을 해낼 수 있고, 많은 것들을 감내할 수 있다. 물론 그렇다고 불편한 자리가 편한 자리로 둔갑되는 것은 아니다. 불편한 것은 어디까지나 불편한 것이다. 어떻게 하면 그 불편함을 가장 쉽게 이겨 낼 수 있을까? 수많은 외부 자극 때문에 불편과 피로를 느낌에도 불구하고 겉으로는 그런 사실을 드러내지 않으려면 어떻게 처신해야 할까? 한 가지 사실은 분명하다.

불편한 자극들을 애써 무시하는 태도는 결코 도움이 되지 않는다는 사실이다.

그러한 태도는 "술은 마시되 취하지는 않겠다"라고 결심하는 것과 다를 바 없다. 시끌벅적한 소음, 동료들끼리 주고받는 뻔하디뻔한 덕담, 담배 연기 등등, 내가 싫어하는 것들은 결국 피할수록 더더욱 또렷하게 인식될 뿐이다.

따라서 싫다고 무시하고 없는 척, 아닌 척하는 대신 차라리 자신의 관심을 발가락이나 호흡 상태 등 다른 곳으로 돌려 보는 것은 어떨까? 예컨대 간만에 구두를 신었더니 발가락 어디가 어떻게 아픈지, 새끼발가락이 눌리는 듯한 느낌이 들지는 않는지, 엄지발가락이 당기는 듯한 느낌이 들지는 않는지 등을 분석하는 것이다.

무언가에 집중하려면 뇌를 활용해야 하는데, 우리 뇌의 용량에는 분명 한계가 있다. 따라서 어느 한 군데에 집중하면 다른 것에 신경쓸 여유가 그만큼 줄어든다. 이렇게 해서 외부 자극에 대한 민감도를 줄일 수 있다. 일상 속 다양한 상황에서 훈련을 해보면 효과가 분명 느껴질 것이다. 즉 불편해도 머물러 있어야 하는 자리에서 외부 자극에 지나치게 예민해지는 상황을 피할 수 있는 방법이 여러 가지임을 깨닫게 되는 것이다.

기·억 노·트   그게 과연 가능한지 의심부터 들겠지만, 객관적으로
자기 자신을 바라보면 불안감을 줄일 수 있다. 이를 테면 작가나 기자, 혹은 중립자 입
장이 되어 현재 자신이 처한 상황에 대해 마음으로 보고서를 작성해 보는 것이다. 그
방법이 "아, 빨리 이 자리를 벗어나고 싶어"라고 자꾸 되새기는 것보다 확실히 더 낫다.
해당 보고서에는 아마 "몇몇은 이 상황을 온전히 즐기는 것으로 보인다. 하지만 또 다
른 몇몇은 이 상황을 갑갑해 하고 소음에 시달리고 있는 듯하다"라는 내용이 포함될
것이다. 물론 보고서의 내용이 다를 수도 있다. 하지만 중요한 것은 관심을 다른 곳으
로 돌리고 두뇌 활동을 다른 용도로 쓴다는 것뿐이다. 실제로 몇 번만 훈련해 보면, 그
렇게 두뇌의 능력을 다른 곳에 분산시키는 것이 기분 전환이 된다는 사실을 알 수 있
다. 소음과 인파 속에서도 여유로운 모습을 보일 수 있게 되는 것이다.

PART

3

더 이상
두려움은 없다
: 내향인 콤플렉스 활용하기

피할 수 없으면
즐기자

영국 왕실의 왕위 계승 순위 3위인 조지George의 세례식은 비교적 조용히 치러졌다. 대부 혹은 대모로 지정된 이들 이외에는 아주 가까운 친척들만 초대장을 받았다. 평범한 중산층 가정에서도 세례식은 비교적 여럿이 모인 가운데 성대하게 치르는데, 이에 비하면 상당히 소규모였다고 할 수 있다. 행사의 주최자는 조지의 부모인 윌리엄과 케이트 왕세손 부부였다. 그 둘은 공식 석상에서는 신분에 걸맞은 노련한 모습을 보이지만, 평소에는 조용하고 내성적이며 가족 내에서 벌어지는 일들을 좀체 공개하지 않는 것으로 유명하다. 꼭 필요한 사람만 불러서 소규모 가족 행사로 세례식을 진행한 것 역시 그러한 그들의 성격을 설명해 준다.

　내향인이 그 둘에게서 배울 점이 많다. 즉 파티나 행사에서 내가 원하는 범위가 어디까지인지를 확실하게 정해 둘수록 더 편한 마음, 더 확신에 찬 모습으로 행사를 진행할 수 있다는 것이다. 손님이 많다고 해서 파티가 더 즐거운 것은 아니다. 하객이 많아야 행사가 더 성대하게 보이는 것도 아니다. 초대를 받는 입장에서는 각종 파티나 행사에 억지로 얼굴을 내밀어야 하는 상황이 오히려 부담스러울 수 있고, 주최 측 입장에서도 그런 하객들이 반갑지만은 않을 것이다.

㊳ 스스로 정하는 모임의 시작과 끝

주도형 섬세형 비범형 은둔형

주도형과 비범형 내향인은 고독한 영웅 기질을 타고났다. 이 두 유형은 친구가 많지 않아도 충분히 행복을 느낀다. 하지만 섬세형과 은둔형은 다르다. 실은 그 두 유형은 사람 만나기를 좋아한다. 기쁨과 슬픔을 나누고, 의견을 교환하며 새로운 영감을 얻는 행위를 좋아하는 것이다. 단, 여기에서 말하는 '사람'은 낯선 사람, 처음 보는 사람이 아니라 친한 벗이나 가까운 지인들이다. 낯선 사람이 많은 행사나 파티에서는 섬세형과 은둔형 내향인도 대개 자리를 일찍 뜬다.

섬세형과 은둔형 내향인은 평소에 잘 알고 지내던 사람과 함께 있을 때 최고로 밝은 모습을 보인다. 친한 친구들 여럿이 모인 자리는 전혀 어색하지 않고 오히려 편안하기 때문이다. 다시 말해 모임의 성격이나 장소 혹은 범위를 스스로 정했을 때 가장 많이 즐길 수 있다는 것이다. 그런 의미에서 섬세형과 은둔형 내향인은 '호스트host (손님을 초대한 주인) 체질'이라 할 수 있다.

호스트는 누구를 초대할지, 몇 명이나 초대할지를 스스로 정할 수 있다.

모임 장소가 '홈그라운드'일 경우 날짜나 시간, 자리 배치, 메뉴, 배경음악 등을 스스로 정할 수 있다. 모임을 끝내는 시간도 스스로 정할 수 있고, 진행도 내가 좋아하는 방식으로 할 수 있나. 온둔형 내향인은 특히 더 훌륭한 호스트로 인정받는다. 그만큼 손님들 하나하나에 세심하게 마음을 쓰기 때문이다. 반면, 창의력이 풍부한 섬세형 내향인은 파티의 형식이나 진행을 독특하게 이끌어 가는 데에 능숙하다.

가깝게 지내던 어느 커플이 청첩장을 보내 왔다. 둘의 결혼식은 기존의 전형적인 결혼식과는 조금 달랐다. 좌석 배치부터가 매우 특이했다. 아시아 여행을 좋아하는 사람들, 최근 부모나 조부모가 된 사람들, 사이클링이 취미인 사람들, 맛집 기행이 취미인 사람들, 요리가 취미인 사람들 등 그룹별로 테이블을 지정한 것이다. 하지만 두 사람이 진짜 섬세형 내향인이라는 사실을 보여 주는 결정적 포인트는 따로 있었다. 결혼식은 도나우 강 위에서 거행되었는데, 배가 항구에 들어오는 순간이 바로 행사가 끝나는 시간이었다. 손님들 대부분이 돌아간 뒤에도 몇몇이 끝까지 남아서 '부어라 마셔라' 하는 식의 끝이 없는 행사 대신 깔끔하게 마무리되는 '해피 엔드'를 택한 것이다.

모임을 주최하는 입장이 되면 많은 결정들을 스스로 내릴 수 있다. 하지만 거기에는 책임이 따르고, 시간과 노력도 매우 많이 투자해야 한다. 특히 섬세형과 은둔형 내향인은 파티를 준비하는 과정에서 이미 녹초가 될 때가 많은데, 그게 다 지나친 완벽주의 때문이다.

은둔형 내향인은 자신이 주최하는 파티가 기억에 오래 남는 특별한 파티가 되기를 바라고, 섬세형 내향인은 한 치의 빈틈도 없이 모든 것이 완벽해야 비로소 만족한다. 그러려면 힘이 너무 많이 들고 스트레스도 이만저만이 아니다. 피곤한 준비 과정 때문에 손님들과 함께하는 즐거운 시간에 먹구름이 낄 수도 있다. 그런 사태를 방지하려면 다음 몇 가지 사항에 주의해야 한다.

손님 수 제한하기 | 내가 아는 어떤 친구의 결혼식에는 하객이 정말 많았다. 신랑과 신부가 일일이 인사조차 건네지 못할 정도로 많았다. 또 다른 어떤 친구는 마흔 번째 생일을 맞아 마흔 명의 친구를 초대했다. 널찍한 거실에 호프집용 테이블까지 설치해 두었다. 또 다른 어떤 친구는 주말마다 손님들을 초대해서 신나게 먹고 마신 뒤 잠자리까지 제공했다. 그런 모습들을 보면서 조금은 부럽기도 했다. 하지만 굳이 똑같이 따라 해야 할 필요는 없다는 생각이 들었다. 완벽한 파티가 되려면 무엇보다 '주최자'가 즐거워야 한다. 그러자면 손님 수를 제한하고 모임이 끝나는 시간도 미리 정해 두는 것이 좋다.

지나친 멀티태스킹 피하기 | 섬세형과 은둔형 내향인은 일이나 사람에게 매우 집중하는 편이다. 예컨대 파티를 열었을 때에도 손님들 하

나하나를 일일이 맞이하고, 직접 음료를 나르고, 그 와중에 짬을 내어 스테이크도 직접 굽는다. 그러면 결국 몸과 마음이 빨리 지쳐 버린다. 그럴 때엔 아이디어를 내보자. 예를 들면 쉽게 지치지 않으면서도 손님들과 즐겁게 놀 수 있는 방법을 고민하는 것이다. 메뉴를 스테이크 대신 오븐에서 오랫동안 익히는 요리로 선정하는 것이다. 그러면 맛난 음식을 제공하는 동시에 손님들과 함께하는 시간도 즐길 수 있어서 일석이조다.

간소한 요리 준비하기 | 《우아하게 가난해지는 법Die Kunst des stilvollen Verarmens》의 저자 알렉산더 폰 쇤부르크Alexander von Schönburg는 "요리에 드는 정성이 적을수록 저녁식사를 더 즐길 수 있다"라고 말했다. 예술사학자 에바 게지네 바우르Eva Gesine Baur 역시 《단순한 삶이라는 사치Der Luxus des einfachen Lebens》에서 "푸짐한 음식이 최고의 손님 접대라는 생각을 버리자. 치즈와 와인에 대한 상식을 알아 두는 것만으로도 충분히 융숭한 손님 접대가 될 수 있다"라고 말한 바 있다.

손님 접대 에티켓 준수하기 | 단순하고 소박한 상차림만으로도 충분히 훌륭한 접대가 가능하다. 진수성찬을 마련한답시고 손님을 '부려 먹는' 행위가 오히려 '에티켓 위반'에 해당된다. 현대인들은 대부분 바쁜 일상에 쫓기며 살아간다. 손님 자격으로 간 파티에서 샐러드를 좀 섞어 달라, 케이크를 좀 잘라 달라, 접시를 좀 날라 달라는 식의 부탁을 받고 기분 좋은 사람은 아무도 없다. 물론 자발적으로 돕는 경우는 예외겠지만.

외향인 배려하기 | 섬세형과 은둔형 내향인은 식사 자리에서 인생의 심오한 진리에 대해 토론하기를 좋아한다. 하지만 외향인은 그렇지 않다. 외향적 성향의 손님이 한동안 입을 다물고 있다면, 혹은 스마트폰만 만지작거리고 있다면, 혹은 텔레비전을 틀어 분데스리가(독일 프로축구 리그)의 '바이에른 뮌헨'과 '샬케 04'의 경기가 어떻게 진행되고 있는지 확인하자고 제안한다면, 이는 분명 주제를 바꿔야 한다는 신호다. 이제 그릇들을 치우고 다트 게임을 하거나 정원에 나가 산책이라도 해야 한다는 신호인 셈이다. 외향인도 물론 진지한 토론을 좋아한다. 하지만 내향인에 비해 주제를 더 자주 전환하는 편이고, 분위기가 심각해지거나 과열된다 싶으면 내향인이 생각하는 것보다 훨씬 더 빨리 그 상황을 누그러뜨릴 수 있는 대안을 제시한다.

기·억 노·트   친구와 함께 요리를 하면 노동량도 줄어들고 스트레스도 줄어들어서 좋다. 하지만 누군가를 초대해 놓고 함께 재료를 썰고 고기를 굽자고 제안하는 것은 그다지 올바른 태도가 아니다. 사람을 불러다 놓고 주방에 들어가 혼자서 요리에 몰두하는 것도 바람직하지 않다. 초대받은 사람들이 오기 전에 모든 준비를 마치자. 빵은 미리 썰어 놓고, 양초도 불만 붙이면 되도록 미리 세팅해 두고, 옷걸이도 충분히 준비해 두고, 다양한 음료도 미리 준비해 두는 것이 좋다. 준비가 철저할수록 손님들에게 집중할 수 있는 시간도 늘어난다.

39 꼭 가야할 모임 vs 가지 않아도 되는 모임

주도형 섬세형 비범형 은둔형

주도형과 비범형 내향인은 사교와는 거리가 멀다. 커피 한 잔을 마시며 수다를 떠는 자리든, 친구 아들의 견진성사(가톨릭에서, 세례성사를 받은 신자에게 성령과 그 선물을 주어 신앙을 성숙하게 하는 성사)든 그 자리를 즐기기는커녕 모임 내내 화장실이 급한 사람마냥 불편한 표정만 짓고 있다. 반드시 참석해야 하는 가족 행사도 할 수만 있다면 건너뛰고 혼자 집에 남아 있다. 어쩌다가 관심 분야의 학회나 세미나가 열릴 때면 그제야 약간의 흥미를 드러내고, 일 때문에 반드시 참석해야 하는 행사들에만 모습을 비친다. 사적인 모임은 웬만해선 참석하지 않는다. 사적인 동시에 공적인 자리 역시 웬만하면 거절한다. 예를 들어 직장 동료들이 등산이나 여행을 가자고 제안해도 어지간해서는 함께 가지 않는다.

먼저 내향인들에게 희소식부터 전하자면, 현대인들 모두 너무 많은 초대를 받고 있다는 것이다. 사람 사귀기를 좋아하는 외향인조차도 모든 초대에 다 응하지 못하고 반드시 참석해야 할 자리와 그렇지 않은 자리를 구분해야 할 정도다.

다음에 소개하는 항목들은 꼭 필요한 초대나 반드시 참석해야 할 행사를 선별할 때 필요한 기준들로, 내향인뿐 아니라 외향인에게도 모두 적용된다.

- **초대 당사자가 내 참석 여부에 대해 확신하고 있는가?**: 예컨대 매

우 친한 친구가 마흔 번째 생일을 맞아 파티를 열 경우, 해당 친구는 분명 내가 그 자리에 함께한다고 철석같이 믿고 있을 것이다. 하지만 오랫동안 연락조차 주고받지 않은 동창생이 청첩장을 보내 온 경우라면 반드시 가야 할 필요는 없다.

- **초대에 응하지 않을 경우 어떤 사태가 벌어질 것인가?**: 불가피한 사정으로 신년회 모임에 참석할 수 없다면 미리 양해를 구하면 된다. 그 자리에 내가 없다고 해서 불편해 할 사람은 아무도 없다. 하지만 장모님이 부활절을 맞아 진수성찬을 차려 놓았다면 반드시 가야 한다.

- **얼마나 중요한 모임인가?**: 내향인은 퇴근 후 집에 가서 조용히 쉬는 것을 좋아한다. 하지만 사업을 하다 보면, 혹은 직장생활을 하다 보면 도저히 피할 수 없는 자리들이 있다. 귀찮다고 안 갔다가 나중에 문제가 생길 수 있다면 잠깐이라도 얼굴을 내비치는 것이 좋다.

- **지금까지 몇 번이나 초대를 거절했는가?**: 이웃집에서 세 번이나 '발코니 파티'에 초대했는데 지금까지 번번이 거절했다면 한 번쯤은 초대를 수락할 시점이 되었다. 계속 거절만 하면 나중에 그게 발단이 되어 매우 사소한 문제가 커다란 갈등으로 부풀어 오를 수 있다.

- **어떤 성격의 모임인가?**: 주도형과 비범형 내향인은 심오한 토론, 새로운 견해, 문화나 여행 등 공동의 취미에 관해 얘기할 수 있는 자리를 좋아한다. 그런 자신의 기호를 감안하여 관심이 가는 행사와 그렇지 않은 행사를 구분하자. 그저 먹고 마시고 떠

드는 파티라면, 혹은 도저히 관심이 가지 않는 자리라면 때로는 초대에 불응해도 좋다.

- **내 나머지 일정이나 우선순위와 비교할 때 해당 모임이 얼마나 중요한가?**: '배터리가 이미 방전된 상태'에서는 예의바른 손님이 되기 힘들다. 충분한 휴식 시간을 확보하는 것이 더 우선이라는 말이다. 대신 편한 모임, 스트레스 없이 즐길 수 있는 자리라면 참석하는 편이 좋다.

기·억 노·트　　　주도형과 비범형 내향인은 어떤 일의 중심에 서는 것을 싫어한다. 이들은 사람들의 시선이 내가 아닌 타인을 향할 때 오히려 자신의 진면목, 진가를 더 잘 발휘한다. 예컨대 가족과 친지가 모인 자리에서 조카 여자친구의 진로에 대해 걱정하고, 회식 자리에서는 모두가 편한 자리를 배정받도록 세심하게 배려한다. 나아가 어떤 자리에서든 약간의 불편함은 기꺼이 감수하면서 사람들에게 한 걸음 더 가까이 다가간다.

㊵ 정중하게 초대를 거절하는 방법

주도형　섬세형　비범형　은둔형

응하기 싫은 초대는 마음에 들지 않는 선물과도 같다. 그럼에도 불구하고 선물을 받은 즉시 기쁜 표정을 지어야 하는데, 비범형 내향인이 가장 힘들어 하는 일 중 하나가 바로 그것이다.

우디 앨런도 그런 스타일의 내향인 중 하나다. 앨런은 웬만하면 시상식에는 참석하지 않는다. 화려한 시상식보다는 집에서 혼자 클라리넷을 연습하는 것을 더 좋아한다. 언젠가 앨런은 〈쥐트도이체 차이퉁〉과의 인터뷰에서 이렇게 말했다. "골든글로브 주최 측에서 몇 주 전에 전화로 공로상인가 뭔가를 주겠다며 참석 의사를 묻더군요. 저는 제가 감히 받을 상이 아니라는 말로 거절했어요. 그로부터 이틀 뒤 다시 전화가 와서 수상자 본인이 참석하지 않더라도 공로상을 수여하겠다고 하더군요. 저는 '아, 그 자리에 안 가도 된다니 정말 잘됐군요. 저는 집에서 축구 경기를 봐도 되는 거죠? 그렇다면 뭐, 좋으실 대로 하세요'라고 대답했어요."

비범형 내향인에게는 자기만의 시간이 그야말로 소중하다. 직접적인 거절이 무례한 것을 알면서도 피하지 않는 이유도 그 때문이다. 비범형 내향인이 원하는 것은 한 가지뿐이다. 제발 자기를 그냥 좀 내버려 두라는 것이다. 그러면서 항변한다. "우리도 당신네들이 불편하기 짝이 없는 턱시도를 입고 스몰토크 자리에서 시간을 낭비하든 말든 상관하지 않잖아요?"

그 심정은 충분히 이해된다. 하지만 무례하고 건방지다는 소리를 듣기 싫다면 거절도 조금은 전술적으로 해야만 한다. 싫은 일을 거절할 때에도 최대한 정중하게 포장해야 하는 것이다. 그게 우리 사회의 암묵적 규칙이다. 프랑스가 낳은 위대한 작가 마르셀 프루스트Marcel Proust처럼 "(불참의) 이유는 나중에 설명하겠소"라며 간결하게 거절하는 편이 훨씬 더 '시크'하게 느껴지겠지만, 우리 사회가 정한 규칙은 그게 아니다.

사실 누구도 원치 않는 모임에 참석해야 할 의무는 없다. 또 누구나 자신에게 주어진 시간을 누구와 함께 어떻게 보낼 것인지 스스로 결정할 권리를 지닌다. 하지만 현대 사교계의 코드는 그 권리에 약간의 에티켓을 더할 것을 요구한다. 모든 초대는 관계를 발전시키자는 제안이다. 따라서 "저는 그런 데 취미가 없어요"라든가, "바빠서 못 가요"라든가, "그때쯤이면 아마 휴가를 떠나고 여기에 없을 걸요"라는 식의 직설적 거절은 상대방에게 불쾌감을 일으킬 수 있다.

초대를 거절할 때에는 최소한 상대방의 초대에 내가 얼마나 진심으로 감사하는지 정도는 표현해야 한다.

누군가가 어떤 모임에 나를 초대했다는 것은 그만큼 나와 함께 시간을 보내고 싶다는 뜻이다. 잠깐 만나서 커피나 한 잔 하자는 소소한 초대든, 대규모 파티에 참석해 달라는 부탁이든 모두 상대방이 나를 그만큼 소중히 여긴다는 뜻이다. 중대한 모임에서 연설을 해달라고 부탁한 경우에는 일종의 존경의 표시라고도 할 수 있다.

따라서 초대를 거절할 때에는 나와 그 사람과의 관계에 금이 가지 않도록 적절한 감정 표시를 해주어야 한다. 거절할 수밖에 없는 이유도 알려 주는 것이 좋다. 다음번 만남을 제안하는 것도 나쁘지 않다. 즉 초대해 주어서 얼마나 고마운지, 못 가게 되어서 얼마나 미안한지, 혹은 언제 한 번 만나 식사라도 같이 하는 게 어떨지 등을 표현해야 상대방이 불쾌해 하지 않는다는 것이다. 앞으로는 다음과 같은 문장들을 적극 활용하며 상대방의 기분을 배려하는 가운데 최대한 정중하게 초대를 거절하도록 하자.

- "아, 정말 미안해요. 그날은 도저히 시간이 안 되겠어요. 혹시 5월 엔 시간이 어떠신가요?"
- "연락도 자주 드리지 못했는데 저를 기억해 주시다니, 정말 고 맙습니다. 하지만 그날은 선약이 있어서 못 갈 것 같습니다. 죄 송합니다."
- "초대해 주셔서 감사합니다. 하지만 이번 주 내내 함부르크 출 장이 잡혀 있어요. 저도 선생님 강연을 꼭 듣고 싶은데, 정말 아 쉽네요."

기·억 노·트

비범형 내향인은 자신의 생각을 있는 그대로 표현하 는 편이다. 그러한 표현 방식은 어떤 사안에 관해 의견을 제시하거나 설명을 할 때에는 듣는 입장에서도 머리에 쏙쏙 들어오니 좋지만, 대인관계에서는 그다지 현명하지 않 은 방법이다. 대인관계에서는 상대방의 감정을 배려하고, 오해를 방지해야 하기 때문 이다. 즉 상대방의 기분을 고려해서 마음에 없는 말도 가끔은 해야 하고, 때에 따라서 는 선의의 거짓말도 필요하다. 정중하게 초대를 거절하는 방법에 대해서는 이미 수많 은 참고서들이 출간되었다. 매너 있게 초대를 거절하는 방법뿐 아니라 특정 모임에서 취해야 할 행동양식 등 파티나 행사와 관련된 모든 에티켓들이 총망라된 서적들이 많 으니, 적극적으로 활용해 보자.

41 나만의 휴식 시간 만들기

주도형 섬세형 비범형 은둔형

도저히 거절할 수 없는 자리들이 있다. 이미 스케줄이 꽉 차 있건 말건, 마음이 내키건 말건 상관없이 무조건 가야 한다. 그래도 참석하지 않으려면 후환을 각오해야 한다. 수많은 비난에 시달려야 할 수도 있고, 중대한 기회를 놓칠 수도 있다. 중요한 회식, 박람회, 이웃집과 매년 함께 참가하곤 했던 길거리축제 등을 피할 수 있는 방법은 거의 없다. 때마침 그때 휴가 여행이 잡혀 있는데, 일정을 변경하거나 취소할 경우 한 푼도 환불받지 못하는 상황 정도는 돼야 불참하겠다는 말이라도 꺼내 볼 수 있다. 그게 아니면 그냥 그 자리에 가야 한다.

사실 어떤 모임이건 전반부는 내향인에게도 그다지 고역이 아니다. 모든 과정이 정해진 식순에 따라 진행되기 때문이다. 밥을 먹는 동안에도 같은 테이블에 앉은 사람들끼리 주고받는 짧은 대화들을 가만히 듣고 있기만 하면 된다.

문제는 그다음부터다. 공식 식순이 끝나고 다들 배불리 먹었다 싶을 때부터는 모든 게 뒤섞이고 뒤엉키기 시작한다. 외향인은 이 테이블, 저 테이블로 옮겨 다니며 얘기를 나누고, 사람을 사귀고, 때로는 춤도 춘다. 그러는 동안 내향인은 우물쭈물하면서 엉덩이를 들썩거리기만 할 뿐 실제로는 앉은 자리에서 꼼짝도 안 한다. 또 입만 달싹거릴 뿐 제대로 된 말을 내뱉지 못한다. 누구한테나 거리낌 없이 다가가는 외향인을 보며 한없는 부러움을 느낄 수도 있고, "나는 왜 저렇게 하지 못할까?"라는 좌절감에 빠질 수도 있다.

그럴 땐 어떻게 해야 좋을까?

남들 눈을 피해 테이블 아래쪽에서 스마트폰으로 게임이나 하고 싶은 마음이 굴뚝같겠지만 그 유혹을 극복해야 한다. 그보다는 자기가 좋아하는 게임에 대한 얘기를 꺼내 보는 게 어떨까? 남들은 그 게임에 대해 어떻게 생각하는지, 그 게임이 인기 있는 이유가 무엇인지, 혹시 그 자리에 있는 이들 중에서도 해당 앱을 다운받고 중독에 가깝게 즐기는 사람이 있는지, 남들은 어떤 장르의 게임을 좋아하는지 등을 물어보는 것이다.

혹은 그 자리를 벗어나는 것도 좋다. 단, 덮어놓고 군중들을 향해 다가가기보다는 우선은 쉴 수 있는 조용한 공간을 찾아보자. 화장실에 잠시 앉아 있거나, 발코니에서 담배 한 대를 피우거나, 마당으로 나가 신선한 공기를 마시거나, 스마트폰으로 이메일을 확인하면서 에너지를 재충전하는 것이다.

그렇게 실내의 떠들썩한 분위기와 화려한 조명, 군데군데 무리지어 모인 사람들을 뒤로 하고 나만의 시간을 가지며 잠시 숨을 돌리면 스트레스 지수가 분명 내려간다. 획기적인 아이디어를 제시해야 할 의무도 없고, 모두가 폭소를 터뜨릴 만큼 재미있는 이야기를 해야 할 필요도 없다. 아무도 관심 없는 얘길 꺼냈다가 공연히 무안해져서 얼굴을 붉힐 일도 없다. 온전히 혼자인 상태, 그 상태에서 완전한 자유를 느끼는 것이다. 물론 그 자유에 너무 오래 빠져 있어서는 안 된다. 하지만 아주 잠깐이라도 그렇게 나만의 휴식 시간을 갖고 나면 그 뒤에 다가올 일들을 좀 더 가벼운 마음으로 소화할 수 있다. 휴식이 끝난 뒤 다시 파티장으로 들어간 뒤에는, 예컨대 다음과 같은 일들을 할 수 있다.

파티장 거닐기 | 먼저 테이블에서 음료 한 잔이나 디저트 접시를 집어 든다. 손에 무언가를 들고 있으면 아무래도 마음이 더 편하다. 그런 다음 파티장을 어슬렁어슬렁 거닐어 보자. 운이 좋으면 누군가가 내게 말을 걸 수도 있다. "어, 그 칵테일, 색깔이 진짜 예쁘네요. 이름이 뭐예요? 무슨 칵테일이죠?"라며 말이다. 그럴 때 "버진 모히토virgin mojito예요"라는 간단한 대답으로 대화를 끝내서는 안 된다. 그보다는 "버진 모히토는 색깔도 예쁘지만 무알코올이어서 술에 약한 사람들에게 안성맞춤인 칵테일이죠"라는 설명까지 덧붙여 보자. 아마 그다음부터는 대화가 자연스럽게 술술 풀릴 것이다.

외향인에게 말 걸기 | 외향인은 본디 새로운 사람을 즐겨 사귀고, 자기가 아는 사람들을 서로에게 소개하는 일을 좋아하며, 대화를 주도하는 것도 좋아한다. 외향인에게 일단 말을 걸기만 하면 그다음부터는 내가 해야 할 일이 그다지 많지 않다. 그저 옆에 서서 외향인의 얘기에 귀 기울이면서 가끔 웃어 주기만 하면 된다.

쉴 수 있는 공간 찾기 | 길거리축제에서든, 회사 차원의 파티에서든 사람들이 북적이지 않는 조용한 곳을 찾아보자. 조금은 덜 시끄러운 곳에서 음료 한 잔을 마시며 축제나 파티를 즐기고 있는 사람들을 관찰하며 숨을 돌리는 것이다. 파티를 그다지 즐기지 않지만 어쩔 수

없이 가족을 따라나선 내향인, 혹은 파티를 정말 좋아하지만 잠시 휴식이 필요한 외향인이 내 곁에 앉을 수도 있다. 그 사람들과 함께 대화를 나누어 보자. 어쩌면 거기에서 중대한 정보를 얻거나 중요한 사람과 인연을 맺게 될 수도 있다.

일거리, 볼거리 찾기 | 누군가와 끊임없이 대화를 나누어야 할 필요는 없다. 춤을 추거나, 음료를 가지러 가거나, 파티 안내장을 탐독하거나, 파티장 안을 어슬렁거려도 괜찮다. 그러면 사람들과 함께하는 동시에 혼자만의 시간을 가질 수 있어서 좋다. 누군가의 집에서 열리는 파티라면 책꽂이에서 마음에 드는 책 한 권을 골라 내용을 대충 훑어볼 수도 있고, 쌓아 놓은 잡지들에서 흥미로운 기사를 발견할 수도 있다. 어쩌면 책에 관심 있는 또 다른 사람 한 명이 내 곁에 다가올 수도 있고, 그래서 책에 관해 흥미진진한 대화를 나누게 될 수도 있다. 혹은 아무도 오지 않아도 좋다. 최소한 몇 분간은 파티 스트레스를 잊은 채 책 속에 빠져들 수 있다는 것만으로도 충분한 휴식이 된다.

심신이 지치기 전에 미리 휴식하기 | 파티나 모임에서 기분이 좋다고 너무 무리해서는 안 된다. 평소 자신의 성향을 감안해서 중간 중간에 한 번씩은 '나만의 5분'을 갖는 것이 좋다. 모임의 시간이 길수록 나만의 시간을 더 많이 가져야 한다. 그렇지 않으면 나도 모르는 사이에 피로와 스트레스에 휩싸일 수 있다.

주목을 받기 위해 반드시 큰 소리로 떠들어야 하는 것은 아니다. 모두가 깔깔 웃을 만큼 재미있는 이야기들을 쉴 새 없이 연발해야 하는 것도 아니다. 어느 크리스마스 파티에서 주변 사람들이 나누는 대화를 조용히 듣기만 하다가 갑자기 피아노 앞에 앉아서 평소에 좋아하던 곡을 연주하는 사람도 충분히 깊은 인상을 남길 수 있다. 연주가 끝난 다음에는 분명 많은 이들이 내성적 성격의 그 사람 주변으로 몰려들 것이다.

㊷ 가장 적절한 등장&퇴장 타이밍

주도형 섬세형 비범형 은둔형

내향인 중에는 최후의 순간에 행사장에 얼굴을 내민 뒤 최대한 빨리 자리를 뜨고 싶어 하는 이들이 많다. 신년회 모임에서도 중요한 연설만 들은 뒤 그 이후에 이어지는 식사와 대화 자리는 피한다거나, 동료의 집들이 파티에도 최대한 늦게 참가한다. 혹시 나는 종류를 불문하고 거의 모든 행사에서, 자리에 앉자마자 집에 가고 싶어서 엉덩이를 들썩이는 타입은 아닌지 생각해 보자. 공식 행사가 끝나는 동시에 튕기듯이 일어나 자리를 뜨는 사람은 아닌가? 모임 내내 언제 집에 갈지만 생각하는 사람은 아닌가? 자리를 떠도 좋을 타이밍만 찾고 있는 것은 아닌가?

피곤한 행사에서 얼른 자리를 뜨고 싶은 마음은 누구나 똑같다. 싫지만 억지로 참가한 경우라면 더더욱 그렇다. 그럼에도 불구하고 너무 티를 내서는 안 된다. 마지못해 그 자리에 앉아 있다는 인상을 줘서는 결코 친구를 사귈 수 없고, 긍정적인 대인관계를 유지할 수 없다.

안나 윈투어도 최근 그와 비슷한 경험을 했다. 2012년, 냉담한 기인奇人으로 소문난 〈보그〉의 편집장 윈투어가 영국 혹은 프랑스 주재 미국 대사 후보감으로 거론되기 시작했다. 그러자 영국의 일간지 〈인디펜던트 Independant〉는 공식 석상에서의 윈투어의 일거수일투족을 자세히 관찰하기 시작했다. 한 나라를 대표하는 외교관으로서 긍정적 태도로 온화한 분위기를 창출할 능력이 있는지 여부를 판단하고 싶었던 것이다. 이후, 2012년 12월 22일자 〈인디펜던트〉에 "행사장에 20분 이상 머무르는 때가 결코 없고(원칙적으로 밤 10시 15분에 잠자리에 드는 타입임), 스몰토크에도 결코 적극적으로 참가하지 않았으며, 훗날을 약속하며 대화를 마무리 짓는 방법도 모르고 있는 듯했다"라는 기사가 실렸다. 결국 윈투어는 〈인디펜던트〉의 시험대를 통과하지 못했다.

사람들은 누군가가 언제 어떤 모습으로 모임에 등장하고, 언제 어떤 방식으로 자리를 뜨는지를 잘 기억한다. 심리학 용어 중에 '초두효과primary effect'와 '최신효과recency effect'라는 말이 있는데, 수많은 정보들 중 가장 먼저 제시된 정보와 가장 나중에 제시된 정보를 더 잘 기억하는 습성을 가리키는 말이다. 그렇다고 모든 모임에 가장 먼저 나타나고 가장 늦게 자리를 뜨라는 말은 아니다. 그보다는 최소한 모든 모임에 가장 늦게 나타나서 가장 먼저 자리를 뜨는 사람은 되지 말라는 뜻이다.

파티에 좀 늦게 가면 샴페인을 마시며 수다를 떠는 절차를 생략할 수 있어서 좋다. 하지만 처음 만난 자리에서 다들 인사를 나누는 기회를 놓치고, 전략적으로 내게 유리한 자리를 선점할 기회를 놓치며, 뒤늦게 도착한 손님들이 건네는 인사를 받을 기회도 놓친다. 공식 순서가 시작된 다음에야 비로소 도착한 경우에는 비난의 표적이 될 공산도 크다. 모두가 조용히 공식 식순에 집중하고 있는 가운데 슬그머니 '기어 들어올' 경우 모두의 이목이 내게 집중되는데, 개중 긍정적 시선은 거의 없다고 봐도 무방하다. "뭐하다가 이제야 나타나지? 쯧쯧"이라는 힐난의 시선이 내게 집중되는 것이다.

그런 사태를 피하고 싶다면 너무 늦지 않게 행사장에 도착해야 한다.

파티의 주인공 혹은 주최자가 내게 인사를 건네고, 그 자리에 모인 사람들에게 나를 소개할 시간적 여유가 있을 때 도착해야 한다. 그러다가 점점 더 많은 손님들이 몰려오면 새로 도착한 이들에게 겉옷을 어디에 걸어 두면 되는지, 음료는 어디에 있는지, 오늘 어떤 메뉴들이 제공될 것인지를 안내해 주면 더더욱 좋다. 다른 손님들의 얘기를 듣고 있던 중이었다면 새로 도착한 손님에게 "아, 지금 막 무엇무엇에 대해 얘기를 나누고 있던 참이에요"라며 말을 꺼내기도 좋다.

행사장에 일찍 가면 일찍 자리를 뜨기에도 좋다. 에너지 탱크가 완전히 비어 버리기 전에 자리에서 일어나면서도 양심의 가책을 느낄 필요가 없는 것이다. "미인은 잠꾸러기라고 하잖아요. 예뻐지려면 일찍 잠자리에 들어야 하니까 저는 이만 가볼게요"라는 식의 진부한 변명을 늘어놓을 필요도 없다.

242

특별 전시회나 대규모 파티, 혹은 영화 시사회나 쇼핑몰 오픈식 등 행사 주최자가 손님들을 하나하나 일일이 관리할 수 없는 경우라면 특별한 인사 없이 조용히 퇴장해도 된다. 눈에 띄지 않게 조용히, 결코 어색하지 않은 걸음걸이로 행사장 밖으로 빠져 나오면 끝인 것이다. 물론 그래도 되는 자리인지, 아닌지는 최대한 정확하게 판단해야 한다. 필요하다면 가벼운 인사쯤은 건네는 센스와 매너를 보여 줘야 한다.

개인이 주최하는 모임이라면 말없이 사라지는 실수를 해서는 안 된다. 이 원칙은 크고 작은 모든 행사에서 적용된다. 그런 자리에서는 적어도 참석자들이 커피 등의 식후 음료를 다 마시고 테이블을 정리할 때까지는 자리를 지키고 있어야 한다.

그 뒤에 파티를 주최한 호스트에게 악수를 건네거나 포옹을 하고, 나머지 손님들에게는 인사말을 건넨 뒤 자리를 뜨면 된다.

자리를 뜰 때는 되도록 조용히, 남은 사람들에게 폐를 끼치지 않는 것이 좋다. 물론 조용히 떠난답시고 호스트에게 감사인사를 하는 과정까지 생략하면 안 된다. "이제 가봐야 할 것 같습니다. 이렇게 유쾌한 자리를 마련해 주셔서 정말 감사합니다. 다음에 또 초대해 주실 거죠?"라고 인사를 건네 보자. 만일 '그날의 주인공'이 있는 특별한 파티라면 매우 많은 끈기를 발휘해야 한다. 최소한 주인공이 일어설 때까지는 자리를 떠서는 안 된다. 아무리 기다려도 모임이 파할 기미가 보이지 않는 날에는 달리 방법이 없다. 주인공보다 먼저 일어서는 것은 결코 예의가 아니다.

　그럼에도 불구하고 도저히 견딜 자신이 없다면 두 가지 방법밖에 없다. 적절한 핑계를 대고 아예 그 자리에 가지 않는 것이다. 물론 아무리 정당한 사유가 있다 하더라도 비난에 시달릴 각오는 해야 한다. 혹은 초대를 받았을 때 미리 밤 10시에는 자리를 떠야 한다고 말해 두어야 한다. 물론 그 이유도 밝혀야 한다. 그래야 남들보다 일찍 자리를 뜨더라도 예의 없는 사람이라는 소리를 듣지 않는다. 어쩌면 주최 측에서 일찍 일어나야 하는 내 사정을 배려해서 처음부터 눈에 잘 띄지 않는 자리를 배정해 줄지도 모를 일이다.

기·억 노·트　　　　파티의 호스트 혹은 주인공이라 해서 무한정 인내심을 발휘해야 하는 것은 아니다. 새벽 3시가 될 때까지 떠나지 않으려는 손님이 있는데, 내 인내심과 체력이 도저히 받쳐 주지 않는다면 정중하게 '내쫓는' 수밖에 없다. 개인 주택에서 열리는 모임인 경우, 주말이라면 늦어도 밤 11시에는 모임을 파하는 게 서로 좋다. 주중이라면 밤 10시쯤이 적당하다. 만일 손님이 전혀 일어날 기미를 보이지 않는다면 "내일도 일찍 일어나셔야 하잖아요?"라든가, 과거형을 활용해서 "오늘 정말 재미있었죠?"라고 말하며 이제 모임을 끝낼 시간이 되었다는 사실을 넌지시 알려 주자.

얼마든지 직장생활을
즐길 수 있다

일이 힘든 게 아니라, 업무 환경이 문제다. 달랑 칸막이 하나로 구분해 놓은 널찍한 공간에 건조한 공기, 아래층 구내식당에서 올라오는 음식 냄새, 부하 직원들에게 생각할 틈을 주지 않으려는 듯 쉴 새 없이 지시하는 상사, 컴퓨터 돌아가는 소리, 누군가와 끊임없이 통화하는 동료 직원들, 출장 중일 때 지정 등급 이상의 호텔에 묵으려면 숙박비를 직접 부담해야 한다는 사내 규정, 내향인한테는 회계사나 실험실 연구원, 프로그래머 말고는 어울리는 직업이 없다고 말하는 인사부장 등은 외향인조차도 짜증나게 만드는 요인들이다.

실제로도 직장인들을 진짜 힘들게 만드는 것은 일 자체가 아니다. 일 때문에 감당해야 하는 것들일 때가 훨씬 더 많다. 하지만 조금만 더 두꺼운 '낯짝'으로 모든 것에 임하면 마음이 편해진다. 이번 장에

서는 남들의 비난을 피하는 동시에 쾌적한 직장생활을 즐길 수 있는
비결들에 대해 고민해 보자.

㊸ 자신에게 맞는 직업 선택의 중요성

주도형　섬세형　비범형　은둔형

"영국인 경찰에 프랑스인 요리사, 독일인 기술자, 이탈리아인 애인,
스위스인 관리자가 있는 곳이 바로 천국이다"라는 말이 있다. 그 말
을 직장에 대입하면 아마도 다음과 같은 문장이 나올 것이다.

**주도형 내향인 상사에 비범형 IT 전문가, 섬세형 시장조사자, 은둔
형 의료진, 그리고 외향인 세일즈맨이 있는 곳이 바로 천국이다.**

　사실 내향인에게 부적합한 직종은 하나도 없다. 심지어 영업이나
무대에 서는 일조차도 내향인이 충분히 감당할 수 있다. 앙겔라 메르
켈이 독일 총리가 되고, 버락 오바마가 미국 대통령이 된 것만 봐도
그 사실을 알 수 있다. 그 둘은 조용하고 신중한 성격임에도 불구하
고 정치라는 커다란 무대를 제대로 소화했고, 결국 선거전에서도 승
리했다.

　물론 그런 성과를 내기까지 외향인보다는 내향인이 더 많은 난관
을 극복해야 하고, 더 많은 에너지를 투자해야 하는 것은 사실이다.
정말 훌륭한 아이디어를 제시한 뒤에도 내향인은 모두의 이목이 자

신에게 쏠리는 것을 부담스러워한다. 내향인은 또 사생활이 보장되지 않는 칸막이식 사무실이나 슈투트가르트와 시드니, 스톡홀름 등 세계 각지로 출장을 다녀야 하는 직업도 좋아하지 않는다. 시간에 쫓기거나 심리적 압박감에 시달릴 때 혹은 스스로 무언가를 결정할 여지가 주어지지 않는 상황이라면 업무 능률까지 저하된다.

반면 도전하고픈 마음이 드는 흥미로운 과제, 자율적으로 일할 수 있는 환경, 개인 사무실, 익숙한 사람들, 지속가능한 장기 프로젝트, 단합이 잘되는 팀 분위기 등은 내향인의 업무 능률을 상승시킨다. 내향인은 본디 자신의 장점과 단점에 대해 잘 알고 있는 편인데, 그런 점을 활용해서 자기가 원하는 대로 주변 환경을 꾸미면 지금보다 훨씬 더 큰 성과를 낼 수 있을 것이다.

히치콕 밑에서 조연출을 담당했던 힐튼 A. 그린Hilton A. Green은 "히치콕 감독은 낯선 이들이 주변에 있으면 불편해 했어요. 그래서 스태프도 늘 같은 사람들로 골랐죠"라고 회고한다. 스릴러물 연출의 대가인 히치콕은 세트장에서 촬영을 할 때에도 전형적인 내향인 스타일로 협동심을 이끌어 냈다. 배우나 카메라맨들을 한 명씩 무대 뒤로 불러 면담하면서 자신이 생각하는 바와 기대하는 바를 꼼꼼하게 전달한 것이다. 이를 통해 히치콕은 정신없이 바쁘게 돌아가는 세트장 분위기와 거리를 둘 수 있었다. 영화 촬영을 하면서 자리를 비우는 경우도 상당히 많았다고 한다.

물론 어디에 소속되지 않고 프리랜서로 일하거나 자영업을 할 경우, 혹은 고위직인 경우에는 언제, 어디에서, 무엇을, 어떻게, 누구와 함께 일할 것인지 스스로 결정하는 자유를 더 많이 누릴 수 있다. 하지만 자영업자가 아니라 하더라도 처음부터 자기가 잘하는 분야, 자신 있는 분야, 자신의 성격과 어울리는 분야의 직업을 선택하면 좀 더 편하게 직장생활을 할 수 있다.

- 주도형 내향인은 문제를 해결하고 분석하는 업무가 적합하다. 경영, 의료, 회계, 법률, 행정 등의 직종을 추천한다.
- 비범형 내향인은 복잡한 과제를 시간을 두고 천천히 파고들기를 좋아한다. 무언가에 대해 의문을 품고 연구하는 것도 좋아한다. 의외로 코미디언이나 풍자가, 만화가 등도 이 유형에 어울리는 직종이라고 한다.
- 섬세형 내향인은 창의력이 뛰어나므로 큐레이터나 인테리어 디자이너, 플로리스트, 카피라이터, 패션 디자이너 등이 적합하다. 이 유형은 업무 일정이나 환경을 직접 결정하는 것을 좋아하기 때문에 자영업자의 비율이 다른 유형들에 비해 압도적으로 높다. 직장인의 경우, 창의력을 많이 발휘해야 하지만 보수는 비교적 낮은 직종에 종사하는 경우가 많다.[63]
- 은둔형 내향인은 누군가를 돕거나 봉사하는 직종을 선호한다. 의료나 보건 분야, 인적 자원 개발과 관련된 분야, 교육 분야, 상담과 자문 분야에 이 유형이 많은 것도 그 때문이다. 그런데 교직에 종사하는 내향인 중에는 처음에는 이상주의적 교육을 실현하겠다는 야심을 품었지만 시간이 지나면서 주변 환경과 현실 때문에 결국 좌절감을 느끼는 이들이 많다.

기·억 노·트　　　내향인은 집중력, 끈기, 직관, 공감능력, 전체적인 상황을 읽어 내는 능력 등이 뛰어나다. 과제를 해결할 때 그러한 전형적인 내향인의 장점을 적극 활용하는 것이 좋다. 어떤 프로젝트가 주어졌을 때 강점들을 활용하면서 하나씩 문제를 해결해 나가자. 대부분 문제에는 한 개 이상의 해결책이 존재한다. 어떤 식으로 업무를 처리해 나가야 한다고 정해져 있지 않은 경우도 매우 많다. 예컨대 좋은 아이디어가 떠올랐을 경우, 결정권자와 일대일 면담을 할 수도 있지만 여러 명에게 의견을 물어볼 수도 있다. 직접 마주보고 어떤 사안을 논의하는 것도 좋지만, 스카이프 등을 통한 화상 채팅 역시 자기만의 고유한 장점들을 지니고 있다. 또 여러 명이 아이디어를 짜내서 새로운 광고 문구를 결정할 수도 있지만, 한 명이 제시한 번득이는 아이디어가 채택될 때도 많다. 내향인의 전형적 장점과 취향을 충분히 활용해 보자. 중요한 사항은 목표 지점에 도달하는 것이다. 어떻게 도달하는지는 부차적 문제다.

44 몸과 마음이 편안해야 하는 이유

주도형　섬세형　비범형　은둔형

어느 코칭 워크숍에서 들은 말이다. 처음엔 매우 이기적으로 들렸는데, 시간이 갈수록 그 말이 옳다는 쪽으로 생각이 바뀌었다.

"어떤 직종이 됐든 내 몸과 마음이 편한 게 제일 중요하다."

지금은 그 말이 옳다는 확신을 갖게 되었다. 심지어 내 생활신조로까지 발전했다. 물론 모든 일, 모든 환경을 내 몸과 마음이 편한 방향에만 맞출 수는 없다. 하지만 적어도 그 방향에 초점을 맞추고 나니 일에서 오는 피로감과 스트레스를 확실히 줄일 수 있었다.

요즘은 사무실에서 일을 볼 때나 각종 세미나에 참가할 때 내 에너지 레벨이 0이 되지 않도록 늘 신경을 쓴다. 그 덕분에 몸과 마음이 편해졌을 뿐 아니라 업무도 보다 생산적, 창의적으로 처리할 수 있게 되었다. 사람을 자주 만나야 하고 출장이 잦은 직종에 종사하는 내향인은 모두 나와 비슷한 경험을 한 적이 있을 것이다.

주도형과 섬세형 내향인은 스트레스 없는 조용한 환경이 조성될 때 최고의 생산성을 발휘한다. 그런데 어디에도 소속되지 않은 프리랜서라면 스스로 자기한테 알맞은 환경을 조성할 수 있지만, 일정 규모 이상의 중소기업이나 대기업 직원들은 바삐 돌아가는 주변 환경을 완전히 피할 방법이 그리 많지 않다. 내향인은 남들의 시선으로부터 자유로울 수 있는 개인 공간을 절대적으로 필요로 하는 경우가 많다. 하지만 경영진이 아닌 평사원에게 개인 사무실이 허락되는 경우는 거의 없고, 그렇기 때문에 업무능력 저하는 불가피하다.

칸막이만으로 개인 공간이 구분된 대기업의 전형적인 사무실이나 스위스 바젤의 '노바티스 캠퍼스Novartis Campus'' 같은 '오픈 스페이스 open space'식 업무 환경은 사실 원활한 협동과 의사소통을 위해 고안된 것이다. 외향인은 그런 업무 환경에 완벽하게 적응한다. 원래 주변 소음이나 오가는 사람들에 그다지 신경을 쓰지 않는 데다가 탁 트인 공간 덕분에 의사소통이 용이하다는 장점이 혁신적인 성과로 이어지는

● 글로벌 제약회사인 노바티스의 노출식 본사 건물들을 '노바티스 캠퍼스'라 부른다.

것이다.

　반면 내향인은 그렇게 강요된 공동체 정신 때문에 고통과 피로감을 더 빨리 느낀다. 〈워크포스 매니지먼트Workforce Management〉의 공동 발행인인 맥스 머헬리치Max Mihelich는 페이스북이나 구글 본사처럼 수많은 자극들에 그대로 노출되는 공동 공간에서 작업하는 내향인이 느끼는 감정이 "내성적인 아이들이 이상한 애들로 취급받는 학교 교실과 비슷한 분위기"라고 설명했다.[64]

　노바티스 본사에도 개인 업무 공간이 전혀 없는 것은 아니다. 하지만 그 공간들은 유리벽이나 투명 커튼으로 차단되어 있다. 이 얘기는 즉 "비록 혼자 있을 수 있는 공간을 마련해 두기는 했지만 회사는 그 공간을 이용하는 일을 바람직하게 여기지 않는다"라는 뜻이다. 다른 기업들의 상황도 비슷하다. 하루 정도는 재택근무를 신청할 수도 있고, 혼자만의 공간이 필요할 때 비어 있는 회의실을 이용할 수도 있지만 그게 너무 잦아서는 안 된다. 섬세형 내향인으로서는 답답할 수밖에 없다. 해당 유형의 내향인은 외부 자극에 대해 주변 사람들이 상상하는 것보다 훨씬 더 민감하다. 그렇다면 섬세형 내향인은 과연 어떻게 직장생활을 감당하고 하루를 버텨야 할까?

　직장생활 10년차인 어느 섬세형 내향인은 "스트레스 없이 편하게 일하려면 약간의 변화를 줄 필요가 있다"라고 말한다. 예컨대 하루를 조용하게 시작하고 업무에 좀 더 집중하기 위해 그녀는 남들보다 일찍 출근하고, 동료들이 모두 출근한 뒤에는 주변 소음을 최대한 차단하기 위해 이어폰이나 이어플러그ear plug를 이용한다. 방해받고 싶지 않다는 걸 알리는 일종의 신호다. 이제는 동료들도 그 신호를 알아차리고 존중해 주고, 상사 역시 지금 작업 중인 프로젝트 때문에 그녀에게 집중의 시간이 필요하다는 걸 인정해 준다. 최근 그녀는 창가 자리로 책상을 옮겼는데, 창밖으로 하늘을 볼 수 있어서 마음이 한결 여유로워졌다고 한다.

기·억 노·트 시설이 편하다 해서 반드시 편안한 업무 환경이 조성되는 것은 아니다. 시설보다는 동료들과의 관계가 더 중요할 때가 많다. 사회성이 제로인 외톨이라는 인상이나 완두콩 하나 때문에 밤잠을 이루지 못하는 까다로운 사람이라는 인상을 주어서는 안 된다. 동료들과 탄탄한 유대관계를 맺는 것 역시 업무의 일환이다. 적어도 하루에 30분은 대인관계에 투자하자. 가끔은 탕비실이나 휴게실에 들러 동료들과 얘기도 나누고, 조금 일찍 회의장에 가서 동료들과 미리 의견도 교환하자. 동료들과 친해지면 나중에 싫은 것을 싫다고 분명하게 의사 표현을 하기도 편해지고, 내가 받아들일 수 있는 한계가 어디까지인지를 전달하기도 더 쉬워진다.

㊺ 내향인과 외향인의 조합

주도형 섬세형 비범형 은둔형

좌뇌형 내향인과 우뇌형 외향인은 그야말로 물과 기름이라 해도 과언이 아니다. 둘 다 야심차고 자신감이 넘친다는 면에서는 똑같지만, 둘의 성향은 완전히 다르다. 전자가 탁월한 전문성을 자랑하는 반면, 후자는 과감한 일 추진력과 넓은 인맥이 특징이다. 타고난 특성상 좌뇌형 내향인은 주로 학술, 기술, 수학 분야의 연구직이나 관리직에 종사하는 이가 많은 반면, 우뇌형 외향인은 영업이나 마케팅 종사자가 많고 회식 자리나 파티, 기타 인맥 관리용 모임 등에서 빛을 발하는 편이다.

일 자체를 중시하는 내향인이 거둔 성과를 관계를 중시하는 외향 인이 가로챌 때가 많다?

그렇지 않다. 고정관념에 지나지 않는다. 그런데 슬프게도 그 고정 관념이 현실에서 적용되는 기업들도 적지 않다. 회사 분위기가 전반 적으로 외향인에게 맞춰져 흘러가고 있는데 인사부나 관리부에서 아무런 조치를 취하지 않을 경우, 내향인은 왠지 손해 보는 것 같다는 느낌에 계속 시달리고, 외향인은 겉으로 표현만 하지 않을 뿐 내향인을 무능하다고 무시하게 된다. 재주는 곰이 넘고 공㎛은 엉뚱한 사람에게 돌아가는 일이 자꾸 되풀이되다 보면 내향인은 억울함과 좌절 감에 시달리고, 이는 결국 회사의 손해로 이어진다. 기업이 제대로 돌아가려면 두 가지 모두가 필요하다. 즉 내향적 사유가의 신중함과 철저함과 지혜도 필요하지만 외향적 행동가들의 추진력, 인간관계 관리 능력, 실용주의도 필요한 것이다.

바람직한 기업 문화와 관련해 ZF그룹의 인사부장 베른하르트 바이거트는 "사장이 외향인이라면 부사장은 내향인인 게 이상적입니다. 그 반대도 상관없고요. 내향인은 업무 결과를 꼼꼼히 체크하는 일종의 '안전그물'입니다. 외향인은 그 그물망 위에서 과감하게 줄타기를 하며 평형을 유지하려 애쓰겠죠. 외향인이 아슬아슬한 줄타기를 할 수 있는 이유는 위급한 경우 내향인이 받쳐 줄 것을 알기 때문입니다. 결코 자신들을 땅에 떨어뜨리지 않을 거라 믿기 때문에 안심하고 줄타기를 할 수 있는 것이죠"라고 말한다.

이런 식의 상호보완적 협동이 이루어지려면 사유가와 행동가 사이에 신뢰와 더불어 서로의 가치에 대한 존중이 전제되어야 한다.

좌뇌형 내향인	우뇌형 외향인
탁월한 전문 지식	탁월한 대인관계
신중함, 장기적 안목	충동적, 단기적 계획
이론/상품/공정에 집중	현실/고객/기회에 집중
집중과 몰입을 위해 휴식과 자기만의 공간을 필요로 함	에너지 충전을 위해 외부와의 접촉, 교류, '스파링파트너'를 필요로 함
최대의 효과를 추구하는 완벽주의자, 무엇보다 품질을 중시함	최적의 효율을 추구하는 실용주의자, 질보다 양을 더 중시함
순서대로 차근차근 일을 처리하며, 주어진 과제를 확실히 마무리함	새로운 기회를 잘 포착하는 편이지만, 끝이 흐지부지할 때가 많음
말보다는 행동이나 업무 결과로 자신을 표현함	남들 앞에서 자신의 성과를 얘기하기 좋아함
칭찬을 그다지 필요로 하지 않음, 염려되는 부분을 상부에 보고함, 섣부른 열광을 자제함	칭찬을 들으면 매우 기뻐함, 염려되는 부분이 있더라도 일단은 함구, 작은 일에도 열광하는 편임

나아가 극과 극을 달리는 두 유형의 행동양식을 서로에 대한 공격이 아니라 긍정적 자원으로 바라보는 태도가 요구된다. 외향인은 고민하지 말고 지금까지 자신들이 해온 것처럼 하면 된다. 보수적인 독일 사회와는 달리 미국에서는 외향인의 행동양식이야말로 회사 분위

기를 이끌어 가는 긍정적 요소로 간주하고, 그러한 행동양식을 오히려 장려하는 편이다. 내향인은 잘 표현하지 않는 성격 때문에 공로를 인정받지 못할 때가 많겠지만, 외향인의 행동양식을 이해하고 나면 그리 억울해 할 필요도 없다.

외향인과 내향인의 서로 다른 행동양식은 타고난 것들이다. 내향인의 눈에는 허세를 부리거나 자신의 업무 결과를 과대포장하는 외향인이 못마땅하기 짝이 없겠지만, 외향인이 내향인을 짓밟고 일어서기 위해 그렇게 하는 것은 분명 아니다. 타고난 천성에 따라 본능적으로 그렇게 행동하는 것뿐이다. 내향인이 겸손한 척하려고 자신의 능력을 감추는 게 아닌 것과 같은 이치다. 내향인 역시 타고난 천성에 따라 자기 PR보다는 업무 자체에 더 집중하는 것뿐이다. 이런 기본적인 차이를 이해했다면, 이제 외향인과 같이 일하기 위해 몇 가지 노력을 해보자.

노력 1. 받아들이기 | 내향인은 대개 '보이지 않는 그림자' 역할 혹은 '고독한 천재' 역할을 자청하는 편이다. 그게 마음이 더 편하기 때문이다. 따라서 앞으로는 내 기여도가 꽤 높은 일에 대해 외향인이 여기저기에 광고를 하고 다닌다 해서 억울해 하지 말고, 내가 하지 못하는 일을 그 사람이 대신해 주고 있다고 생각하자. 어차피 내향인은 외부의 칭찬 같은 동기부여가 없어도 천성적으로 업무에 잘 집중하고 최상의 결과를 추구하는 이들이다. 반면 외향인은 외부의 격려가 있을 때 신이 나서 일에 더 잘 집중한다. 이런 차이를 이해하고 받아들이면 내향인과 외향인이 서로를 적대시하는 일은 줄어들 것이다.

노력 2. 외향적으로 행동하기 | 내 공로에 대해 지금보다 조금만 더 홍보하고 남들로부터 인정받도록 노력해 보자. 평소에 주어진 프로젝트에 열심히 매진하듯 '자기 PR'을 내 미래를 위한 중대한 프로젝트로 간주하고 끈기 있게 추진해 보는 것이다. 이때 업무 추진을 위한 자신의 노력과 성과를 제때에 알려야만 한다. 업무가 완전히 마무리된 뒤에야 홍보를 시작하면 이미 늦었다.

노력 3. 함께 나아가기 | 믿을 만한 외향인과 친하게 지내면서 더 큰 성공을 이뤄 낼 수 있도록 노력해 보자. 스티브 잡스, 스티브 워즈니악, 마크 주커버그, 셰릴 샌드버그(페이스북 최고운영책임자), 빌&힐러리 클린턴은 외향인과 내향인이 협력하면 더 큰 성과를 이뤄낼 수 있다는 사실을 증명한 산 증인들이다. 협력을 한다 해서 자신의 천성을 바꿔야 하는 것은 아니다. 어차피 천성은 바꿀 수 있는 것이 아니다. 하지만 공동의 목표를 향해 함께 나아가려면 적어도 동등한 권리를 지닌 상태에서 서로의 눈높이에 자신을 맞추려는 노력이 약간은 필요하다.

기·억 노·트   빌 게이츠, 마크 주커버그, 몇 년 전 교황직에서 물러난 베네딕도 16세 등은 내향인이 '마이너리그'에서만 승리하는 것이 아니라는 사실을 입증했다. 주도형과 비범형 내향인 중에는 세계 최고의 자리에 오른 이들이 적지 않다. 섬세형과 은둔형 내향인에 비해 주도형과 비범형 내향인은 대인관계나 외부 자극에 덜 민감한 편이다. 영국의 애쉬리지 경영대학원Ashridge Business School에서 실시한 어느 조사에 따르면, 주도형과 비범형 내향인은 외향인과의 관계도 원만한 편이라고 한다. 해당 연구에 참여했던 오스트리아 출신의 심리학자 자비네 베르크너_{Sabine Bergner}는 "고위층으로 갈수록 자신의 공로를 기꺼이 감추는 내향적 행동양식을 능력자의 기품 있는 태도로 해석하는 경향이 두드러진다"라고 지적한다.[65]

46 성과를 표현하고 인정받기 위한 방법

주도형 섬세형 비범형 은둔형

비범형과 은둔형 내향인은 팀 내에서 그림자 역할을 담당할 때가 많은데, 이 두 유형은 거기에 불만을 품기보다는 '모두가 내가 못난 탓'이라 생각하고 체념해 버린다. 자기를 남들한테 드러내지 못하기 때문에 응당 감수해야 하는 결과쯤으로 인식하는 것이다.

한 가지 재미있는 사실은 비범형 내향인이 타인의 공로를 과소평가하는 반면, 은둔형 내향인은 남들을 과대평가한다는 것이다. 비범형들은 최상의 결과를 얻기 위한 관건은 오직 전문 지식뿐이기 때문에 그 뒤에 숨은 노력이 부수적이라 믿는 것이고, 은둔형들은 타인의 기대에 부응하지 못할까 봐 늘 가슴 졸이며 살다 보니 상대적으로 남들이 자기보다 더 잘나 보이는 것이다. 어쨌든 두 태도 모두 팀 내에서 주도적 역할을 하거나 남들에게 인정을 받기에는 적합지 않다.

대학을 졸업하자마자 필립은 어느 소규모 의료기기 업체에 취직했고, 혁신적 의료용 영상 장비를 개발하라는 주문을 받았다. 이에 필립은 혼자서 기초적인 조사들을 실시했는데, 1년 뒤 회사는 연구원 한 명을 더 채용했다. 신입 사원은 대학 시절부터 알고 지내던 세바스티안이었다. 그사이 3년이라는 세월이 흘렀고, 필립은 지금도 외부와 단절된 채 혼자서 기술 개발에 매진하고 있다. 하지만 필립의 마음이 마냥 편한 것만은 아니다. 승진가도는 세바스티안 혼자서 달리고 있기 때문이다. 세바스티안은 마케팅 책임자로 자사 제품을 각국에 수출하는 데 성공했고, 그러다 보니 자연스럽게 경영진의 눈에 띄면서 승진에 승진을 거듭한 것이다. 고객들 역시 새 장비 뒤에 숨은 '브레인'이 세바스티안이라고 굳게 믿고 있는 것 같았다. 필립이 보기에 세바스티안은 허풍쟁이에 지나지 않는다. 세바스티안은 필립이 자기를 어떻게 생각하는지 잘 알고 있지만 거기에 전혀 신경 쓰지 않는다. 상부에서는 필립의 불만에 대해 전혀 모르는 눈치다.

어떤 팀 안에서 존재감을 드러내기는 쉽지 않다. 고독한 천재나 겸손한 '샌님' 역할만 고집하다가는 더더욱 눈에 띄지 않는 사람이 될 확률이 높아진다. 그새 동료들은 아마도 아주 자연스럽게, 혹은 어쩌면 매우 잔인하게 자기 PR에 매진하며 앞서 나갈 것이다.

위 사례에서 필립 같은 인물에게는 두 가지 선택밖에 주어지지 않는다. 그냥 포기하고 살거나 적극적으로 홍보 전선에 뛰어드는 것이다. 경쟁에서 더 유리한 고지를 차지하고 싶다면 물론 후자를 선택해야 한다. 지금 그 직장에 취업하기 위해 그간 투자한 노력과 시간에 대해, 또 취업한 뒤 그간 바친 충성에 대해 인정과 보상을 받으려면 그 방법밖에 없다. 마음에 들지 않는다고 당장 사표를 낼 수는 없다. 어차피 다른 곳에 가 봤자 자기 능력을 인정받을 수 있다는 보장도 없다.

그렇다면 죽어도 알랑방귀는 못 뀌겠고 자신의 공로를 이야기하는 것조차 꺼려지는 비범형 내향인은 어떻게 해야 자신을 좀 더 알릴 수 있을까? 주목받는 게 부담스럽기만 한 수줍은 성격의 은둔형 내향인은 어떻게 해야 남들에게 자신의 공로를 인정받을 수 있을까?

제일 좋은 방법은 '무기'를 바꾸는 것이다.
즉 말 대신 글로 자기를 알리는 것이 최선이다.

대부분의 내향인은 말보다 글로 표현할 때 자신의 의사를 보다 명확히 전달한다. 게다가 글은 말보다 더 오래 살아남는다는 장점도 지녔다. 글재주도 내향인이 외향인보다 뛰어나기 때문에 메일이나 블로그 포스팅, 보고서 작성 등에 있어서도 유리하다. 외향인은 신중한 단어 선택이나 빈틈없는 논리, 주제의 깔끔한 마무리 등 글쓰기에 필요한 능력들에 대해 무심하거나 귀찮게 생각할 때가 많다.

물론 글이 직접적인 접촉을 대신할 수는 없다. 하지만 자기를 조용히 어필하기에 글만큼 좋은 수단은 없다. 그뿐 아니라 글을 쓰면서 생각도 정리할 수 있어, 나중에 그 내용을 말로도 더 잘 표현할 수 있다. 여기에서는 글을 통해 자신의 성과를 표현하고 인정받기 위한 몇 가지 방법을 소개하고자 한다.

자신의 공로를 분명히 표현하기 | 첨부 자료를 보낼 때 이메일 내용의 중요성은 아무리 강조해도 지나침이 없다. "요청하신 사업보고서는 첨부 문서를 참조하십시오"라는 문구만으로는 어딘지 부족하다. "제

가 작성한 사업보고서를 첨부 문서로 보내드립니다. 우리 회사의 신기술들을 한눈에 알아보실 수 있도록 특별히 심혈을 기울였다는 사실을 미리 알려 드립니다"라는 식으로 설명을 덧붙여야 한다. 한 문장만 추가했을 뿐인데 효과는 엄청나다. 적어도 상사의 주목을 끌기에는 충분하다. "일만 깔끔하게 잘 처리하면 인정은 자동으로 따라온다"라는 생각은 환상에 불과하다.

전문 지식 공유하기 | 주어진 사안에 대해 특별히 더 전문적인 지식을 보유하고 있다면, 그리고 그 지식이 팀원들에게도 도움이 될 것 같다면 해당 지식을 팀원들과 공유하자. 사내 통신망intranet을 통해 뉴스레터를 발송해도 좋고, 개인 블로그나 슬라이드셰어slideshare 같은 프레젠테이션 공유 사이트를 이용해도 좋다. 이때 지나치게 장황한 설명보다는 간결하면서도 효용성에 초점을 맞춘 '압축형' 텍스트를 활용하는 것이 이미지 관리에 더 도움이 된다.

칭찬과 감탄을 아끼지 말기 | 비범형과 은둔형 내향인은 상대방이 제시하는 아이디어에 금세 맞장구치며 엄지손가락을 척 치켜드는 타입은 아니다. 그런 제스처가 부담스럽다면 이메일을 통해 자신의 내향적 성격 때문에 놓쳐 버린 칭찬 기회를 만회하자. "아무개 대리님, 대리님이 좀 전에 말씀하신 내용에 대해 한번 생각해 봤는데, 꽤 괜찮은 제안인 것 같습니다. 그 일을 추진하실 의향이 있으시다면 저도 적극적으로 도와 드리겠습니다"라고 써 보는 것은 어떨까?

지나치게 사무적인 말투 지양하기 | 비범형 내향인은 말을 할 때나 글을 쓸 때 '용건만 간단히' 스타일을 고집한다. 예컨대 상대방이 제안한 약속 시간에 다른 일이 있을 때에도 "내일 오전에는 외근을 해야 합니다. 죄송합니다"라는 식으로 자기가 하고 싶은 말만 하는 식이다. 이 경우, 해당 메일의 수신인은 내가 자기와 만나 의견교환을 하는 데에 관심이 있기라도 한 건지 의심하게 된다. 그런 상황을 피하고 싶다면 지나치게 사무적인 말투는 피하고 조금은 '인간적인' 모습으로 다가가는 것이 좋다. 이를 테면 "아무개 대리님, 죄송합니다. 내일 오전에는 제가 사무실에 없을 것 같은데, 수요일은 어떠신가요? 조만간 만나서 재미있고 생산적인 얘기를 나눌 수 있기를 기대합니다. 요즘 일교차가 심한데 건강 유의하십시오"라고 쓰는 것이다. 이렇게 내용을 조금 추가하는 것만으로도 상대방은 내가 자기를 같은 팀원으로 얼마나 소중하게 여기는지 충분히 느낄 수 있다.

공식적으로 공개하기 | 머릿속에 떠오른 아이디어가 하나의 콘셉트로 잘 정리되었다면, 진행 중인 프로젝트에 내포된 혁신적 장점들을 사보社報에 발표해 보는 것은 어떨까? 혹은 관련 전문지에 기고를 하거나 새로 도출된 연구들을 전문 학회지에 게재해 보는 것은 어떨까? 자신의 지식을 공개함으로써 얻는 효과는 두 가지다. 첫째, 팀내 혹은 사내에서 자신의 이름을 알리면서 입지를 굳힐 수 있다. 둘째, 남이 내 공로를 가로채는 사태를 예방할 수 있다.

프로젝트 리더가 참석하는 회의나 토론이라 해서 없
는 사실까지 동원하며 자신의 능력을 부풀려서 말할 필요는 없다. 자신의 능력과 한
계를 잘 알고 있다는 인상을 심어 주는 것만으로도 충분하다. 팀원들 간의 토론 시 지
켜야 할 세 가지 주요 원칙은 다음과 같다. 첫째, 무언가를 제안하거나 의견을 제시할
때 되도록 긍정적인 표현을 활용한다. 예컨대 "제가 이 프로젝트에 열정을 쏟아 붓는
이유는……", "잘만 하면 금번에 아주 큰 기회를 잡을 수도 있을 것 같습니다. 왜냐하
면……" 등과 같이 말한다. 둘째, 자기 자신을 표현할 때에도 긍정적인 표현을 활용한
다. 예컨대 "제 전공이 그쪽이 아니라서……"라고 하기보다는 "이번 작업을 히는 동안
해당 내용에 대해 많이 배웠습니다"라고 말한다. 셋째, 남들에 대한 칭찬을 아끼지 않
는 편이 모양새도 좋고, 자신감과 여유가 넘친다는 인상도 심어 줄 수 있다. 예컨대 "이
번에 세바스티안이 고객과의 면담 뒤에 한 가지 제안을 했는데, 기술적으로도 충분히
실현 가능한 내용 같습니다. 한번 추진해 보면 어떨까요?"라고 말한다.

47 모든 분야에서 두각을 드러내는 내향인

주도형　섬세형　비범형　은둔형

내향인은 영업과는 거리가 멀다? 인사권을 지닌 이들이 흔히 하는 생
각이다. 내향인 스스로도 "물건 파는 일은 나와는 거리가 멀다"를 생
활신조로 여길 정도니, 인사 담당자들을 비난만 할 수는 없다. 아무한
테나 무작위로 전화를 걸어야 하는 텔레마케팅은 내향인에게 적합지
않다. 만일 내향인이 낯선 사람에게 물건을 팔아야 한다면 아마 10년
도 더 전에 직장을 때려치웠을 것이다.

한 가지 희소식은 모두가 착각하고 있다는 사실이다. 내향인도 영업사원이 될 수 있다. 적어도 외향인만큼의 자질은 발휘할 수 있고, 때로는 외향인보다 더 나은 실적을 기록할 수도 있다. 까다로운 고객일수록, 고품질의 서비스일수록, 복잡한 구조의 제품일수록 고객을 설득하고 밀어붙이고 강요해야 할 필요성이 줄어든다. 전문용어로 표현하자면 '푸시마케팅push marketing'을 할 필요가 없어지는 것이다. 푸시마케팅은 필요하다고 생각지 않았던 물건을 구입하게 만드는 기법인데, 고객 입장에서도 그다지 달갑지 않을 것이다.

이러한 푸시마케팅을 가장 잘 체험할 수 있는 장소는 병원이다. 의사가 국민건강보험이 적용되지 않는 약을 처방해 주면서 "조금 비싼 약이기는 하지만 건강을 위해 이 정도는 투자하셔야죠"라고 말하는데, 과감하게 싫다고 말하는 환자는 거의 없을 것이다.

그런데 요즘은 마케팅 트렌드가 바뀌고 있다. 해당 물건을 필요로 하는 고객들에게 다양한 솔루션을 제안하면서 고객 스스로 물건을 '끌어당기도록' 만드는 '풀마케팅pull marketing'으로 옮겨 가고 있는 것이다. 풀마케팅에서는 미사여구로 고객을 현혹할 필요도 없고, 지나치게 굴종적인 태도를 취할 필요도 없다. 그럼에도 불구하고 원하는 결과를 얻어 낼 수 있기 때문이다. 관련 사례 한 가지를 살펴보자.

지인이 인테리어 업체 한 곳을 소개시켜 주었다. 그런데 막상 가보니 그다지 마음에 들지 않는다. 인테리어 디자이너라는 사람이 상냥한 맛이라고는 전혀 없고, 뭐가 그리 불안한지 자꾸만 머리칼을 만지작거린다. 표정도 긴장한 듯하고, 말투에서도 자신감이 묻어나지 않는다. 자신의 상품이나 서비스를 홍보하기 힘들어 하는 전형적인 내향인이었다. 그런데 추천해 준 소파 커버를 보니 좀 놀랍다. 전혀 생각지 못했던 제품인데, 의외로 상당히 마음에 든다. 새 소파 커버를 씌워 놓은 시뮬레이션 화면을 보니 거실이 한결 아늑해 보인다. "혹시 모르니 이것도 한 번 보세요"라고 하면서 디자이너가 내민 무늬 있는 천들도 꽤 마음에 든다. 나도 모르게 "우와!"라는 감탄사가 나온다. 그 천으로는 쿠션 커버를 만드는 게 좋을 것 같다. 이참에 오래된 의자 커버도 교환해야겠다. 그 디자이너가 과연 어떤 제품을 추천할지 궁금해진다.

풀마케팅의 생명은 구매자, 의뢰인, 환자에게 다가감으로써 고객과의 신뢰를 구축하고, 나아가 고객의 니즈를 정확하게 파악한 뒤 관심이 갈 만한 제품이나 서비스를 제안하는 것이다. 내향인은 그 모든 분야에서 두각을 나타낸다.

신중한 준비와 긴 호흡 | 고객 관리와 영업은 제품 홍보에서부터 시작된다고 봐도 무방하다. 즉 웹사이트나 자신의 프로필을 업데이트하는 것, 상품을 눈에 잘 띄게 포지셔닝하는 것에서부터 시작된다. 내가 제공하는 제품이나 서비스를 검색한 고객들은 웹사이트 내용을 검토한 뒤 좀 더 자세히 알아볼지 말지를 결정할 것이다. 가격 문의나 제품 관련 면담을 요청할 수도 있다. 그렇게 되기 위해서는 미리미리 홍보 작업에 착수하는 것이 좋다. 풀마케팅에는 신중한 준비와 긴 호흡이 요구되는데, 이는 내향인의 전형적인 장점들이다.

침착함과 인내심 | 내향인은 대개 강하게 밀어붙이지 않으면서도 상대방을 설득하는 힘을 지니고 있다. 침착한 태도가 오히려 상대방에게 신뢰감을 심어 주는 셈이다. 특히 구매력이 높은 고객일수록 신중하게 결정을 내리고 싶어 하는 경향이 있는데, 강요하는 태도는 오히려 마이너스가 될 때가 많다.

경청과 적확한 질문 제기 | 고객 개개인의 니즈를 정확하게 판단할수록 성공적 판매로 이어질 확률이 높다. 면담할 때 고객의 말에 귀를 더 기울일수록, 보다 적확한 질문을 제기할수록 고객의 니즈를 제대로 판단해 알맞은 제안을 할 수 있으며, 서비스나 상품의 장점과 효용을 더 잘 설명할 수 있다.

전문 지식과 핵심 찌르기 | 요즘 고객들은 모두가 뛰어난 정보력을 보유하고 있다고 해도 틀린 말이 아니다. 그뿐 아니라 최고의 서비스와 최상의 안내를 받고 싶어 한다. 한마디로 구매 과정 전체가 기분 좋은 경험이 되기를 기대하는 것이다. 그러기 위해서는 전문 지식이 있어야 한다. 어설픈 지식으로 장황한 설명을 늘어놓는 행위, 확실한 수치나 증거는 제시하지 않은 채 무조건 좋은 물건이라고 자랑만 해대는 행위, 은근한 압박을 가하는 행위들은 고객을 자극하고 분노만 일으킬 뿐이다. 제품을 소개할 때 세부적인 사항까지 모두 다 설명하려고 욕심내지 말자. 고객이 진정 관심 있어 할 포인트 몇 개만 소개하면서 핵심을 찌르는 것이 더 중요하다.

충성도와 고객 관리 | '자동차 왕' 헨리 포드는 "자동차의 판매는 거래의 종료 시점이 아니라 관계의 시작 시점이다"라는 유명한 말을 남겼다. 내향인이라면 아마 포드의 말에 고개를 끄덕일 것이다. 인맥을 넓히는 것보다 소수의 몇몇 사람과 긴밀한 관계를 유지하는 것을 더 좋아하는 내향인의 성향과 포드의 말이 들어맞기 때문이다. 반면 외향인 중에는 "명함은 많은데, 언제 어디서 만난 사람에게 받았는지는 잘 기억나지 않아"라고 말하는 이들이 꽤 있다. 새로운 고객을 많이 확보하려고 욕심을 부리는 것보다 기존 고객을 철저하게 관리하는 편이 장기적으로 더 효과적이다. 지금 해당 고객들에게 제시할 수 있는 상품이 없다 하더라도 중요한 기념일을 맞은 고객에게 축하 카드를 보내거나 회사 행사에 초대해 보자. 해당 고객은 분명 나를 믿을 만한 사람으로 기억하고, 때가 되면 분명 다시 나를 찾을 것이다.

기·억 노·트   내향인은 자신이 제공하는 제품이나 서비스의 장점을 장황하게 늘어놓는 재주가 없다. 그렇다면 미국의 마케팅 전문가 딘 잭슨Dean Jackson이 활용한 방식을 따라 해보는 것은 어떨까? 잭슨은 잠재 고객 리스트에서 자신이 판매 중인 상품에 관심이 있을 만한 사람을 선별한 뒤 "원하시는 상품을 아직 못 찾으셨나요?"라는 질문 하나만 달랑 담긴 메일을 발송했다. 그 이전에 주택 마련에 관심 있는 고객들에게 "아직도 조지타운에서 마음에 쏙 드는 주택을 찾지 못하셨나요?"라는 내용의 매우 짧은 메일을 발송했는데, 그것이 바로 해당 마케팅 아이디어의 출발점이었다. 해당 메일에는 그 어떤 추가 정보도, 어떤 설명도, 어떤 약속도 담겨 있지 않았다. 해당 메일의 목적은 호기심을 자극함으로써 고객과의 관계를 구축하는 발판을 마련하는 것이었는데, 실제로 많은 고객들이 답변을 보내왔다고 한다.[66]

내향인은
리더의 자리에 어울린다

외향인이나 내향인이나 승진에 한계는 없다. 내향인 중에는 래리 페이지처럼 구글을 창립한 이도 있고, 엘리자베스 2세처럼 영국이라는 나라를 대표하는 이도 있고, 타이거 우즈처럼 스포츠계의 최정상에 오른 이도 있고, 메릴 스트립처럼 오스카상을 거머쥔 이도 있고, 잭 킬비처럼 집적 회로라는 획기적인 기술 개발로 세상을 변화시킨 이도 있다.

워렌 버핏부터 안젤리나 졸리에 이르기까지, 전 세계를 주름잡으면서 커다란 영향력을 발휘하는 거물들 중 많은 이들이 내향인이다. 사회 각 분야의 지도층에 오른 그 유명 인사들이 정계와 재계에서 발휘하는 파워는 그야말로 엄청나다. 수많은 일자리와 기업의 매출액, 사회적 발전 등이 안젤리나 졸리의 광고 효과와 모범적 자선 활동,

미국의 바이올리니스트 힐러리 한의 음악적 재능, 스티븐 스필버그의 창의력에 좌지우지되고 있다. 이번 장에서는 내향인이 리더의 지위에 오르기 위해 어떤 노력들을 기울여야 하는지, 나아가 내향적 성격이 왜 리더의 자리에 어울리는지 등을 살펴보고자 한다.

48 틈새시장을 공략하는 방법

주도형 | 섬세형 | 비범형 | 은둔형

주도형 내향인에게는 리더의 자리에 오르고, 꿈을 실현하고, 최고의 위치에까지 도전하고자 하는 욕망이 내재되어 있다. 나머지 세 유형은 그렇지 않다. 합리적 사고방식의 소유자인 주도형 내향인은 인사 결정권자들이 요구하는 조건들을 이미 갖추고 있지만 섬세형, 비범형, 은둔형 내향인은 특별히 노력하지 않으면 인사 결정권자의 레이더망 밖으로 벗어나기 일쑤다. 그 세 유형들은 대개 타고난 천성에 충실하게 늘 보이지 않는 곳에서 조용히 일을 처리하고, 지나치게 혁신적이어서 아직은 많은 이들이 납득하지 못할 아이디어들을 제시하며, 승진과 성공 전략에 대해서는 무관심한 편이고, 그래서 늘 기회를 놓치고 만다. 본인들 입장에서는 화가 나지 않을 수 없다.

하지만 실망하고 화내기보다는 좀 더 전략적으로 계획을 짜고 '틈새시장'을 노려야 한다.

예컨대 전문화, 차별화를 추구하면 진부한 스펙 쌓기만 고집하는 경쟁자들보다 확실히 앞서갈 수 있다. 참고로 이 방법은 비범형 내향인에게 특히 더 적합하다. 남들에 비해 한 분야에 더 깊이 몰입하는 비범형 내향인은 반드시 필요한 사람, 없어서는 안 될 사람, 대체 불가능한 사람이 될 기질을 타고났기 때문이다. 시기가 조금 늦어질 수는 있지만 주변 사람들 모두가 결국에는 비범형 내향인의 전문성을 인정하게 될 것이다.

안나 윈투어도 그런 경우였다. 윈투어는 삼십대 초반에 이미 유명 패션 잡지들의 편집장 자리를 두루 섭렵하며, '패션계의 여왕'이라는 별명까지 얻었다. 이에 세계적 권위의 '콩드 나스트Condé Nast 출판그룹'의 경영진들은 어떤 대가를 치르더라도 윈투어를 반드시 〈보그〉의 편집장 자리에 앉히겠다며 눈독을 들였다. 윈투어 입장에서는 자신이 13세부터 꿈꾸어 온 바로 그 자리를 제안받은 셈이었다. 그런데 〈보그〉 쪽에서 윈투어에게 러브콜을 보낼 당시, 사실 편집장 자리는 공석이 아니었다. 윈투어를 자기 사람으로 만들고 싶었던 〈보그〉는 두 배나 높은 연봉을 제시하는 한편, 상상 가능한 모든 결정권을 주었다. 그리고 '크리에이티브 디렉터'라는 새로운 직책까지 마련하면서 결국 스카우팅에 성공했다.

리더의 지위에 오르기 위한 또 다른 대안은 경쟁률이 낮은 곳을 공략하는 것이다. 그런데 이러한 틈새시장 공략에는 내면의 목소리에 귀를 기울이는 신중한 태도가 필요하다. 따라서 이 방법은 섬세형과 은둔형 내향인에게 적합하다고 할 수 있다. 예컨대 대학에서 전국

적으로 학과가 몇 군데밖에 개설돼 있지 않은 독특한 분야를 전공한
다든가, 얼핏 보기에는 서로 무관하게 보이는 두 가지 직업을 가진다
든가, 치밀한 승진 전략 따위는 잠시 잊고 자기가 좋아하는 일이나
자기가 가치 있다고 생각하는 일에 몰두하다 보면 남들이 갖지 못한
능력을 보유하게 되는 것이다.

　다람쥐 쳇바퀴 돌듯이 돌아가는 직장생활에서 벗어나 독특한 직
업을 가질 때 주어지는 장점은 매우 많다. 스스로 많은 것들을 결정
할 수 있고, 자신의 잠재력을 더 잘 계발할 수 있으며, 아이디어나 이
상을 실현할 수 있는 기회도 더 많아진다. 하지만 더 큰 자유를 위해
치러야 하는 중대한 대가가 한 가지 있다.

낮은 경쟁률만큼이나 시장의 규모도 작다는 것이다.

　예컨대 어느 잘나가던 수의사가 중병을 앓게 되었다고 가정해 보
자. 당연히 처음에는 병원을 찾았을 것이다. 하지만 첨단 현대 의학조
차도 손쓸 수 없는 부분이 있었다. 그녀는 반신반의하며 동종요법을
이용했는데, 신기하게도 효과를 보았다. 그런 일을 직접 겪은 후 그
녀는 동물 치료에도 동종요법을 적용해 보기로 했다. 아니, 오직 동종
요법만 활용하기로 결심했다. 주변에 그녀처럼 동종요법을 활용하는
수의사는 한 명도 없었다. 그야말로 완벽한 틈새시장이었다. 그런데
거기에도 일장일단이 있었다. 동종요법에 관심이 있는 애완동물 주
인들은 멀리에서 찾아오는 수고도 마다하지 않은 반면, 해당 요법에
대해 잘 알지 못하는 일반 고객들의 수는 확연히 줄어들었다.

분명한 사실은 널리 알려진 승진 비법들이 성공 확률이 더 높다는 것이다. 그럼에도 불구하고 남들이 가지 않은 길, 새로운 길을 개척하겠다고 결심했다면 거기에 따르는 단점도 감수해야만 한다. 즉 경제적인 손실을 감당할 만한 재력도 어느 정도 있어야 하고, 감정적으로도 지나치게 좌절하거나 괴로워하지 않을 자신이 있어야 한다. 또 때로는 사회적 지위보다는 일 자체에서 오는 보람을 더 중시하는 태도도 요구된다.

기·억 노·트   비범형 내향인이 일 자체에 집중하는 편인 데 반해, 섬세형과 은둔형 내향인은 보람과 자부심을 느낄 수 있는 일들을 더 선호하는 편이다. 또 유형을 불문하고 내향인 전체가 돈이나 명예, 특권 등에 덜 얽매이는 편이다. 이에 따라 내향인은 자기만의 고유한 길, 새로운 길을 개척하는 분야에 있어서도 외향인보다는 심리적으로 더 뛰어나다고 할 수 있다. 따라서 열심히 노력하면 해당 분야에서 최고의 자리에 오를 수 있다. 전망 또한 그리 나쁘지 않다. 초고속 승진의 시대는 어차피 지나갔다. 지금은 자주적 생각, 창의적 생각을 지닌 이들이 더 큰 기회를 잡을 수 있는 시대다.

㊾ 곁에 두면 좋을 직원들

주도형   섬세형   비범형   은둔형

독일의 대형마트 체인인 '알디 쥐트Aldi Süd'의 창업자인 카를 알브레히트Karl Albrecht는 독일 기업인 중 가장 성공한 이들에 속한다. 어머니가 운영하던 구멍가게를 조금씩 확장시켜 나가다가 1960년대 들어 세계 9대 슈퍼마켓 체인점으로 키워 냈다. 알브레히트는 2000년대 들어서까지 독일 최대의 할인마트 체인을 직접 경영하다가 지금은 가족의 일원이 아닌 전문 경영인에게 '알디 제국'의 미래를 위임했다. 대중들이 그에 대해 알고 있는 것은 딱 여기까지다. 자선 행사나 경제인 모임에서도 사진 찍히는 일이 거의 없었다.

독일의 시사주간지 〈포쿠스Focus〉는 알브레히트의 90번째 생일로 '추정되는' 날에 즈음해서 특집 기사를 냈는데, 거기에는 "알브레히트의 대중기피증 수위는 아마 그룹 전체의 자산 규모보다 더 높을 것이다"라고 적혀 있었다.

알브레히트의 사례는 극단적인 내성적 성격에도 불구하고 충분히 사업을 일으키고 고위직에 오를 수 있다는 사실을 보여 준다. 유쾌한 성격에 달변가인 외향인이 관리직, 경영직에 더 적합하다는 생각이 아직도 많은 기업들에서 지배적으로 통하는 것은 사실이다.

하지만 이제 그런 시대가 지나가고 있다는 것을 입증하는 증거들이 속출하고 있다. '기업경영 2030Unternehmensführung 2030'이라는 표제 하에 실시된 동향 연구 결과, 앞으로는 기업 문화가 지금보다 민주적인 방향으로 흘러갈 것이라는 결론이 나왔다. 인적 자원 관리 전문가인 토마스 자텔베르거Thomas Sattelberger는 "요즘 직원들은 주어진 업무만 처리하는 사람들이 아니다. 각자 자기만의 개성을 지닌 요즘 직원들은 점점 더 스스로 근무 환경을 결정짓고 싶어 한다"[67]라는 말로 그러한 시대적 변화의 이유를 설명했다.

서열을 중시하며 위에서 아래로 명령을 하달하는 식의 기업 문화는 점점 힘을 잃어 가고 있다. 이제 그 자리는 직원들에게 기회를 제공하는 기업 문화로 대체되고 있는데, 내성적 성격의 경영자에게는 그야말로 '맞춤형' 시대 변화라 할 수 있다.

미국 펜실베이니아대학교 와튼스쿨Wharton School of the University of Pennsylvania의 교수인 아담 그랜트Adam Grant는 대학생들을 대상으로 대규모 실험을 실시했다. 그랜트 교수는 참가자들을 몇 개의 그룹으로 나눈 뒤 '티셔츠 빨리 접기 대회'를 개최했다. 가장 많은 티셔츠를 접은 팀원들에게는 아이팟 한 대씩을 주기로 약속했다. 본격적인 실험에 앞서 그랜트 교수는 피실험자들 모르게 상황을 조금 조작했다. 몇몇 팀은 내향적 성향의 멤버들로, 나머지 팀은 외향적 성향의 멤버들로 구성한 것이다. 그뿐 아니라 몇몇 팀에는 '티셔츠 접기의 달인들'을 섞어 넣었다. 자, 결과는 어땠을까? 어떤 팀이 주어진 시간 내에 가장 많은 티셔츠를 접었을까?

아이팟은 결국 티셔츠 접기 전문가가 포함된 내향인 그룹에게 돌아갔다. 그 이유는 내향인 그룹의 리더가 훌륭한 아이디어를 제시한 멤버의 의견을 수용하고, 모두가 그 의견을 실행에 옮기도록 유도했기 때문이었다. 반면 외향인 그룹의 리더는 누군가가 특별한 아이디어를 제시하며 자신의 권위에 도전하는 것을 불편하게 여겼다. 한 가지 재미있는 사실은, 전문가가 포함되지 않은 외향인과 내향인 그룹에서는 그와 완전히 상반되는 결과가 나왔다는 것이다. 외향인 리더는 우물쭈물하는 수동적 팀원들이 바삐 움직이도록 끊임없이 격려하고 명령한 반면, 내향인 리더는 그러지 못했던 것이다. 결론적으로 두

가지 경영 스타일 중 어느 편이 더 효율적인지는 팀원들의 성향에 달려 있다고 할 수 있다.

시키는 일을 잘 처리하는 팀원들에게는 외향인 리더가 적합하고, 자주적 사고방식과 참여의식을 지닌 팀원들에게는 내향인 리더가 적합하다.

그런 면에서 내향인이야말로 미래형 경영자라 할 수 있다. 교육 수준이 전반적으로 높아지면서 결정 과정에 기꺼이 참여하고 의견을 제시하려는 직원들이 많아질 게 분명하기 때문이다. 그러한 직원들의 요구를 무시하는 독단적인 상사는 결코 승자가 될 수 없다. 알디 그룹의 경영권이 창업자에게서 외부 경영자에게로 순조롭게 이전될 수 있었던 이유도 창립자인 알브레히트가 내향적 경영자의 최대 장점, 즉 머리 좋은 직원들을 곁에 두면서 그들의 의견에 귀를 기울인다는 장점을 간파한 덕분이었다.

기·억 노·트   내향인이 외향인보다 더 나은 리더라고 단정할 수는 없다. 하지만 창의력과 실력을 겸비한 직원이 곁에 있다면 얘기는 달라진다. 따라서 경영자 위치에 있는 내향인이 승자가 되려면 열정과 참여의식이 가득한 직원들을 늘 곁에 두어야 한다. 특정 프로젝트를 위해 구성된 팀원이든, 인턴사원이든, 혹은 외부에서 파견된 직원이든 상관없다. 자기 주변에 총명한 직원들이 많으면 많을수록 좋다. 단, 하달된 명령을 충실히 수행하는 직원들의 비율이 높은 곳에서는 내향인보다는 외향인이 리더 역할을 맡는 것이 적절하다.

㊿ 내향인 리더의 전형적인 강점

주도형 섬세형 비범형 은둔형

내향인과 외향인은 경영 스타일이 다르다. 외향인 리더는 직원들에게 활력을 심어 주고 자극을 제시하는 반면, 내향인 리더는 직원들의 말을 경청하고 신중한 반문으로 설득한다. 둘 중 무엇이 더 좋고, 무엇이 더 나쁘다고 말할 수는 없다. 서로 방식이 다를 뿐이다. 그런데 전문 지식을 적극 활용하고 싶어 하는 직원들이 많을수록 강압적 명령과 거리가 먼 내향인 리더가 더 적절하다. 세계적 기업들 중에서도 내향적 성향의 경영자 덕분에 성공을 이뤄 낸 사례가 적지 않다.

미국경영협회AMA, American Management Association에서 디지털미디어 제작국 국장을 맡고 있는 데이브 섬머스Daver Summers는 특히 아시아 지역에서 외향인 리더의 실패율이 높다고 지적한다. 요즘 시대에는 경청 능력이나 업무 자체에의 집중력이 그 어느 때보다 절실한데, 그 분야들에 있어 대개 내향인이 외향인보다 강점을 보이기 때문이다. 자, 이쯤에서 내향인 리더의 전형적인 강점들을 한번 살펴보기로 하자.

장기적 안목으로 계획 세우기 | 내향인은 즉흥적으로 무언가를 결정 내리는 법이 거의 없다. 업무 자체에 집중하는 경향을 지닌 주도형과 비범형 내향인에게 있어 사안에 대한 철저한 조사는 절대 건너뛸 수 없는 업무의 시작점이다. 관계를 중시하는 섬세형과 은둔형 내향인 역시 덮어놓고 밀어붙이는 식의 행위를 상상조차 하지 못한다. 주어진 옵션들을 꼼꼼하게 평가하고, 잠재적 리스크들을 탐색하며, 팀원

들이 갈팡질팡할 때에도 전체적 맥락을 놓치지 않으며 모두에게 숨 고르기를 할 시간을 주는 것, 그 점이야말로 바로 내향인 리더가 지 닌 성공의 첫 번째 열쇠다.

지위에 대한 안정감 | 내향인은 외향인에 비해 보상이나 승진에 대한 집착이 덜한 편이다. 현재의 자리를 보전하기 위해 필사적으로 애쓰 지도 않는다. 훌륭한 일 처리 자체에서 보람을 느끼고, 그것이 곧 성 공으로 이어진다고 믿기 때문이다. 이에 따라 내향적 성격의 리더는 자기주장만 고집하는 대신 팀원들의 생각과 의견을 존중하고, 훌륭 한 팀원을 더더욱 격려한다. 실력이 뛰어난 팀원을 자신의 지위를 위 협하는 존재로 간주하지 않기 때문에 가능한 일이다. 즉 훌륭한 팀원 을 존중하고 격려하는 태도는 내향인 리더가 지닌 두 번째 성공의 열 쇠다.

경청과 적확한 질문 | 내향인 리더는 대체로 강압적이지 않다. 탁상을 쾅쾅 내리치는 일은 거의 없다. 그보다는 뒤에서 조용히 팀원들을 올 바른 방향으로 유도하는 편인데, 이때 타고난 경청 능력을 적극 활용 한다. 나아가 중재자 입장에서 적당한 시점에 건설적 질문들을 제시 하며 팀원들 간의 단합을 이끌어 내고, 팀원들 스스로 해결책을 찾도 록 격려하며, 팀원들과 함께 여러 가지 선택 사항들을 평가한다. 그 덕분에 리더와 팀원들 사이에 긴밀한 대화가 가능해진다. 팀원들은 리더가 자신들의 가치를 인정해 주고, 자신들을 지원해 줄 것이라는 신뢰를 지니게 된다. 즉 내향인 리더의 세 번째 성공의 열쇠는 바로

대장이 아닌 스승 역할에 있다.

침묵과 간결성 | 경청과 더불어 팀원들의 두뇌를 가동시키는 중대한 도구가 하나 더 있다. 바로 침묵이다. 높은 지위에 있을수록 침묵할 수 있는 권리를 더 많이 누린다. 리더는 많은 말을 할 필요가 없다. 가끔씩 아이디어를 제시하는 것만으로 충분한데, 그 아이디어를 무시할 팀원은 아무도 없다. 그렇게 끝까지 침착하게 경청한 뒤 리더는 결론을 내린다. 침묵과 간결성, 이것은 내향인 리더가 지닌 네 번째 성공의 열쇠다.

자기성찰과 공감능력 | 내향인 리더는 자신과 자신이 담당한 팀에 대해 늘 성찰하고 팀원들의 입장에서 생각해 보려고 노력한다. 또 내향인 팀원이 소외될 수 있다는 사실을 누구보다 잘 알기 때문에 외향적 성향의 팀원들의 활발한 의견 제시를 존중하는 동시에 내향적 성향의 팀원들이 뒷전으로 밀려나지 않도록 배려할 줄도 안다. 자기성찰과 공감능력, 이것이 바로 내향인 리더가 지닌 다섯 번째 성공의 열쇠다.

기·억 노·트 　　　　내향인 리더는 충분한 생각 끝에 결론을 내린다. 이에 따라 팀원들은 자신들의 상사가 결코 즉흥적으로 무언가를 결정하는 사람이 아니라는 데에 적응해야 한다. 즉 어떤 의견을 제시했을 때 상사가 즉석에서 칭찬하고 격려해 주는 일이 드물다는 사실을 알고 있어야 한다. 이때 내향인 리더는 "훌륭한 아이디어를 제시해 줘서 고마워요. 이따가 그 부분에 대해 찬찬히 생각해 볼게요"라든가 "아, 알려 줘서 고마워요. 매우 중요한 정보 같은데, 나중에 그 부분에 대해 생각을 좀 정리해 봐야겠어요"라는 설명을 덧붙이는 것이 좋다. 언제까지 답변을 주겠노라고 미리 알려 주면 더더욱 금상첨화다. 이런 정보와 예고들을 통해 신뢰가 구축된다. 나아가 리더의 신중한 성향을 알기에 팀원들도 보다 사려 깊은 아이디어와 의견을 제시하게 될 것이다.

🔢 더 큰 성과를 올리는 잠깐의 휴식

주도형   섬세형   비범형   은둔형

경영은 무언가를 제시하고, 중재하고, 근거를 제시하고, 인재를 확보하는 행위다. 그러려면 좀 더 개방적인 태도로 자신을 더 많이 드러내기도 해야 한다. 천성이 내성적이라 하더라도 외향적 태도를 취할 줄 알아야 한다는 말이다. 실제로 훌륭한 내향인 리더들 중에는 타고난 외향인과 거의 구분이 되지 않을 정도로 외향인 역할을 완벽하게 수행하는 이들이 많다. 하지만 그 둘 사이에는 비록 눈에 보이지는 않지만 분명한 차이가 있다.

고객이나 직원, 동료와의 면담, 회의, 대화 등에 집중하고 나면 내향인은 피로감을 느끼지만 외향인은 그렇지 않다.

즉 내향인 리더는 피로를 풀어 줄 방법을 찾아야 한다. 휴식과 재충전에 가장 좋은 장소는 자신의 집무실이다. 기업의 경영자나 자영업자라면 눈치 보지 않고 자신의 에너지를 배분할 수 있는 권한과 자유를 누린다. 업무를 직접 지시하거나 결정하고, 시간 조절이 자유롭고, 커뮤니케이션 수단과 채널을 직접 선택하고, 약속 장소와 시간을 스스로 결정하고, 자기만의 사무실을 지니고, 나를 돕는 것이 자신들의 업무인 사람들에 둘러싸여 있는 것이다.

'방랑하는 과학자Wandering Scientist'라는 이름의 블로그를 운영하고 있는 어느 여성 과학자는 "승진이 시작된 시점부터 일은 점점 더 어려워지고 스트레스도 많아졌지만 작업 환경은 더 단순해졌어요. 일정 조정이 더 쉬워졌고, 가끔은 재택근무를 선택할 수도 있어요. 이러한 자유를 우리 직원들에게도 누리게 해주고 싶지만, 분명 그러한 내 뜻이 완벽하게 이루어지지는 않을 것 같아요. 사실 그렇게 해야겠다는 생각조차 하지 못하는 리더들이 더 많겠죠"라고 썼다.

내향인 '리더'는 내향인 '평사원'이 감히 꿈도 꾸지 못할 특권들을 많이 누린다. 무엇보다 언제, 누구를 위해, 얼마나 오랫동안 일할지를 스스로 결정할 수 있다. "마저 끝내야 할 일이 있어서 이만……"이라며 회의장을 일찍 빠져나가도 아무도 뭐라 하지 않는다. 바쁠 때엔 "귀중한 시간, 내주셔서 감사합니다"라는 말로 전화 통화나 대화를 끝낼 수도 있다. 마라톤 회의를 앞두고 차 한 잔을 마시며 여유를 갖거나 두 개의 약속 사이에 잠깐 짬을 내어 공원을 한 바퀴 산책한다 해서 항의하는 사람도 없다. 잠깐의 휴식은 결코 시간 낭비가 아니다. 오히려 두뇌 활동을 더 활발하게 해주는 활력소다.

내향적 성향의 결정권자도 외향적 성향의 결정권자
만큼 협상과 설득, 조정 같은 업무들을 잘해 낼 수 있다. 그런 업무에 자신이 없었다면
그 자리에 오를 수도 없었을 것이고, 설령 기회가 주어졌다고 해도 아마 사양했을 것
이다. 단, 내향인 리더는 그런 업무들 때문에 외향인보다 더 쉽게 지치는 경향이 있고,
피로 회복과 재충전에도 더 많은 시간을 필요로 한다. 따라서 평소에 자신의 에너지
를 적재적소에 배분하고, 에너지가 소진되지 않도록 주의하는 것 역시 리더가 감당해
야 할 업무의 일부로 간주해야 한다. 내향인은 특히 대화나 회의 등 사람과 부딪히는
일에서 쉽게 지치곤 하는데, 그런 현상을 방지하기 위해 다음 세 가지 원칙들을 실천해
보자. 첫째, 회의의 지속 시간을 미리 정해 둔다. 둘째, 되도록 소규모로 회의를 개최한
다. 셋째, 내향인과 외향인 모두 참여할 수 있도록 의사결정 과정을 조정한다. 다시 말
해 회의의 횟수와 지속 시간은 줄이되, 철저한 준비로 더 큰 성과를 내도록 유도해야
한다. 또 너무 많은 이들이 참석하는 회의보다는 소규모 회의를 자주 열고, 멍하니 앉
아만 있거나 상사가 일방적으로 지시를 하달하는 식의 회의 대신 효율적 의사소통을
촉진함으로써 참석자들을 하나로 묶어 주어야 한다.

🔢 최고경영자의 조건

주도형 섬세형 비범형 온둔형

결국에는 그런 때가 찾아온다. 전문가로 알게 모르게 인정받으면서
좋아하는 일을 하는 것만으로는 충분히 만족스럽지 않을 때 말이다.
물론 일 자체는 예나 지금이나 늘 재미있다. 하지만 실력이 내 절반
밖에 되지 않는 동료는 계속 승진하는데, 나는 제자리걸음만 하고 있

다면 제아무리 비범형 내향인이라 하더라도 결국에는 더 많은 것을 원하게 된다. 더 많은 영향력을 발휘하고 싶고, 더 많은 인정을 받고 싶고, 더 많은 돈을 벌고 싶은 마음이 든다. 이 말은 곧 높은 자리에 오르고 싶어진다는 뜻이다. 제아무리 기업의 서열 문화가 사라져 가고, 전문적 능력이 더 높이 평가되는 추세라 해도 한 가지 사실은 변함이 없다.

더 많은 영향력을 발휘하고 싶다면 결국 높은 지위에 올라야 한다. 그게 아니라면 자영업으로 전환하는 수밖에 없다.

그런데 고위직에 오른다는 말은 원만한 대인관계와 철저한 인맥 관리, 이미지 관리를 의미하기도 한다. 비범형 내향인에게 있어서는 딴 세상 얘기처럼 낯설게만 들릴 것이다. 전문적인 업무 처리라면 누구보다 자신 있지만, 사람 대하는 일은 영 소질이 없기 때문이다.

야후의 CEO 마리사 메이어도 "그런 사람들이 있다. 복도에서 거의 부딪칠 뻔했는데도 절대로 먼저 미안하다고 말하지 않는 사람 말이다"라고 말한다.[68] 사실 메이어도 비범형 내향인이다. 하지만 메이어는 표지 모델이 되어 달라는 〈보그〉의 요청도 기꺼이 받아들였다. 그 이면에는 최고경영자가 되려면 전문적인 능력과 지식만으로는 충분치 않다는 철저한 깨달음이 숨어 있었다. 그렇다면 최고위층에 도달하기 위해서는 실력 외에 또 어떤 것들이 요구될까?

직책에 걸맞은 옷차림 | 뼛속까지 비범형 내향인인 이들은 옷차림보

다는 실력으로 말하는 걸 좋아한다. 고객과의 약속 자리에 영업 사원 한 명과 비범형 내향인인 IT 기술자가 함께 가게 되었다고 가정해 보자. 영업 사원은 깨끗하게 다림질된 정장에 전반적으로 말쑥한 차림인데, IT 전문가는 다 해어진 캐주얼 셔츠 바람으로 나타났다면 고객은 분명 그 전문가의 실력까지 의심할 것이다. 직장에서의 패션 코드와 관련된 기본 수칙이 하나 있다. 고객과의 면담이나 강연, 혹은 공식 모임에 갈 기회가 생겼다면 자기가 오르고 싶은 바로 그 직책에 어울리는 옷차림을 하라는 것이다.

전문 지식을 설명하는 능력 | 비범형 내향인은 자기 분야에서만큼은 둘째가라면 서러울 만큼 전문가들이다. 문제는 자기가 아는 어려운 내용을 귀에 쏙쏙 들어오게 설명하는 재주가 없다는 것인데, 그 때문에 상사나 고객들은 무시당하고 있다는 느낌을 받거나 상대방의 전문적 기술을 제대로 평가하지 못하는 경우가 많다. 인정과 성공을 바란다면 내가 보유하고 있는 전문 지식을 홍보하고 설명하는 능력도 키워야 한다. 이로써 내가 자신만의 세계에 갇혀 있는 사람이 아니라 상대방의 입장도 배려하고 있다는 긍정적 인상을 심어 줄 수 있다. 이는 고위직 경영인들도 반드시 갖추어야 할 미덕이다.

거시적 관점 | 전문 지식과 혁신력은 어떤 분야에 종사하든 상관없이 모든 경영자가 갖춰야 할 능력이다. 건설적 제안을 할 수 있어야 하고, 보유한 전문 지식 덕분에 쉽게 속아 넘어가지 않으며, 언제 어디서든 모든 것을 통제할 수 있는 능력도 갖추어야 한다. 그런데 최고

관리자의 경우, 세부 사항에 일일이 간섭하는 것보다는 전체적인 흐름과 구조를 파악하는 능력이 더 중요하다. 시장성 평가나 고객의 니즈를 정확하게 파악하는 능력이 더 요구되는 것이다. 물론 세부 업무를 진행하는 직원들과의 커뮤니케이션도 중요하다. 직원들의 설명을 적어도 어느 정도는 이해할 수 있을 만큼의 지식은 갖추고 있어야 한다. 지나치게 전문적인 부분은 몰라도 좋다. 한 가지 분야에 대해 완전히 꿰뚫고 있는 것보다는 여러 방면에 '조금은 덜 전문적인' 지식을 갖추고 있는 편이 경영자에게 더 유리하기 때문이다.

공감능력 함양하기 | 모두가 늘 효율적, 합리적으로만 행동하는 것은 아니다. 누구나 알고 있는 사실이지만 구체적 상황에서 그 사실을 받아들이는 일이 늘 쉽지만은 않다. 경영인을 대상으로 하는 각종 세미나에서 강연자가 공감능력을 늘 강조하는 것도 그 때문이다. 비범형 내향인 리더라면, 예컨대 일대일 면담 등을 통해 더더욱 직원들과의 소통에 신경을 써야 한다.

직원들에게 결정권 부여하기 | 여러 번 강조했듯 비범형 내향인은 자기 분야에 있어서는 다들 전문가다. 결과물에 대한 기대치도 높은데, 그 때문에 직원들은 지치거나 절망한다. 마리사 메이어나 안나 윈투어가 대표적 사례들이다. 그럼에도 불구하고 둘 다 성공했다. 둘 다 명석한 두뇌를 지닌 뛰어난 직원들의 제안을 받아들였기 때문이다. 상사가 부하 직원에게 늘 명령만 내린다면, 혹은 자기결정권을 전혀 허락지 않는다면 반발심만 커질 뿐이다. 나아가 직원들의 사기는 바

닥을 칠 것이고, 결국에는 그 어떤 직원도 스스로 아이디어를 내서 무언가를 해보려고 하지 않을 것이다.

기·억 노·트　　　　　비범형 내향인은 미세한 실수도 잡아낸다. 상대방이 상처를 받을 수도 있다는 사실은 모르거나 알아도 무시하며, 비판을 할 때에도 좀 더 듣기 좋게 포장하려는 노력을 거의 하지 않는다. 그렇게 해서는 공평한 협력이 이뤄지지 않는다. 실수가 있을 때 지적을 하는 건 문제가 되지 않는다. 하지만 피드백을 준답시고 상대방에게 상처까지 줘서는 안 된다. 그런 사태를 방지하고 싶다면 전문 지식을 십분 활용하는 가운데 상대방이 잘한 점은 잘했다고 칭찬해 줘야 한다. 지적할 때는 되도록 글이 아닌 말로, 당사자만 조용히 불러서 얘기해야 한다. 당면한 문제에 대해서만 지적하는 것도 중요하다. 오래전 실수까지 일일이 지적하면서 비난해서는 안 된다. 실수를 직접적으로 지적하는 대신 "다 좋은데 이 부분만 조금 수정하면 어떨까?"라는 식으로 넌지시 암시를 주면서 직원 스스로 해결책을 찾도록 유도하는 것이 좋다. 지원이 필요하다면 기꺼이 돕겠다는 제안까지 곁들인다면 해당 직원도 혼쾌히 그 제안을 받아들일 것이다.

내향인도
주인공이 될 수 있다

떨린다. 손이 땀에 젖어 흥건하다. 이마에도 식은땀이 줄줄 흐른다. 눈앞이 캄캄해지면서 머릿속까지 새하얘진다. 먹은 것도 없는데 속이 거북하다. 더블치즈버거가 통째로 목에 걸린 것 같다.

모든 내향인이 다 그런 것은 아니지만 많은 이들이 무대공포증에 시달린다. 빔프로젝터 등을 이용해서 자신이 작성한 파워포인트 자료를 발표해야 할 때면 늘 겪는 현상이다. 어떡하면 좋을까? 그냥 이대로 살면서 가급적 프레젠테이션은 남들한테 떠넘길까? 아니면 이런 내 성격을 뜯어고쳐 볼까?

무대공포증도 노력으로 극복할 수 있다. 필자도 남 앞에 서야 하는 일이 들어오면 무조건 거절했었다. 그런데 더 이상 뿌리칠 수 없는 상황이 찾아왔다. 가장 중요한 고객으로부터 강연 의뢰가 들어온 것이다. 당시 금전적 상황도 좋지 않았다. 살아남으려면 그 의뢰를 반드시 수락해야만 했다. 그렇게 한 번, 두 번 남들 앞에 서다 보니 조금씩 적응이 되었다. 울렁증이 완전히 가신 것은 아니지만, 최소한 그 상황을 조금 즐길 수는 있게 되었다. 그렇게 몇 년이 지나다 보니 이제는 진짜 남 앞에 서서 말하는 걸 생활의 당연한 일부로 받아들이게 되었다.

남들 앞에서 발표하는 일만 피할 수 있다면 어떤 궂은일이든 감수하겠다는 이들이 많다. 경험자로서 그 심정이 십분 이해가 간다. 하지만 직장생활을 하면서 프레젠테이션을 늘 남에게 미룰 수만은 없다. 때로는 피할 수 없는 운명이요, 의무이기 때문이다. 잘만 해내면 큰 보상도 주어진다.

게다가 무대공포증은 치명적 질병이 아니다. 무대공포증 때문에 죽었다는 얘기는 한 번도 들어 보지 못했다. 하고자 하는 의지만 굳건하다면 무대공포증도 어느 정도는 극복할 수 있다. 조금도 안 떨리는 그런 상태까지 발전하기는 어렵겠지만, 적어도 어느 정도 당당한 모습으로 남들 앞에 설 수 있다.

53 발표 불안을 없애는 훈련

주도형　섬세형　비범형　은둔형

떠넘기기는 매우 중대한 생존 전략이다. 자신 없는 일은 피하거나 남에게 미루고, 자기가 좋아하고 잘하는 분야에만 집중하면 결과도 좋을 수밖에 없다. 피겨 선수나 솔로 바이올리니스트, 대학교수가 아니라면 무대에 설 일이 사실 그다지 많지 않다. 특별히 야심찬 사람이 아니라면 남들 앞에 서지 않고도 직장에서 그럭저럭 버틸 수 있다. 그런데 직급이 올라갈수록, 혹은 이름이 알려질수록 남들 앞에 서야 할 때가 잦아진다. 정말 내성적인 작가도, 남들 앞에 서는 걸 죽기보다 싫어하는 학자도 결국에는 대중들 앞에 모습을 드러내야 한다. 강연회나 학회 발표 같은 걸 계속 거절하면 성공과 점점 거리가 멀어지고, 원래 내 몫이던 파이pie도 남들 차지가 된다.

미국의 전설적인 방송인 에드워드 R. 머로Edward R. Murrow는 "최고의 연사들도 두려움을 지니고 있다. 프로와 아마추어의 유일한 차이는, 프로는 '뱃속 나비들butterflies in one's stomach'이 대열을 맞추어 파닥인다는 것뿐"이라고 말했다. 즉 여러 사람들 앞에서 말을 한다는 생각만 해도 거부감이 드는 현상을 당연하다고 본 것이다.

할 말이 있을 때에는 남들 앞에 서야 한다.

무대공포증, 연단공포증, 발표 불안 같은 증상들이 매우 자연스러운 현상이고 극복할 수 있는 증세라 생각한 이는 머로 이전에도, 이후에도 매우 많았다. 고대 로마의 저술가이자 정치가였던 키케로Cicero도 "귀중한 연설에는 반드시 긴장이 동반된다"라고 했다.

레이디 가가는 "매일 아침 눈뜰 때마다 나 역시 여느 24세 여자와 마찬가지로 불안한 마음이 들어요. 그럴 때 저는 제 자신에게 '이 계집애야, 넌 레이디 가가야! 어서 일어나 오늘 할 일을 해야지!'라고 말해요"라고 했다.

스트레스를 극복할 수 있도록 스스로를 고무시키는 말이었다.

과민증 전문가 일레인 아론Elaine Aron은 극도로 예민한 이들이 긴장을 극복하고 마음을 진정시키는 방법에 관해 연구한 적이 있다. 그 연구에서 아론은 극도의 긴장감은 제어하려 들수록 오히려 더 커진다고 충고한다.[69] 또 고객사에서의 프레젠테이션을 늘 남에게 미루고 피하다 보면 결국 매일 보는 사람들 앞에서도 떨게 된다. 나중에는 사내 단합대회 같은 곳에서 두 문장으로 자기를 소개하는 것조차 힘들어 하게 될지도 모른다.

발표 불안은 자꾸만 부딪히는 것 외에는 극복할 방법이 없다. 남들 앞에 서는 일이 잦을수록 불안감과 긴장은 점점 더 약해진다. 이를 전문 용어로 '습관화habituation의 법칙'이라 부른다.

어쩔 수 없는 상황에서 처음으로 남들 앞에 섰을 때에는 어디로든 도망치고 싶은 마음밖에 안 들고, 발표가 끝난 뒤에는 "아까 이렇게 할 걸" 하는 후회가 물밀듯이 밀려올 것이다. 하지만 그 훈련을 계속하다 보면 분명 긍정적 경험도 하게 되고, 그런 경험들이 누적되면서 결국에는 발표 불안을 조금씩 극복해 나갈 수 있다는 것이다. 어떨 때에는 분명 박수도 받을 것이다. 내가 말하는 동안 단 한 명도 하품을 하거나 졸지 않는 때도 있을 것이고, 어쩌면 발표가 끝난 뒤 몇 명이 개인적으로 나를 찾아와 긍정적 자극을 주서서 고맙다고 인사를 하는 날도 있을 것이다. 두 번이나 말을 더듬었는데 다행히 아무도 눈치 채지 못한 것 같은 날도 있을 것이다. 그러면서 점점 더 청중들의 반응을 살피고 조정하는 능력, 더듬거리지 않고 자신 있게 말할 수 있는 능력도 쑥쑥 자랄 것이다.

인간만사人間萬事가 다 그렇듯 무대공포증 역시 노력과 적응의 문제다. 무대에 대한 면역력을 갖기까지 부단한 노력이 필요한 것은 사실이다. 여기에서는 무대공포증을 둔화시킬 수 있는 몇 가지 마인드컨트롤 방법을 소개해 보겠다.

- 실패에 대한 두려움과 패닉panic 현상을 당연한 것으로 간주하자. 나보다 더 실력이 뛰어난 이들 역시 분명 나만큼 무대를 두려워하고 있다.
- 간단한 발표로 시작하자. 공식적인 자리가 아닌 소규모 사적인 모임 등에서 내가 정말 좋아하는 주제에 대해 일어서서 발표해 보자.
- 하나씩 하나씩 차근차근 문제를 해결하자. 예컨대 목소리 훈련을 받거나, 수사학 강연을 들어 보자. 정기적으로 발표 기회가 주어지는 독서 클럽이나 영어회화 동아리 등에 가입하여 불안감을 조금씩 극복해 나가자.
- 한 번 했으면 바로 또 시도해 보자. 다음번 발표까지 너무 오래 기다려서는 안 된다. 몇 달 동안 단 한 번도 발표를 하지 않으면 그간에 들인 힘든 노력이 수포로 돌아가고, 처음부터 다시 시작해야만 한다.
- 실제 발표에 앞서 충분히 연습하자. 거울 앞에서, 혹은 가족이나 친구들 앞에서 실제 상황이라 생각하고 발표해 보자. 연습을 많이 할수록 떨림을 조정할 수 있는 능력도 강해진다. 즉 '내

뱃속의 나비들'도 대열을 맞춰 일사불란하게 파닥거리게 만들
수 있다.

기·억 노·트　　　　강철같이 단단한 심장을 지닌 사람은 그리 많지 않다.
현실에서는 강심장의 소유자보다 무대공포증 환자들이 더 많다. 아마도 그 불안감과
긴장감은 어떤 노력에도 불구하고 완전히 떨쳐 내기 어려울 것이다. 하지만 '불안감에
대한 불안감'은 훈련을 통해 조정할 수 있다. 공포심을 극복하고 사람들 앞에 자주 설
수록 불안감은 줄어들고 자신감이 그 자리를 채운다. 실수나 위기 역시 발표의 일부분
이라 생각하자. 무슨 말을 하려고 이 얘기를 꺼냈는지 기억나지 않을 때도 있고, 청중
의 질문에 시원하게 답변하지 못할 때도 있을 것이다. 그게 무섭다고 자꾸 피하기만 하
면 자신의 능력을 홍보할 기회, 경험을 쌓고 능력을 계발하여 더 큰 성공으로 다가갈
기회조차 갖지 못하게 된다.

54 마음껏 누리는 발표자의 특권

주도형　섬세형　비범형　은둔형

무대공포증을 앓는 이들에게 "왜 그렇게 두려워하나요?"라고 물어보
면 한결 같은 대답이 돌아온다. 입을 떼야 한다는 것, 말을 해야 한다
는 사실이 두렵다는 것이다. 그런데 많은 이들이 간과하는 부분이 한
가지 있다. 발표나 프레젠테이션의 성공 여부를 결정짓는 것은 발표
자체가 아니라는 점이다. 오히려 다른 것들에 의해 훨씬 더 많이 좌
우된다.

연극을 무대에 올리려면 대본 외에도 무대 장식 등 수많은 준비가 필요하다. 발표나 강연, 프레젠테이션 역시 90%가 '무대 뒤에서' 이루어진다.

많은 내향인은 남들 앞에 서는 일이 외향인에게는 '누워서 떡 먹기'만큼 쉬울 거라고 착각한다. 또 철저한 사전 준비의 위력을 과소 평가한다. 준비만 잘하면, 이를 테면 자신의 스타일에 딱 맞는 '맞춤형 대본'만 있다면 성공적으로 발표를 마무리할 수 있는 조건이 최소한 하나는 충족된 것이다. 한편, 수많은 사람들 앞에서 발표를 진행할 때 생각보다 발표자에게 주어지는 권한이 아주 많다. 즉 최소한 창피는 면할 수 있는 방식으로 전체적인 틀을 스스로 짤 수 있다.

잠시 상상해보자. 내가 공식적인 자리를 극도로 혐오하는 유명인이라고, 혹은 대중들 앞에 모습을 좀체 드러내지 않는 어느 분야의 최고 전문가라고 가정해 보는 것이다. 많은 기업, 많은 행사기획자들이 나를 초청하지 못해 안달이다. 무슨 수를 써서라도 나를 무대에 세우겠다고 작정한 이들도 많다. 하지만 그들도 안다. 웬만해선 내가 응하지 않을 것이라는 사실을, 많은 것을 양보해야만 한다는 사실을. 어느 날, 어느 행사기획자가 내게 한 가지 제안을 해왔다. 강연을 해주실 결심만 한다면 나머지 부분들은 완전히 마음대로 결정해도 된다는 제안이었다. 언제, 어디에서 강연을 할지 스스로 결정하란다. 심지어 어떤 손님들을 초청할 것인지도 직접 결정해도 좋다고 한다. 내 마음을 최대한 편하게 해줄 테니, 제발 강연만 해달라고 부탁하는 것이다. 자, 이 상황에서 나는 과연 어떤 요구를 할까?

어느 프레젠테이션 워크숍에서 참가자들에게 앞의 상황을 제시했더니 한 참가자가 이렇게 답했다. "저라면 발표 준비를 도와줄 코치 한 명을 붙여 달라고 요구할 거예요. 텔레프롬프터telepromter(마치 자막처럼 발표 원고를 모니터로 볼 수 있는 장치)도 한 대 준비해 달라고 하고, 마음의 안정을 위해 제 친구들의 참석을 허락해 달라고 하고, 연설 시간은 최대 15분으로 제한하겠다고 통보할 거예요. 또 강연대가 반드시 필요하다고 말하고, 제 연설문을 수정하고 침삭해 줄 전문가도 요구하고, 연설이 시작되기 전에 청중들이 요기를 할 수 있도록 간단한 먹을거리나 음료를 연설장 앞에 비치해 달라고도 하고 싶어요."

그중 몇몇 조건들은 실제 발표나 프레젠테이션에서도 충분히 충족시킬 수 있는 것들이다. 즉 긴장감을 최대한 줄일 수 있는 발표 환경을 스스로 마련할 수 있다. 물론 모든 조건을 내 마음에 딱 맞게 조절할 수는 없다. 하지만 가능한 조건들이 분명 몇 개는 있을 것이다. 발표는 결국 '나만의 단독 무대'이고, 그런 만큼 최소한 몇 가지 환경은 스스로 결정할 수 있다.

청중 | 청중이 많을 때와 적을 때 중 어느 편이 덜 떨릴까? 경험이 적은 발표자라면 분명 후자가 더 마음이 편하다고 대답할 것이다. 그런데 정반대인 경우가 더 많다. 내 말을 듣는 사람이 다섯 명밖에 없을 때에는 한 사람 한 사람에게 세심하게 주의를 기울여야 한다. 하지만 그 숫자가 50명, 100명으로 늘어날 경우 부담감을 덜 수 있다. 청중들 가운데 자기 마음에 딱 드는 맞춤형 발표를 기대하는 사람이 과연 몇 명이나 될까? 청중이 많을 때는 개개인에게 신경을 쓸 수도, 쓸 필요

도 없다. 그저 내가 준비한 대로 발표를 마무리하면 되기 때문에 어쩌면 그쪽이 더 편할 수도 있다.

발표 형태 | 원칙적으로 발표자는 그날, 그 순간의 주인공이다. 그렇기 때문에 많은 부분을 스스로 선택할 수 있다. 연설문을 미리 완벽하게 준비할 수도 있고, 키워드만 메모한 뒤 즉석에서 자유롭게 발표할 수도 있다. 청중들에게 질문을 할 수도 있고, 파워포인트 파일이 저장된 노트북을 프롬프터처럼 활용할 수도 있으며, 자료를 대형 스크린에 띄울 수도 있다. 많은 국회의원들처럼 미리 준비한 연설문을 앵무새처럼 읽어 내려갈 수도 있다. 그중 어떤 형태가 내게 가장 큰 안도감을 주는지, 어떤 형태가 가장 효과적인지를 충분히 고려한 뒤 각자 자신에게 맞게끔 선택하면 된다.

자료와 장비 | A4 용지 한 장 없이, 그 어떤 장비도 사용하지 않고도 술술 말을 풀어나가는 연사가 있는가 하면, 차트나 그림, 파워포인트 자료를 보여 주면서 발표하기를 좋아하는 이들도 있다. 둘 중 어느 편이 더 좋다고 잘라 말할 수는 없다. 자신의 기호와 능력에 맞는 방법을 선택하면 된다. 결코 평범하지 않은 파워포인트 자료를 작성할 자신이 있다면, 혹은 알찬 내용에 가독성 높은 직관적인 디자인의 핸드아웃 자료들을 준비할 능력이 된다면, 비록 발표 능력은 동료들에 비해 떨어지지만 이미지 자료만큼은 그 누구보다 잘 준비할 자신이 있다면, 실물을 보여 주며 세부적인 기술들을 잘 설명할 능력이 된다면 그 능력들을 굳이 아낄 이유가 없다. 그 외에도 동영상이나 음악

등 각종 자료들을 활용해 프레젠테이션의 효과를 드높여 보자.

장비 배치와 실내 환경 | 결함 없는 장비를 활용해야 하는 것은 발표 준비의 기본이다. 각 장비들을 적절한 위치에 배치하는 것도 효과적인 발표를 위한 기본적 준비에 속한다. 제대로 작동되지 않는 장비에 신경 쓰거나 지나치게 많은 장비들을 활용하느라 중대한 내용을 놓쳐서는 안 된다. 청중들이 최대한 편안한 마음으로 내 말을 들을 수 있게 배려하는 것도 중요하다. 즉 이상한 장소에 스크린을 걸어서 청중들을 불편하게 해서는 안 되고, 마이크 볼륨을 너무 크거나 작게 설정해서도 안 된다는 것이다. 조명 밝기나 실내 공기도 적절한 수준으로 조정해야 한다. 이런 조건들이 충족되지 않을 경우 청중들은 연사에게 모든 책임을 돌리는 습성이 있다. 반면 간단한 간식이나 음료를 준비하는 것만으로도 호감을 살 수 있고, 청중들의 학습 효과도 제고할 수 있다.

발표자 중심의 환경 조성 | 청중들에게 편한 환경 못지않게 발표자에게 편한 환경도 중요하다. 어떤 조건에서 내 마음이 가장 편해질까? 청중들 중 내가 아는 얼굴들이 있을 때 마음이 편안해진다는 사람도 있고, 그 때문에 더 떨린다는 사람도 있다. 강연 도중에 질문을 받는 게 편하다는 사람도 있고, 질의응답 시간을 강연 뒤로 미루는 편이 좋다는 사람도 있다. 질문을 아예 받지 않겠다고 선포하는 사람도 있다. 카메라 때문에 집중이 안 된다는 사람도 있고, 여기저기서 플래시가 터져도 괘념치 않는 사람도 있다. 손이 닿는 곳에 생수나 기타 음

료가 반드시 준비되어 있어야 좋다는 사람도 있고, 강연대 위에 아무 것도 없어야 말이 더 잘 나온다는 연사도 있다. 옷차림은 어떨까? 어떤 옷을 입었을 때 위축되지 않고 더 당당하게 말을 할 수 있을까? 내 마음을 최대한 편하게 해줄 조건들, 그리하여 성공적인 발표로 이어지게 만들어 줄 조건들을 가능한 범위 안에서 최대한 충족시키자. 장거리를 이동해야 하는 경우라면 행사 도시에 하루 일찍 가는 것도 좋고, 프레젠테이션을 앞두고 30분 정도 휴식을 취하는 것도 좋다. 이는 결코 호사스런 일이 아니다. 전문가라면 마땅히 고려해야 할 업무의 일부분이다.

기·억 노·트　　　피아니스트 마르타 아르헤리치Martha Argerich는 극심한 무대공포증 환자다. 혼자 무대에 오르는 게 두려워서 독주보다는 실내악이나 협연 등 누군가와 함께 무대에 서는 것을 더 좋아한다. 남들 앞에 혼자 서서 발표하는 게 두렵다면 동료와 함께 발표하거나 워크숍을 진행하는 것도 좋은 방법이다. 공동 발표를 할 경우, 두려움이 줄어들고 동료가 말을 하는 동안 숨을 돌리며 긴장을 풀 수 있다는 장점이 있기 때문이다. 청중들 역시 발표자나 강사가 한 명일 때보다는 두 명일 때 더 많은 정보를 얻고, 더 큰 재미를 느낀다. 이때 공동 발표자는 내가 절대적으로 믿을 수 있는 사람이어야 하고, 나아가 각자 어느 부분을 맡고 어떻게 진행할 것인지 미리 충분히 상의해야 한다.

55 흡인력 있는 원고 작성하기

주도형 섬세형 비범형 은둔형

훌륭한 강연의 생명은 알찬 내용과 세심한 디테일이다. 달변 능력은 의외로 큰 부분을 차지하지 않는다. 독일의 희극배우 카를 발렌틴Karl Valentin은 "예술은 아름답다. 하지만 거기에는 많은 노력이 필요하다" 라는 말을 남겼다. 이를 무대공포증을 앓는 내향인에게 적용하면 이런 문장이 될 것이다. "무대에 서는 것은 가능하다. 하지만 거기에는 많은 노력이 필요하다."

발표 당일 청중이 보고 듣는 것은 빙산의 일각에 지나지 않는다. 즉 준비 과정에서 얼마나 많은 노력을 기울였는지는 알 수가 없다. 옷도 몸에 딱 맞아야 보기 좋듯 원고도 세심하게 준비할수록 보다 완벽한 발표를 할 수 있다. '독일 연설 원고 작성가 협회VRds'는 완전히 새로운 원고를 작성할 때 발표 시간 1분당 1시간을 투자하는 것이 적절하다고 제안한다. 그간의 경험에 비추어 볼 때, 필자도 그 말에 전적으로 동의한다. 물론 그보다 더 적은 시간을 투자해서 훌륭한 원고를 작성할 수 있다면 더 좋겠지만 말이다. 투자한 시간과 노력은 대개 원고의 품질에 비례하는 법이다. 나아가 철저한 사전 준비가 없으면 무대 위에서 더 떨리고 긴장되는 법이다.

최근 독일 출신의 유명 경영컨설턴트 모니카 빌리차Monika Bylitza의 강연을 들을 기회가 있었다. 그날의 주제는 '엘리베이터 피치elevator pitch'였다. 엘리베이터 피치란 단 몇 개의 문장만으로 자기 자신이나 상품, 서비스 등을 소개하며 상대방의 관심을 불러일으키는 기술을 뜻한다. 예컨대 "서커스에서 10개 혹은 15개의 기다란 막대기들 위에 접시를 올리고 빙빙 돌리는 기술을 보신 적이 있나요? 저는 인적 자원 관리가 바로 그 접시돌리기기술과 같다고 생각합니다. 수많은 파트들이 계속 돌아가게 만들어야 하는데, 언제 어디서 무슨 결정을 내리는 게 옳다는 식의 정답은 없죠. 제가귀사의 프로젝트 매니저를 코칭하고 지원하는 것도 결국 접시돌리기나마찬가지로 인사 관리에는 만능 해결책이 없기 때문이죠. 이를 통해 귀사에 돌아갈 이익은……"이라는 식으로 설명하는 것이다. 막힘없이 줄줄 말을 이어 가는 것과 생각 없이 말하는 것은 근본적으로 다르다. 빌리차는엘리베이터 피치에서 말할 내용을 준비하고 연습하는 데에 약 7시간을 투자해야 한다고 말한다. 예컨대 자신의 직업과 업무에 대해 스트레스 없이언제 어디서든 설명할 수 있게 미리 준비하고 연습해 두라는 것이다.[70]

간단한 자기소개 자리에서든, 주말 내내 진행되는 워크숍에서든성공적으로 발표하고 싶다면 제대로 준비한 유용한 정보들을 청중들에게 전달해야 한다. 원고 없이 줄줄 말한다고 해서 더 훌륭한 연설이 되는 것은 아니다. 원고를 읽든, 자유롭게 연설하든 중요한 것은전달하는 내용이다. 즉 발표자 자신이 아니라 청중들에게 초점이 맞춰진 내용이어야 한다.

발표란 본디 타깃 그룹을 분석하고, 핵심적 메시지만 걸러내며, 어떤 주장의 근거를 제시하고, 청중들이 관심을 일깨울 수 있는 방식으로 내용을 전달하는 과정이라 할 수 있다. 그 과정에서 깊이 있는 전문 지식과 완벽주의자적 기질, 창의성, 공감능력 등 내향인의 장점들을 십분 활용해야 한다. 그것이 곧 성공적 발표의 밑바탕이 되고, 긴장감을 줄여 줄 것이다.

준비 과정에서 진땀을 더 많이 흘릴수록 무대 위에서 흘리는 식은 땀의 양은 줄어든다.

많은 사람들 앞에서 발표할 때 가장 큰 안도감을 주는 것은 뭐니 뭐니 해도 흥미진진한 대본이다. 비록 목소리가 떨리고 속이 뒤집힐 것을 알지만, 그럼에도 불구하고 이 내용만큼은 하늘이 무너져도 그 사람들한테 알려 주고 싶다는 의지가 불타오르도록 원고를 작성해야 한다. 그러면 청중들도 내 편에 서게 될 것이다. 이때 알찬 내용도 중요하지만, 그 못지않게 전체적 구성도 중요하다. 일단 처음부터 강렬한 인상을 줄 수 있게 구성하고, 이후 청중들의 지루함을 날려 줄 하이라이트들을 간간이 섞어 넣는다.

먼저 원고 첫 부분의 중요성에 대해 이야기해 보자. 처음 몇 초, 몇 분 동안 발표자의 긴장감은 최고조에 달한다. 청중들의 기대 역시 최고점을 찍는다. 첫 몇 마디, 몇 문장이 발표의 성공 여부를 좌우한다 해도 과언이 아니다.

시작 후 몇 분 안에 '선제골'을 넣으면 이미 반쯤은 승리한 것이나 다름없다.

그런데 안타깝게도 내향인이든, 외향인이든 매우 많은 발표자들이 그 기회를 잡지 못한다. 긴장해서 떨다가 기회를 놓치는 것이 아니다. 사전에 준비를 제대로 하지 않았기 때문이다. "존경하는 귀빈 여러분, 이 자리에 오신 것을 환영합니다. 참석해 주신 모든 분들께 먼저 감사하다는 인사부터 드리고 싶습니다"라는 천편일률적인 인사말로 발표를 시작하는 연사들이 대부분이다. 모두의 시선이 나를 향해 있는 바로 그 중대한 순간을 그렇게 허비하는 것이다. 발표자 뒤편에 설치된 스크린에는 아마도 강연 제목, 발표자의 이름과 직업, 행사 일자와 장소, 소속 업체의 로고와 웹사이트 주소, 협찬사의 로고와 이름 등이 소개되고 있을 것이다.

조금만 신경 쓰면 기발한 시작을 연출할 수 있다. 먼저 하나 마나 한 인사 따위는 과감히 생략하고, 입을 떼기 전에 심호흡부터 하며 숨을 고른다. 그런 다음 미리 준비한 이야기나 모두가 공감할 만한 명언을 제시한다. 필요하다면 청중들을 자극하는 질문으로 연설을 시작해도 된다. 이로써 얻을 수 있는 효과는 두 가지다. 첫째, "어라? 재미있네!"라는 호기심이 발동되면서 청중들이 관심을 보인다. 둘째, 기대했던 반응, 긍정적 반응을 보면서 발표자의 긴장이 풀린다.

자, 이제 최소한 찬물에 발은 담갔다. 발표자와 청중들 사이에 긍정적 관계의 물꼬가 트인 만큼 그다음도 일사천리로 진행된다. 인사말은 이때 건네는 것이 좋다. 환영과 감사의 말, 간략한 자기소개 등을 하면서 간단하게 구성된 표지 파일을 보여 주는 것이다. 그런 다음 다시 본 주제로 돌아가 말을 이어 가면 된다.

그 이후에도 똑같은 원칙이 적용되는데, 가장 중요한 사항은 청중들이 관심의 끈을 놓게 해서는 안 된다는 것이다. 스크린에 파일을 떠워 놓고 수많은 항목들을 열거해서는 안 된다. 그 순간, 발표자와 청중들 사이의 연결고리가 끊어져 버리기 때문이다. 그보다는 커다란 그림, 감동적인 사진, 공감대를 얻을 수 있는 자료를 제시해야 한다. 명언을 좀 더 인용하는 것도 좋고, 중간 중간에 질문을 받거나 소개하려는 상품을 시연하는 등 다양한 요소들을 활용할수록 청중들의 관심도가 높아진다.

재미있는 일화도 소개하고, 청중들에게 제품의 성능도 직접 보여주고, 최근 이슈가 되고 있는 화제를 꺼내고, 흥미진진한 농멍싱도 틀어 보자. 방송인이자 커뮤니케이션 트레이너인 게리트 단츠Gerriet Danz는 적어도 10분에 한 번은 청중들의 호기심을 불러일으킬 요소를 제시해야 한다고 강조한다.[71] 코미디언이 아니라도, 달변가가 아니라도 준비만 잘하면 충분히 해낼 수 있다.

꼼꼼하고 빈틈없는 준비가 결국 신선한 발표, 재미있는 발표, 여유로운 발표로 이어진다.

은둔형 내향인이라면 세심한 준비를 통해 보다 큰 자신감을 얻을 수 있고, 전문 지식이 풍부한 비범형 내향인이라면 지나치게 어려운 내용으로 청중들을 지루하게 만들 위험을 방지할 수 있다.

기·억 노·트 원고를 작성할 때는 읽어 내려갈 내용 중간 중간에 들어갈 메모도 고려해야 한다. 예컨대 특정 지점에서 어떤 제스처를 취할 것인지, 어떤 보조 도구를 사용할 것인지 등을 꼼꼼히 메모해 놓는 것이다. '미소 지을 것', '몇 초간 침묵할 것' 등 발표의 효과를 높이고 긍정적 반응을 불러올 요소들도 적어 두자. 즉 어떻게 발표하고, 프레젠테이션을 어떻게 연출할 것인지 미리 각본을 짜두라는 것이다. 이 경우, 청중들의 반응도 예측할 수 있어서 좋다.

56 훌륭한 발표를 만드는 철저한 리허설

주도형 섬세형 비범형 은둔형

드디어 올 것이 왔다. 이제 도망칠 수도 없다. 다행히 원고는 확실하게 준비해 두었다. 지금부터는 실전이다. 발표 당일까지 아직 며칠이라는 시간이 남아 있을 때, 현명한 사람은 실전 대비 작업에 돌입한다. 실전 대비 과정은 실제로 무대에 서는 것만큼이나 힘들다. 이제 남은 것은 자료 수집이나 원고 수정이 아니라 마인드컨트롤과 철저한 자기관리 작업이기 때문이다. 물론 내용에 대해서도 계속 고민하고 상기해야 최상의 결과를 이끌어 낼 수 있다. 하지만 그보다 중요한 작업이 있는데, 바로 '리허설'이다.

리허설의 중요성은 아무리 강조해도 지나침이 없다.
첫째도 리허설, 둘째도 리허설, 셋째도 리허설이다.
큰 목소리로 연습하고, 여러 번 연습하고, 사람들 앞에서 연습해야 한다. 철두철미한 리허설 없이는 훌륭한 발표도 없다.

사전에 소리 내어 대사를 연습하지 않고 무대에 서는 배우는 단한 명도 없다. 사전에 소리 내어 노래를 불러 보지 않고 무대에 서는 가수도 없다. 배우든, 가수든 관객들의 반응도 미리 예측해야 한다. 관객이 언제 웃음을 터뜨릴지, 언제 지루하다고 느낄지, 언제 감동을 받을지, 이 모든 상황을 미리 머릿속으로 그려 본 후 대비해야 한다. 그런 준비 과정이 없다면 실패는 예고된 것이나 다름없다. 프레젠테이션도 마찬가지다.

그런데 내향인은 남들 앞에서 연기를 해야 한다는 상상만으로도 이미 고개를 절레절레 흔든다. "나처럼 소심한 사람이, 남들 이목이 나한테 쏠리는 게 죽기보다 싫은 사람이, 극적인 상황은 되도록 피하고 싶은 사람이 연극배우처럼 행동해야 한다고? 안 돼, 난 못해!"라고 생각한다.

최고의 강연자이자 베스트셀러 작가인 말콤 글래드웰Malcolm Gladwell 은 자신도 내향적 성향이 강하다고 고백하면서 이런 말을 남겼다. "남들 앞에서 발표나 강연을 하기 위해 굳이 외향인이 될 필요는 없습니다. 발표나 강연은 어디까지나 연기일 뿐입니다. 훌륭한 연기자들 중 내향인이 많다는 사실을 잊어서는 안 됩니다."[72]

실제로 훌륭한 내면 연기로 모두의 인정을 받고 있는 클린트 이스트우드Clint Eastwood나 마티아스 브란트Matthias Brandt 등 수많은 연기자들이 내향인이다. 세계적인 여배우 메릴 스트립도 마찬가지다. 그럼에도 불구하고 메릴 스트립은 어떤 배역도 충실하게 소화해 낸다. 언젠가 프린스턴대학교에서 열린 강연회에서 그녀는 "영화나 연극 무대에서 지금까지 맡은 배역들 모두가 나 자신인 것 같은 느낌이 들었어요"라고 말했다.

발표 시 가장 중요한 요소도 바로 그것이다. 잘 준비한 내용을 원래부터 자기 것인 양 '연출'하는 것 말이다. 내향인은 필요하다면 자신의 본모습을 잠시 버리고 다른 사람이 되는 것에 능하다. 그렇게 자신의 천성과 어긋나는 역할마저도 잘 소화해 내야 발표를 성공적으로 끝낼 수 있다.

《콰이어트》를 통해 내향과 외향이라는 주제를 단숨에 이슈화시킨 수잔 케인은 해당 서적의 출간 이후 각처로부터 강연 요청을 받았다. 캘리포니아에서 개최된 TED Technology, Entertainment, Design 강연회에서도 연사로 서게 되었다. 원고도 없이 약 20분 동안 세계 최고의 연사와 1,500명의 관객들 앞에서 말을 해야만 했다.

강연을 일주일 정도 남긴 시점이 되자 케인은 머릿속이 새하얘졌다. 자신이 왜 그 강연을 하겠다고 했는지 기억도 나지 않았고, 그야말로 후회막급이었다. 하지만 케인은 최후의 탈출구로 강연을 취소하는 대신 연기지도자 한 명을 고용했고, 6일 내내 그와 함께 리허설을 했다. 이후 케인은 "짐Jim 선생님은 제게 이런저런 것들을 주문했어요. 말을 시작하기 전에 호흡부터 하고, 긴장된다 싶을 때에는 미소를 지으라는 식이었죠. 제가 말을 더듬기 시작하면 해당 부분의 원고를 수정해 주시기도 했어요. 하지만 연습의 대부분의 시간을 그저 거기에 앉아서 미소를 짓고, 고개를 끄덕이면서 저로 하여금 머리에 떠오르는 생각을 자연스럽게 표현할 수 있도록 용기를 주셨어요"라며 당시를 회고했다. 반복되는 연습과 리허설은 그야말로 결정적 돌파구가 되어 주었다. 이제 '내향인의 힘the power of introverts'이라는 제목의 그 강연은 800만 이상의 조회 수를 기록하면서 총 1,500여 건

이나 되는 온라인 TED 강연들 중 최다 조회 수를 자랑하는 20대 강연 안에 들게 되었다.[73]

기·억 노·트　　　　리허설을 할 때는 발표의 구성이나 연출법과 더불어 청중의 반응도 충분히 고려해야 한다. 필요하다면 몇몇 단어도 수정하고, 어디에서 말을 멈추고 잠시 쉴지도 결정하며, 어느 부분을 특별히 강조해서 전달할지 또 어떤 제스처로 설득력을 드높일지 등도 함께 고려하자. 청중의 반응에 대한 이러한 사전 예측과 연습이 없으면 나중에 훌륭한 내용임에도 불구하고 결국 허공에 대고 얘기한 꼴이 되고 만다.

57 긴장감을 줄여 주는 파워 포징

주도형　섬세형　비범형　은둔형

긴장성 불면증을 치료하는 수면유도제, 충분한 탄수화물 섭취, 일정량의 편집증paranoia, 등과 가슴을 쭉 펴는 등 힘센 사람과 같은 자세를 취하는 '파워 포징power posing', 이 네 가지는 필자가 중요한 강연을 앞두고 있을 때마다 엄습하는 두려움과 긴장감을 극복하는 데 큰 도움이 되었다.

　무대에 대한 두려움을 완전히 극복하는 일은 이미 포기했다. 아무리 노력해도 돈키호테처럼 용감하게 풍차방앗간으로 돌진하는 행위는 불가능하다는 사실을 받아들인 것이다. 사회공포증social phobia 전문가인 찰스 디 카뇨Charles di Cagno도 지금까지 무대공포증을 완전히 극복한 이들은 극소수에 지나지 않았고, "그들은 모두 티베트에 살고 있다"라고 말했다. 필자도 체한 것처럼 불편한 속과 자꾸만 갈라지는 목소리에 대한 걱정은 접어 두고, 대신 몸과 마음을 최상의 컨디션으로 유지하는 것에 집중하기로 결심했다. 예컨대 수면유도제 복용을 통해 긴장을 풀고, 평소보다 탄수화물을 조금 더 섭취함으로써 집중력을 향상시켰으며, 강연 시 활용할 기술 장비들을 편집증 환자처럼 점검하고 또 점검함으로써 돌발 상황에 대비했다.

하버드대학교의 사회심리학자 에이미 커디Amy Cuddy를 통해 널리 알려진 파워 포징 역시 큰 도움이 되었다. 파워 포징 훈련법은 매우 간단하다. 중요한 발표나 강연을 앞두고 있을 때 조용한 방에 혼자 들어가 2분 동안 최대한 힘찬 자세를 취해 보는 것이다. 이때 두 다리도 쭉 뻗고 양팔도 최대한 넓게 벌려 본다. 혹은 다리를 넓게 벌린 상태로 서서 양손을 허리에 댄 채 등을 곧게 펴는 등 자기 몸을 실제보다 더 크게 보이는 훈련들을 하게 된다.

이게 무슨 효과가 있을까 싶겠지만, 실제로 그 유치한 자세 훈련이 해방감을 주고 최상의 컨디션을 유지하도록 도움을 준다는 연구 결과가 나왔다. 실험 결과, 양팔을 힘차게 벌린 '고릴라 자세'가 스트레스 호르몬인 코르티졸의 분비량을 25%나 감소시켰다. 그와 동시에 도전정신이나 강인함과 관련된 호르몬인 테스토스테론의 분비량을 20%쯤 늘려 주는 것으로 확인되었다.[74]

파워 포징은 분명 두려움을 줄이고 도전정신을 강화해 준다.

파워 포징이 지닌 가장 큰 힘은 단 2분간의 훈련으로 얻은 효과가 약 30분 동안이나 지속된다는 것이다. 즉 스스로 하는 간단한 '동작 도핑'만으로 발표 내내 긴장감이 줄어들고 자신감이 상승한다. 발표 시간이 그보다 훨씬 긴 경우라 하더라도 최소한 초기의 위기나 긴장 감을 극복하기에는 충분하다.

최근에 워밍업 없이 강연에 임했을 때 어떤 일이 벌어지는지를 직접 경험 한 적이 있다. 강연 장소는 기차로 5시간이나 걸리는 곳이었는데, 하필 그 날 기차가 지연되는 바람에 강연 3분 전에 겨우 행사장에 도착할 수 있었 다. 헐레벌떡 뛰어든 이후 주최 측에 간단하게 인사를 건네고, USB 스틱 을 꽂고, 잠시 기술 장비들을 점검했다. 청중들은 그런 내 모습을 바라보 며 이미 기대에 가득한 눈빛을 보내고 있었다. 파워 포징을 할 시간이 없 었던 것은 물론이요, 배가 고픈데 비스킷 조각을 집어먹을 시간도 없었다. 사실 나는 강연을 앞두고 매번 거부감을 느끼지만 실제로 무대에 오른 뒤 에는 그 상황을 즐기는 편이다. 하지만 그날은 그렇지 못했다. 일단 배가 너무 고팠다. 맑은 정신으로 그 자리에 집중할 수가 없었고, 계속 지치고 피곤하다는 느낌밖에 들지 않았다. 결국 최상의 컨디션으로 무대에 서지 못했다.

외향인은 육체적으로나 정신적으로나 최상의 컨디션이 아닐 때에 도 남들 앞에 서는 것을 그다지 힘들어 하지 않는다. 접촉과 교류를 본디 좋아하고, 발표나 연설을 하는 동안 오히려 더 큰 활력을 느끼 기 때문이다.

반면 내향인은 누군가의 앞에서 말을 하기 위해 상당한 양의 에너지를 필요로 한다. 준비를 아무리 철저하게 했다 하더라도 발표 자체가 주는 부담감 때문에 결국 상당량의 에너지를 소모하는 것이다. 따라서 내향인은 중요한 면접, 중대한 프레젠테이션을 앞두고 있을 때 충분한 수면을 취하고 영양가 높은 식사로 에너지를 보충하는 등 컨디션 유지를 위해 각종 노력을 기울여야 한다. 힘이 없고 피곤한 상태에서는 절대 좋은 연설이 나오지 않는다. 제아무리 마리아 회플-리슈 Maria Höfl-Riesch(독일 출신의 세계적 여자 알파인 스키 선수)라 하더라도 장비 손질 없이는 결코 활강(다운힐) 종목에서 금메달을 거머쥘 수 없다. 거기에 최상의 컨디션을 유지하려는 각종 노력도 더해진다. 좋은 연설, 성공적 발표 역시 같은 원리다.

기·억 노·트　　커뮤니케이션 트레이너 게리트 단츠는 발표에 앞서 모든 상황이 끝난 뒤에 갖게 될 긍정적 느낌을 떠올려 보라고 충고한다. 단츠는 자신이 개발한 이 마인드컨트롤 방식에 '테라스 테크닉'이라는 이름을 붙였다. 테라스 테크닉과 관련해 단츠는 이렇게 설명한다. "나는 발표가 끝난 뒤 우리 집 테라스에 느긋하게 앉아 있는 모습을 상상하곤 한다. 이때 중요한 사항은 프레젠테이션이 어떻게 끝나든 상관없다고 생각하는 것이다. 완전 실패로 끝날 수도 있다. 물론 그 반대의 경우라면 더 좋겠지만. 어쨌든 인생은 계속된다."[75]

58 사람들의 시선을 즐기는 방법

프랑스의 피아니스트 엘렌 그리모Hélène Grimaud는 "무대로 나가서 자리에 앉고 연주를 하려면 자신감이 필요하죠. 내가 과연 그걸 감당할 수 있을 만큼 강한지 몰라서 불안감이 들어요. 때로는 그 둘 사이에서 아슬아슬한 줄타기를 하고 있는 듯한 느낌이 들기도 해요"라고 말한다.[76]

무대는 원래 그런 곳이다. 우리 대부분이 무대에 서기까지 많은 용기를 지녀야 하고 많은 것들을 극복해야 한다. 내향인뿐 아니라 외향인도 마찬가지다.

여기에서는 무대를 조금 더 자연스럽고 전문적으로 소화할 수 있게 해줄 몇 가지 전략들을 소개하고자 한다. 처음에는 의식적인 훈련이 필요하겠지만, 다음의 전략들을 사람들 앞에 설 때마다 활용하다 보면 나중에는 완전히 몸에 배어서 의식하지 않고도 자연스럽게 발휘될 것이다.

청중에게 다가가기 | 분명 힘이 들겠지만, 그래도 과감하게 도전해야 할 항목이다. 연단 뒤에 숨는 대신 청중들 모두가 내 모습을 잘 볼 수 있도록 연단 옆이나 앞에 서서 발표를 시작해 보자. 관중석으로 한두 걸음 더 가까이 다가가면 자신감 있고 당당한 사람이라는 인상을 훨씬 더 강하게 심어 줄 수 있다.

시작하기 전 침묵의 시간 갖기 | 누구나 긴장되는 상황에선 서두르면서 어설프게 행동하기 마련이다. 그런 사태를 방지하는 가장 좋은 대비책은 가만히 적절한 때를 기다리는 것이다. 실내가 어느 정도 조용해질 때까지 입을 떼지 말고 가만히 기다려 보자. 그런 다음 숨을 깊이 마시고 청중을 쳐다보면서 말문을 열자. 발표를 시작하기 전에 이렇게 침묵의 시간을 가짐으로써 침착하게 상황을 지배하고 있다는 인상을 심어 줄 수 있다.

여유로운 태도 보이기 | 처음에 신경이 곤두서고 온몸이 떨리는 건 당연지사다. 그럴 때엔 최대한 안정적인 자세로 서야 한다. 허둥지둥해서는 곤란하다. 안정적인 자세를 취하면 떨리는 속마음을 감출 수 있다. 약간의 보디랭귀지를 활용하는 것도 나쁘지 않다. 단, 이때 서두르는 듯한 인상을 줘서는 안 된다. 천천히, 조금씩, 적절한 제스처를 취해야 한다. 이로써 손을 어디에 둬야 할지 모르는 어색함도 피하고, 양손을 덜덜 떨고 있다는 사실도 감출 수 있다.

목소리 조절하기 | 내향인은 외향인보다 목소리가 작고 어투도 단조로운 편이다. 강조할 내용이 있을 때에도 목소리에 힘을 잘 주지 않는 편이다. 소수의 사람들 앞이라면 이를 통해 전문적이고 객관적이라는 인상을 심어 줄 수 있다. 하지만 대규모 청중 앞에서는 좀 더 강인한 면모를 보여 주어야 한다. 배우들도 무대 위에서는 평소보다 목소리의 강약을 더 많이 조절한다. 그래야 더 잘 들리고, 의도하는 바를 더 잘 전달할 수 있기 때문이다.

청중의 긍정적 반응에 더 집중하기 | 하버드대학교의 내향성 전문가 브라이언 리틀 교수는 내향인은 청중의 부정적 반응을 감지하는 분야에 있어서만큼은 매처럼 예리한 눈을 지녔다고 지적한다. 예컨대 관중석의 누군가가 연사를 바라보는 대신 배포된 자료를 뒤적이거나 의심의 눈초리를 보낼 경우, 그 즉시 불안감과 긴장감 수치가 상승되는 것이다. 반면 외향인은 그보다는 잠시 내비치는 미소 등 긍정적 반응을 더 잘 포착하면서 청중이 자신에게 호의적이라고 믿고 더 자신감 있게 말을 이어 간다고 한다. 이는 분명 내향인이 외향인에게 배워야 할 점이다. 앞으로는 무심하게 스마트폰을 만지작거리는 관중보다는 초롱초롱한 눈빛으로 귀 기울이고 있는 청중에게 더 집중해 보자.

발표 내용과 목적에 집중하기 | 섬세형과 은둔형 내향인은 머릿속이 새하얘지면서 더 이상 아무 생각도 들지 않는 상황을 특히 더 두려워한다. 실제로 그 상황에 빠질 위험이 전혀 없다고는 할 수 없다. 아니, 그럴 확률이 매우 높다고 하는 편이 진실에 더 가까울 것이다. 떨려서 말을 더듬을 수도 있고, 목에 뭐가 걸린 듯 갑자기 말이 나오지 않을 때도 있다. "난 절대 그렇지 않아!"라고 단언할 수 있는 사람은 아무도 없다. 그럴 때 떨지 말고 침착하게 행동하자. 굳이 사과를 할 필요도 없다. 그저 옆에 비치된 물을 한 모금 마신 뒤 다시금 내용에 집중하자. 원고를 괜히 준비하는 게 아니다. 그런 위기 상황에서 읽어 내려가라고 있는 것이다. 그렇게 다시 말을 이어 가다 보면 금세 안정을 되찾을 수 있다. 무대 위에서 위기 상황에 봉착했을 때, 아주 잠

깐의 휴식을 취하며 안정감을 되찾도록 노력해 보자. 사실 청중은 연사의 실수를 눈치조차 채지 못할 때가 더 많다. 또 그 잠깐의 휴식이 어쩌면 청중들에게 지금까지 들은 내용을 다시 한 번 되새겨 볼 기회가 될 수도 있다.

기·억 노·트 이제 끝났다. 며칠 혹은 몇 주간 준비해 온 쇼show가 끝나고, 객석에서 박수 소리가 들려온다. 그 순간을 즐기자. 나는 충분히 그럴 권리가 있다. 말을 마치자마자 잽싸게 등을 돌리고 무대 밖으로 빠져나올 이유가 전혀 없다. 이제 모든 게 끝난 만큼 청중을 향해 미소를 지어 보이는 여유도 좀 부리고, 박수에 목례로 화답도 하자. 겸손이 늘 미덕은 아니다. 박수 소리가 부담스럽고 겸연쩍다고 얼른 무대를 벗어나는 행위는 내 노력과 성과를 깎아내릴 뿐이다. 박수갈채를 보내는 청중을 무안하고 무색하게 만들 수도 있다. 발표가 끝난 뒤에도 나는 여전히 그날의 강연자라는 느낌을 좀 더 유지해 보자. 누군가가 내게 건네는 질문에 친절하게 답하고, 누군가가 내게 건네는 칭찬과 인정에 진심을 담아 감사의 마음을 표현하자. 어쩌면 추후 내 성공과 발전에 도움이 될 인맥을 형성하게 될지도 모를 일이다.

둥지 안에서만
살 수는 없다

'사람보다 잠옷pajamas over people'은 미국의 유명 블로거이자 작가인 크리스토퍼 허즈페스Christopher Hudspeth가 자주 사용하는 말 중 하나다.[77] 허즈페스가 내향인이라는 사실을 잘 모르는 사람이라면 "어라, 무슨 말이지?" 하겠지만, 그 말의 의미를 아는 내향인이라면 아마 공감하며 미소를 지을 것이다.

'사람보다 잠옷'은 내향인이 꿈꾸는 삶을 묘사한 문구다. 즉 침대에 누워 나만의 시간을 갖고 싶어 하는 것이다. 사람이 싫거나 사는 게 피곤해서가 아니다. 진부한 변명처럼 들리겠지만 내향인은 하루를 살아갈 힘, 그 날 그 날 주어지는 과제를 소화할 힘, 좋은 아이디어를 떠올릴 힘, 창의력과 공감능력과 혁신능력을 발휘할 힘을 휴식을 통해 충전하기 때문이다.

내향인에게는 분명 잠옷 차림으로 지낼 수 있는 시간이 필요하다. 그래야 능력이 최대한 발휘되고 일의 능률이 오른다.

그러나 아무리 혼자 있을 때가 제일 좋아도 늘 자신의 둥지 안에서만 지낼 수는 없다. 내 능력, 내 지식, 내 가치를 알리려면 밖으로 나와야만 한다. 성공의 기회를 외향인에게 늘 양보하고 싶지 않다면 사람들 속으로 걸어 들어가야 하고, 그러자면 내 안의 내향적인 면을 해방시켜야만 한다.

이번 장에서는 내향인으로서 살아가는 법, 자기 안의 강한 내향성에도 불구하고 외부로 영향력을 발휘하는 법에 대해 이야기해 보고자 한다. 즉 '사람보다 잠옷'에서 '사람과 잠옷pajamas and people'으로 조금씩 변화하는 방법에 대해 연구해 보고자 한다.

59 긴밀한 대인관계를 구축하라

주도형 섬세형 비범형 은둔형

주도형 내향인은 자신에게 필요한 것이 무엇인지 잘 알고, 혼자 있고 싶을 때에도 죄책감 없이 당당하게 휴식을 취한다. 대신 필요할 때면 사람들과 어울릴 줄도 안다. 대인공포증이나 사회공포증 혹은 과민증과는 거리가 멀다. 주도형 내향인은 합리적이고, 매사에 빈틈이 없으며, 자주적이다. 단, 이따금씩 남들이 이해할 수 없는 이유로 화를 낸다거나 지나치게 냉담해서 오만하다는 오해를 살 수 있다.

주도형 내향인의 강점

- 분명하고 전략적인 분석력
- 자신과 타인에 대한 성찰력
- 위기 상황에서도 앞을 내다보며 생각하는 능력
- 핵심만 확실하게 전달하는 능력
- 신중하고 객관적이며 자주적인 판단력
- 직원들의 잠재력을 최대한 발휘할 수 있게 이끌어 주는 지도력
- 해결책 모색에 집중하며 편안하게 협상하는 능력

주도형 내향인에게 도움이 되는 요소

- 조용하고 차분한 분위기
- 집중력과 심오함을 지닌 친구나 동료
- 자기만의 공간
- 사생활 보장

주도형 내향인의 자기계발 목표

- 숨은 조력자 역할에서 벗어나기
- 긴밀하고 깊은 대인관계 구축하기

주도형 내향인의 자기계발 방법

- 긍정적인 말로 감정 표현하기
- 타인의 감정 표출에 방어기제 없이 반응하기
- 자신의 관심사를 더 많이 표출하고 칭찬을 아끼지 않기

- 대화나 만남의 기회를 적극적으로 모색하기
- 고객 및 기회에 초점을 맞춘 사고방식 훈련하기
- 자신감 있는 목소리, 전문가다운 말투 훈련하기
- 주도적으로 스몰토크 참여하기
- 개인적인 측면 드러내기
- 자신의 성과를 지금보다 더 분명하게 홍보하기
- 기호와 취향을 더 분명하게 표현하기

주도형 내향인이라 해서 주도형 성향만 지닌 것은 아니다. 두 번째로 강한 내향적 성향이 무엇이냐에 따라 다음과 같은 결과를 기대할 수 있다.

- **섬세형 성향**: 섬세형 성향은 예리한 감각과 창의력으로 대변된다. 섬세형 성향이 주도형 성향만큼 강한 경우, 외부 자극에 대해 더 민감하고 신경이 과민해질 확률이 높다. 주도형과 섬세형 성향이 강한 내향인은 때로 우리와는 다른 사람, 더 똑똑한 사람이라는 인상을 심어 주기도 한다.
- **비범형 성향**: 비범형 성향이 강한 내향인은 생각이 대개 일 자체나 업무 과정 자체에 집중되어 있다. 주도형과 비범형 성향이 강한 내향인 중에는 탁월한 전문 지식을 보유한 이들도 많다. 단, 성과지향주의나 완벽주의가 때로는 유연하지 못하고 편협한 태도로 이어질 수 있으니 경계가 필요하다.
- **은둔형 성향**: 은둔형 성향이 강한 주도형 내향인은 진중하고 성

실하며, 타인의 기대를 잘 파악하고 거기에 부응하기 위해 노력하는 편이다. 이에 따라 업무 결과도 매우 정확하고 빈틈이 없다.

⑥⓪ 열린 마인드를 가져라

주도형 　섬세형　 **비범형**　 은둔형

비범형 내향인은 지금 하고 있는 일에 극도로 집중하고, 자신의 능력을 확인하는 것을 매우 좋아한다. 개중 능력과 실력이 특출 난 몇몇은 자기 분야에서 최고의 전문가이자 정신력이 매우 강한 개척자로 인정받기도 한다. 이러한 개척자형 전문가는 대개 자신의 생각을 거침없이 표현하는 편이고, 실제로 자신의 능력과 지식을 활용해 세상을 변화시킨 사례도 적지 않다.

하지만 문외한들의 입장에서는 비범형 내향인의 생각에 따라가지 못하는 경우가 많고, 어떤 한 분야에 대해 지나치게 열광하는 태도를 피곤하게 생각하거나 기이하게 여기는 경우가 많다.

비범형 내향인의 강점

- 문제에 전문적으로 접근하고 창의적으로 해결책을 찾는 능력
- 정확한 수치와 자료에 근거해서 결정하는 능력
- 주어진 사안에 대해 결연하게 파고드는 능력
- 최상의 솔루션에 대한 고집

- 불필요한 감정 자극이나 선동에 의연하게 대처하는 능력
- 자신의 신념을 고수하는 능력, '지나친' 솔직함
- 한계를 뛰어넘는 능력

비범형 내향인에게 도움이 되는 요소
- 자신의 관심사에 집중할 수 있는 시간과 여유
- 비슷한 관심사를 지닌 친구나 동료의 지원과 인정
- 수준 높은 과제와 프로젝트
- 업무의 형식이나 절차, 발표 의무 등에 구애 받지 않을 자유

비범형 내향인의 자기계발 목표
- 타인에 대한 이해심 및 나와 다른 의견에 대한 열린 마인드 계발하기
- 자신의 전문 분야 이외의 것에도 관심 가지기, 기술의 윤리성에 대해 의심해 보기

비범형 내향인의 자기계발 방법
- 전문가가 아닌 상대방에게 내 이론과 주장을 이해시키려고 노력하기
- 표정이나 말투 등 비언어적 의사소통 수단 이해하기
- 타인의 의견을 경청하고 존중하는 능력 계발하기
- 인정과 칭찬의 말 아끼지 않기
- 상대방에게 상처를 입히지 않는 방식으로 비판하기

- 스몰토크 시 지나치게 전문적인 내용은 피하기
- 자신의 전문 분야 이외의 분야에서 새로운 경험 쌓기
- 유머와 자기풍자 능력 계발하기
- 문학작품을 통해 공감능력과 인간관계 구조 파악 능력 단련하기
- 전체적인 맥락을 꿰뚫는 통찰력 단련하기

비범형 내향인 역시 비범형 성향만 지닌 것은 아니다. 두 번째로 강한 성향이 무엇이냐에 따라 다음과 같은 결과를 기대할 수 있다.

- **주도형 성향**: 주도형 성향은 재치 있게 대인관계를 이끌어 나가는 능력과 주어진 역할에 맞게 행동하는 능력, 나아가 관리 업무나 경영 능력을 강화해 준다. 비범형과 주도형 성향을 동시에 지닌 사람들 중에는 남들보다 전문성이 뛰어난 이들이 많지만, 타인의 눈에는 냉소적이고 폐쇄적인 사람이라는 인상을 주기 쉬우니 주의를 요한다.
- **섬세형 성향**: 섬세형 성향을 지니고 있으면 대인관계가 편해진다. 섬세형 성향이 상대방의 기분을 파악하는 능력이나 창의력을 드높여 주기 때문인데, 반대로 자신이 상처를 받을 위험도 높아진다. 섬세형 성향이 강한 비범형 내향인은 자신의 재능을 인정받지 못할 경우, 자신의 가치를 적극 홍보하려 노력하는 대신 피해의식에 빠지기 쉽다.
- **은둔형 성향**: 은둔형 성향은 배려심과 인내심으로 대변된다. 이에 따라 은둔형 성향이 강한 비범형 내향인은 남들보다 신중하

고 배려심이 많다. 나아가 디테일에 매우 집중하는 경향이 있는데, 이는 장점이자 단점으로 작용한다. 이 유형의 내향인 중에는 말수가 적고 극도로 소심한 이가 많다.

61 충분한 휴식을 취하라

주도형 섬세형 비범형 은둔형

섬세형 내향인의 문제는 지나치게 많은 신호와 정보들이 뇌에 유입된다는 것이다. 그 덕분에 타인의 기분이나 사회적 변화를 남들보다 더 빨리 감지하고 이해할 수 있기도 하다. 아름다움과 추함, 즉 미추美醜에 대한 감각 역시 매우 뛰어난 편이다. 전반적으로 매우 예민하고 사려 깊은 성격이다. 하지만 타고난 성향 때문에 쉽게 상처받거나 지치고, 때로는 예기치 못한 상황에서 공격성을 드러내기도 한다. 그러한 자신의 특성을 잘만 파악하면 자신이 남과 다르다는 사실을 더 쉽게 받아들이고 개선점도 찾을 수 있다.

섬세형 내향인의 강점

- 대화 없이도 상대방의 감정이나 상황을 파악하는 능력
- 행간을 읽는 능력
- 문제점을 예측하는 능력
- 긍정적 분위기 혹은 긴장감을 직관적으로 인지하는 능력
- 탁월한 감각, 심미안審美眼

- 부당함과 불의를 인식하고 지적하는 능력
- 보다 윤리적이고 인간적인 세상 만들기에 기여하는 능력
- 타고난 창의력
- 자신에게 주어진 업무에 엄격한 기준을 적용하는 태도

섬세형 내향인에게 도움이 되는 요소
- 교양과 배려심 있는 사람들
- 자연, 문화, 예술
- 반복되는 일상, 균형, 예측 가능성
- 집중이 가능한 조용한 공간

섬세형 내향인의 자기계발 목표
- 자신의 한계를 인식하고 피로와 게으름 사이에서 균형 찾기
- 자신의 행복과 건강을 스스로 조절하고 책임지기

섬세형 내향인의 자기계발 방법
- 불안감, 압박감, 스트레스를 조기에 인식하고 예방하기
- 적절한 시점에 휴식 취하기
- 충분한 휴식과 재충전 뒤 '적정 수준'의 스트레스 상황에 자신을 노출시키기
- 남들은 미처 발견하지 못하는 곳에서 사소한 기쁨과 행복감 느끼기
- 각종 전자기기의 사용 시간에 제한을 두고, 일정 시간 경과 후

의식적으로 끄는 습관 들이기

- 충분한 휴식과 수면, 운동을 통해 건강 챙기기
- 최대한 방해받지 않고 편안함을 느낄 수 있는 방향으로 집과 사무실 꾸미기
- 지나친 이상주의와 기대감 지양하기
- 가족 구성원이나 직장 동료의 관심사와 더불어 자신의 관심사도 중시하기

섬세형 내향인이라 해서 섬세형 성향만 지닌 것은 아니다. 두 번째로 강한 내향적 성향이 무엇이냐에 따라 다음과 같은 결과를 기대할 수 있다.

- **주도형 성향**: 주도형 성향이 강한 섬세형 내향인의 경우 외부 자극에 덜 민감한 편이고, 자기성찰이나 자기관리 능력, 잠재력 발휘 능력 등이 뛰어나다. 나아가 이 유형은 상대방에게 매우 신중한 사람이라는 인상을 심어 준다. 때로는 상대방으로 하여금 '나보다 뛰어난 사람'이라는 생각을 갖게 만든다. 단, 자신의 능력을 '과소포장'한다는 단점이 있는데, 실제로 이 유형들 중에는 하는 일에 비해 적은 보수를 받는 이들이 적지 않다.
- **비범형 성향**: 비범형 성향은 자주적 사고, 수평적 사고에 도움이 된다. 하지만 모르는 사람 앞에서 심하게 어색해 하기도 한다. 비범형 성향이 강한 섬세형 내향인은 자기만의 세계로 숨어든 뒤 잡다한 관심사에 집중하기를 좋아하고 독립심도 매우 강한

편이다. 그 때문에 남들에게 이기적이라는 인상을 줄 수 있으니 경계해야 한다.

- **은둔형 성향**: 은둔형 성향이 강한 섬세형 내향인은 어떤 일에 한없이 집중하기를 좋아하고, 그와 동시에 실용적이고 인내심이 강한 편이다. 친한 몇몇과의 긴밀한 관계도 매우 중시한다. 하지만 경쟁 상황이 되거나 남들 앞에 서야 하는 상황이 닥치면, 다시 말해 누군가 나를 관찰하고 평가하는 상황이 닥치면 금세 긴장감과 피로감에 시달리는 경향이 있다.

62 도전과 변화를 두려워하지 마라

주도형　섬세형　비범형　은둔형

은둔형 내향인은 남들이 자기를 부정적으로 평가할까 봐 두려워한다. 아예 모르는 사람은 물론이고 몇 번 만난 적은 있으나 그다지 친하지 않은 사람과의 만남도 불편해하는 이유가 그 때문이다. 반면 친숙한 사람, 편한 사람들과 함께할 때면 남다른 배려와 공감대 그리고 의리를 보여 준다. 비밀도 매우 잘 지키는 편이고, 그렇기 때문에 친한 사람들 사이에서는 꽤 인기가 높다.

하지만 이 유형의 내향인은 늘 자기회의감에 시달린다. 과연 내가 정말 좋은 사람인지, 진정 도움이 되는 사람인지를 끊임없이 의심하는 것인데, 그러한 부정적 감정 역시 연습과 훈련을 통해 줄일 수 있다.

은둔형 내향인의 강점

- 타인의 감정과 욕구를 파악하고 적절하게 반응하는 능력
- 자기발전에 도움이 되는 인간관계, 안정적 대인관계 구축 능력
- 경청 능력, 비밀을 준수하는 능력
- 정보 전달 및 중재 능력
- 현실 파악 능력
- 남들보다 더 책임감 있게 업무를 처리하는 능력
- 평화롭고 조화로운 분위기를 창출하는 능력
- 약자를 포용하는 능력

은둔형 내향인에게 도움이 되는 요소

- 가족과 친구
- 친숙한 환경, 온화한 사람들
- 시간, 순조로운 업무 진행이 가능한 환경, 예측 가능한 업무 절차
- 인정과 칭찬

은둔형 내향인의 자기계발 목표

- 처음 보는 사람과 자연스럽게 교류하기, 낯선 상황에 당황하지 않고 적응하기
- 도전과 변화를 받아들이는 태도갖기

은둔형 내향인의 자기계발 방법

- 자신의 생각과 의견에 대해 친하지 않은 사람도 확신하게 만들기

- 자신의 경청 능력을 소중히 여기고 한 단계 더 높은 수준으로 발전시키기
- 뛰어난 언변이 습관처럼 몸에 배도록 주기적으로 말하기 능력 훈련하기
- 파워 포징으로 긴장감 해소하기
- 공식 석상에 서거나 발표를 할 때 긴장을 이완할 수 있는 자세 개발하기, 침착한 제스처 연습하기
- 롤모델role model을 선정한 뒤 그 사람의 자세와 태도 벤치마킹하기
- 글이나 말로 자신의 능력 및 성과 표현하기
- 독서, 여행, 문화생활 시 친숙하지 않은 분야 개척하기
- 대인관계에서 '기브 앤 테이크give and take(주고받기)'에 유의하기
- 수준 높은 과제나 중대한 프로젝트에 도전하기

은둔형 내향인이라 해서 은둔형 성향만 지닌 것은 아니다. 두 번째로 강한 내향적 성향이 무엇이냐에 따라 다음과 같은 결과를 기대할 수 있다.

- **주도형 성향**: 주도형 성향은 은둔형 내향인에게 일을 끝까지 관철시키는 능력을 강화시키고, 사회공포증은 반대로 약화시킨다. 사람들 앞에 설 때도 자신감과 당당함을 발산할 수 있다. 주도형 요소들은 또 변화에 대한 개방적 마인드를 강화하는 동시에 자기표현 능력을 강하게 만들기도 한다. 이 유형에 속하는 내향인은 원만한 대인관계에도 불구하고 자꾸만 자기만의 세

계로 빠져 들려는 경향이 있다.

- **섬세형 성향**: 섬세형 성향이 강한 은둔형 내향인은 특히 더 예리한 감각을 지녔고, 남들에게 매우 사려 깊은 사람이라는 인상을 준다. 은둔형 내향인의 최대 단점인 자꾸만 어디론가 숨어 들려는 경향이나 지나친 겸손함이 오히려 장점으로 비치는 것이다. 나아가 비교적 강한 섬세형 성향 덕분에 은둔형 내향인은 보다 창의적으로 사고하고, 낯선 외부 자극에 대해서도 상당히 오픈된 마인드를 지니고 있다.

- **비범형 성향**: 비범형 성향을 지닌 은둔형 내향인은 일 처리가 매우 체계적이고 디테일도 놓치지 않는다. 대신 혼자 혹은 소그룹으로 일하기를 좋아하는 경향이 있다. 남다른 끈기와 결단력을 지닌 덕분에 불안감이나 남들에 의한 상처를 가볍게 넘길 수 있기도 하다.

내 안에는
우주가
들어 있다

요즘 같은 지식 기반 사회는 수준 높은 일꾼, 깊이 파고드는 일꾼, 자주적 일꾼, 독특한 사고방식과 뛰어난 창의력을 지닌 일꾼, 스스로 동기를 부여할 수 있는 일꾼, 불굴의 의지와 흔들림 없는 강인함으로 확실한 결과를 제시할 수 있는 일꾼을 필요로 한다. 내향인의 강점이 바로 거기에 있다. 그뿐 아니라 디지털 기술의 발전으로 내향인이 선호하는 의사소통 방식도 실현 가능해졌다.

인류 역사를 통틀어 지금처럼 오로지 글만으로 자기 자신을 이토록 잘 표현할 수 있는 시대는 없었다. 지금까지의 직장 세계나 대인관계는 스몰토크나 직접적 대면 등을 통해서 이루어졌고, 거기에 부합하기 위해서는 무르익지 않은 생각도 남들 앞에서 표현해야만 했다. 하지만 이메일과 블로그, 슬라이드셰어 등 새로이 등장한 '고마운' 매체들 덕분에 이제 생각을 완전히 정리한 다음에 누군가에게 알릴 수 있게 되었다. 내가 무슨 말을 하고 있는지도 모르면서 어쨌든 말을 해야 하는 상황은 줄어들었고, 정리된 생각을 발표함으로써 오히려 더 많은 사람들에게 나를 알릴 수 있게 된 것이다.

내향인은 이제 자신의 강점, 즉 본질에 집중하는 능력, 성찰력, 장기적 안목, 신중함, 겸손함, 차분함 등을 애써 감추지 않아도 된다. 이와 관련해 오노 요코Ono Yoko가 한 말이 있다. 개인적으로 내향성을 묘사한 말 중 가장 아름다운 말이라 생각된다.

"내가 보잘것없어 보이겠지만, 사실 내 안에는 우주가 들어 있답니다."

자기 안에 우주 전체를 가지고 있는 것보다 더 좋은 상황이 도대체 뭐가 있을까? 자신의 머릿속 우주로 할 수 있는 일들은 또 얼마나 많으며, 그게 자기발전에는 또 얼마나 도움이 될까? 그것을 활용하지 않는 행위야말로 정말로 큰 손해가 아닐까?

이제부터 자기 안의 내향성에 날개를 달아 주자. 내향인이 지닌 장점과 강점은 분명 더 나은 아이디어 개발에 도움이 될 것이고, 주변 사람들도 그런 나를 결코 따분한 사람이라며 폄하하지 않을 것이다.

자기 안의 외향성에게도 날개를 달아 줄 수 있다면 더더욱 이상적이다. 오직 내향적이기만 한 사람은 없다. 누구나 그 두 가지 면을 동시에 지니고 있다. '내향인', '외향인'으로 구분 짓는 것은 오직 함량의 차이에서 비롯한다. 지금도 늦지 않았다. 자기 안의 외향인을 밖으로 꺼내어 가끔은 타인의 인정도 받고 영예도 차지하자. 모든 내향인이 "아무도 날 인정해 주지 않아도 괜찮아!"라고 말하며 속으로 끙끙 앓는 대신, 누릴 것은 누리고 자기 안의 우주에 생명력을 불어넣을 수 있게 되기를 기원하며 이 책을 마무리한다.

도리스 메르틴

1. Elizabeth Gilbert, *Eat, Pray, Love: Eine Frau auf der Suche nach Allem quer durch Italien, Indien und Indonesien*, Bloomsbury, 2011 참조. 국내에서는《먹고 기도하고 사랑하라》라는 제목으로 번역, 출간되었다(노진선 옮김, 솟을북, 2007).

2. Carl Gustav Jung, *Psychologische Typen*, Rascher Verlag, 1921 참조.

3. Susan Cain, *Quiet: The Power of Introverts in a World That Can't Stop Talking*, Crown, 2012, p.10. : *Es gibt fast so viele Definitionen für introvertiert und extravertiert wie es Persönlichkeitspsychologen gibt*(이 책의 저자가 독일어로 번역한 책 제목) 참조. 국내에서는《콰이어트》라는 제목으로 번역, 출간되었다(김우열 옮김, 알에이치코리아, 2012).

4. 카를 구스타프 융C. G. Jung의 심리유형론에 따르면, 내향성은 수줍은 성격과 관련 있다고 한다. Max Freyd, "Introverts and Extroverts", *Psychological Review*, 1924(1월); Vol 31(1):74~87쪽 참조.

5. Elain N. Aron, *The Highly Sensitive Person: How to Thrive When the World Overwhelms You*, Harmony, 1997 참조. 국내에서는《타인보다 더 민감한 사람》이라는 제목으로 번역, 출간되었다(노혜숙 옮김, 웅진지식하우스, 2011).

6. '내향성'이라는 주제를 널리 알린 수잔 케인은 미국〈타임〉지에 발표한 기고문에서 "내향적인 아이에게 부끄럼이 많다고 말하지 말라(2012년 1월 26일자)"라고 말했다. 하지만 그와 비슷한 시기에 발간된 자신의 저서《콰이어트Quiet》에서는 "내향인 중 많은 이들이 부끄럼이 많은 편"이라고 지적했다. 내향성과 관련된 독일의 전문가 실비아 뢰켄Sylvia Löhken은 자신의 저서《조용한 사람 큰 영향Leise Menschen》에서 "내향적이라는 말은 부끄럼을 많이 타거나 과민하다는 말과는 전혀 다른 말이다"라고 주장한 바 있다.

7. Jennifer O. Grimes, *Introversion and Autism: A Conceptual Exploration of the Placement of Introversion on the Autism Spectrum*, Wellesley College, 2010 참조.

8. Kerstin Kullmann, "Die Kraft der Stillen", *Der Spiegel*, 2012년 제34호(온라인 판 링크는 http://www.spiegel.de/spiegel/print/d-87818628.html) 참조.

9. 전체 국민 중 내향적인 사람이 차지하는 비중은 그때그때 달라진다. 두 명 중 한 명이든, 세 명 중 한 명이든 이 사실 하나만은 확실하다. 바로 내성적인 사람의 수치가 결코 무시할 수 있는 수준이 아니라는 것이다.

10. Thomas Vašek, "Die Rache der Nerds", brand eins, 2010년 4월(온라인 판 링크는 http://www.brandeins.de/archiv/2010/lebensplanung/die-rache-der-nerds.html) 참조.

11. Lothar Seiwert & Friedbert Gay, *Das neue 1x1 der Persönlichkeit*, Graefe und Unzer, 2004 참조.

12. http://www.myersbriggs.org/my-mbti-personality-type/mbti-basics/the-16-mbti-types.htm

13. 해당 이미지들은 페트라 뷔스트 박사Dr. Petra Wüst의 그림에서 영감을 얻어 만들어졌다. 자료 출처: Ask Dr. P!(온라인 판 링크는 http://petrawuest.wordpress.com).

14. A. Angleitner & R. Riemann(2005), "Eigenschaftstheoretische Ansätze", In H. Weber & T. Rammsayer(편찬자), *Handbuch der Persönlichkeitspsychologie und Differentiellen Psychologie*(pp.93~103), Hogrefe Verlag, 2005, 99쪽 참조.

15. Jennifer Grimes, "Introversion and Autism: A Conceptual Exploration of the Placement of Introversion on the Autism Spectrum", Wellesley College, 2010 참조.

16. Carl E. Schwartz, M.D. & Scott L. Rauch, M.D., "Temperament and Its Implications for Neuroimaging of Anxiety Disorders", *CNS Spectrums*, 2004; 9(4):284~291쪽 참조.

17. Ahmad R. Hariri et al., "Serotonin Transporter Genetic Variation and the Response of the Human Amygdala", *Science*, 2002; 297(5580):400~403쪽 참조.

18. Do Something Different(온라인 판 링크는 http://dsd.me/our-people/ben/php) 참조.

19. William Fleeson 외, "An Intraindividual Process Approach to the Relationship Between Extraversion and Positive Affect: Is Acting Extraverted as 'Good' as Being Extraverted?", *Journal of Personality and Social Psychology*, 2002(12월); 83(6):1409~1422쪽 참조.

20. John M. Zelenski & Deanna C. Whelan & Logan J. Nealis & Christina M. Besner & Maya S. Santoro & Jessica E. Wynn(2013), "Personality and Affective Forecasting: Trait Introverts Underpredict the Hedonic Benefits of Acting Extraverted", *Journal of Personality and Social Psychology*, 2013; 104(6):1092~1108쪽 참조.

21. Manfred Holodynski & Wolfgang Friedlmeier, *Development of emotions and emotion regulation*, Springer, 2006(Kluwer International Series in Outreach Scholarship) 참조.

22. Mihaly Csikszentmihalyi, *Kreativität: Wie Sie das Unmögliche schaffen und Ihre Grenzen überwinden*, Klett-Cotta, 1997, 512~513쪽 참조.

23. Marvin Zuckerman, "Biological bases of personality", In T. Millon & M. J. Lerner(Eds.), *Handbook of Psychology*, Vol. 5(pp.85~116), John Wiley & Sons, 2003 참조.

24. David Lester & Diane Berry, "Autonomic Nervous System Balance and Introversion", *Perceptual and Motor Skills*, 1998(12월); Vol. 87, Issue 3 참조.

25. Marti Olsen Laney, *The Introvert Advantage: How to Thrive in an Extrovert World*, Workman Publishing Company, 2002, 271쪽 참조. 국내에서는 《내성적인 사람이 성공한다》라는 제목으로 번역, 출간되었다(박윤정 옮김, 서돌, 2006).

26. Christine Firk & C. Rob Markus, "Mood and cortisol responses following tryptophan-rich hydrolyzed protein and acute stress in healthy subjects with high and low cognitive reactivity to depression", *Clinical Nutrition*, Vol. 28, Issue 3, 2009(6월), 266~271쪽 참조.

27. Marti Olsen Laney, *The Introvert Advantage*, 271쪽 참조.

28. Dr. Brian R. Little(온라인 판 링크는 http://www.brianrlittle.com/articles/acting-out-of-character-in-the-immortal-proffession-toward-a-free-trait-agreement/#sthash.qxECevs0.dpuf) 참조.

29. M. C. Davis, "Building Emotional Resilience to Promote Health", In *American Journal of Lifestyle Medicine*, 2009; 3(1 Suppl) 참조.

30. W. Fleeson & A. B. Malanos & N. M. Achille, "An Intraindividual Process Approach to the Relationship Between Extraversion and Positive Affect: Is Acting Extraverted as 'Good' as Being Extraverted?", *Journal of Personality and Social Psychology*, 2002(12월); 83(6):1409~1422쪽 참조.

31. S. L. Gable & H. T. Reis & E. A. Impett & E. R. Asher, "What do you do when things go right? The intrapersonal and interpersonal benefits of sharing positive events", *Journal of Personality and Social Psychology*, 2004(8월); 87(2):228~245쪽 참조.

32. Larry A. Tucker, "Muscular strength and mental health", *Journal of Personality and Social Psychology*, 1983(12월); Vol. 45(6):1355~1360쪽 참조.

33. Camelia M. Kuhnen & Joan Y. Chiao, "Genetic Determinants of Financial Risk Taking", *PLoS ONE*, 2009; Vol. 4(2):e4362. doi: 10.1371/journal.pone.0004362 참조.
    Daniel Nettle, "An evolutionary approach to the extraversion continuum", *Evolution and Human Behavior*, 2005(7월); Vol. 26(4):363~373쪽 참조.

34. David Dobbs, "The Science of Success", *The Atlantic*, 2009(12월) 참조.

35. Susan Cain, *Quiet*, 111쪽 참조.

36. W. D. Furneaux, "Neuroticism, Extraversion, and Suggestibility: A Comment", *International Journal of Clinical and Experimental Hypnosis*, 1963; Volume 11, Issue 3 참조.

37. Linda Silverman, "What We Have Learned About Gifted Children", Gifted Development Center, 30th Anniversary 1979-2009(온라인 판 링크는 http://www.gifteddevelopment.com/articles/what-we-have-learned-about-gifted-children) 참조.

38. Steve Wozniak, *iWoz: Computer Geek to Cult Icon: How I Invented the Personal Computer, Co-Founded Apple, and Had Fun Doing It*, W. W. Norton & Company, 2007 참조.

39. Manuel Marin Sánchez & Eduardo Infante Rejano & Yolanda Troyano Rodriguez, "Personality and academic productivity in the university student", *Social Behavior and Personality: An*

International Journal, 2001; Vol. 29(3):299~305쪽 참조.

40. C. Bendersky & N. Shah, "The downfall of extraverts and rise of neurotics: The dynamic process of status allocation in task groups", *The Academy of Management Journal*, 2013; Vol. 56(2):387~406쪽 참조.

41. R. A. Depue & Y. Fu, "On the nature of extraversion: variation in conditioned contextual activation of dopamine-facilitated affective, cognitive, and motor processes", *Frontiers in Human Neuroscience*, 2013; Vol. 7: 288쪽 참조.

42. Brigitte Hamann, *Elisabeth:Kaiserin wider Willen*, Piper Taschenbuch, 2012, 197쪽 참조.

43. Brigitte Hamann, 571쪽 참조. 젊은 빌헬름 2세는 "그녀는 금세기 정치적으로 가장 분명하고도 객관적인 사고를 지닌 여제후 중 한 명이었다"라고 말했다.

44. Samuel D. Warren & Louis D. Brandeis, "The Right to Privacy", *Harvard Law Review*, Vol. 4, No. 5(1890년 12월 15일자), 193~220쪽 참조. Published by: The Harvard Law Review Association.

45. Mihaly Csikszentmihalyi, *Kreativität: Wie Sie das Unmögliche schaffen und Ihre Grenzen überwinden*, Klett-Cotta Verlag, 1997, 507쪽 참조.

46. Marti Laney & Michael Laney, *The Introvert and Extrovert in Love:Making It Work When Opposites Attract*, New Harbinger Publications, 2007, 125쪽 참조. 국내에서는 《사랑과 성격 사이: 타고난 기질이 다른 남녀를 위한 사랑법》이라는 제목으로 번역, 출간되었다(박윤정 옮김, 다산초당, 2010).

47. Daniel Nettle, "An evolutionary approach to the extraversion continuum", *Evolution and Human Behavior*, 2005; Vol. 26(4):363~373쪽 참조. 다니엘 네틀은 외향적 성향이 강한 남성이 내향적 남성보다 혼외 관계를 맺는 경우가 많으며, 이에 따라 가정을 돌볼 시간이나 자원이 부족하다고 말한다. 그런가 하면 외향적 성향이 강한 여성은 내향적 여성보다 파트너를 자주 바꾸는 경향이 있고, 그로 인해 전자에 속하는 여성의 자녀들은 소위 '짜깁기된 가정'에서 성장하는 경우가 많으며, 통계적으로 볼 때 성장발달 과정에서도 더 큰 위험에 노출되어 있다고 한다.

48. Marti Laney & Michael Laney, *The Introvert and Extrovert in Love:Making It Work When Opposites Attract*, New Harbinger Publications, 2007, 126쪽 참조.

49. Martin Rubeau & Leela Haas, "Abgrenzung in Beziehungen", Sein, 2002년 4월(온라인 판 링크는 http://www.sein.de/archiv/2002/april-2002/abgrenzung-in-beziehungen.html) 참조.

50. Eli J. Finkel, "The All-or-Nothing Marriage", *New York Times*, 2014년 2월 14일자(온라인 판 링크는 http://www.nytimes.com/2014/02/15/opinion/sunday/the-all-or-nothing-marriage.html?_r=0) 참조.

51. Camiel J. Beukeboom & Martin Tanis & Ivar E. Vermeulen, "The Language of Extraversion: Extraverted People Talk More Abstractly, Introverts Are More Concrete", *Journal of Language*

and Social Psychology*, 2012 참조.

52. David Comer Kidd & Emanuele Castano, "Reading literary fiction improves theory of mind", *Science*, 2013년 10월 18일; Vol. 342(no. 6156):377~380쪽 참조.

53. 내향인, 그중에서도 특히 섬세형 내향인은 편안한 환경만 조성된다면 외향인과 마찬가지로 스몰토크에 적극적으로 참여한다는 이론에 따른 주장이다. 이 이론은 해당 분야 전문가인 재클린 스트릭랜드Jacqueline Strickland가 주장했다. 인용구 출처: Susan Cain, *Quiet*, 152쪽.

54. Henry L. Thompson, "The Illusion of Calmness in Introverts", APTi Bulletin of Psychological Type, 2001; Vol. 24:15~16쪽 참조.

55. Rolf Sellin, *Wenn die Haut zu dünn ist: Hochsensibilität - vom Manko zum Plus*, Kösel-Verlag, 2011, 129쪽 참조.

56. http://www.tomoff.de/ 참조.

57. Sylvia Löhken, *Leise Menschen - starke Wirkung*, Gabal, 2012, 59쪽 참조. 국내에서는 《조용한 사람 큰 영향: 나는 어떤 사람인가? 나는 무엇을 할 수 있는가?》라는 제목으로 번역, 출간되었다(김주현 옮김, 동양북스, 2013).

58. Neil Rackham & John Carlisle, "The Effective Negotiator - Part I: The Behaviour of Successful Negotiators", *Journa of European Industrial Training*, 1978; Vol. 2, Iss. 6:6~11쪽 참조.

59. 잡지 〈배너티 페어Vanity Fair〉의 마이클 루이스Michael Lewis 기자는 기사를 쓰기 위해 수개월간 버락 오바마 대통령을 관찰했다. 당시 오바마 대통령은 루이스에게 자신은 늘 회색이나 진청색의, 똑같은 디자인의 양복을 입는다고 말했다. "나는 이제 더 이상 무얼 입고, 무얼 먹을지를 결정하지 않는다. 내가 결정해야 할 다른 사항들이 너무나 많기 때문이다."

60. Christine Demmer, "Positionierung im Job - Nicht beliebt, aber erfolgreich", *Süddeutsche Zeitung(Süddeutsche.de)*, 2014년 2월 8일자(온라인 판 링크는 http://www.sueddeutsche.de/karriere/positionierung-im-job-selbstueberschaetzung-ist-hilfreich-1.1882030-2) 참조.

61. Rolf Sellin, *Wenn die Haut zu dünn ist: Hochsensibilität - vom Manko zum Plus*, Kösel-Verlag, 2011, 38쪽 참조.

62. Brain R. Little, "Free Traits Personal Projects and Idio-Tapes: Three Tiers for Personality Psychology", *Psychological Inquiry: An International Journal for the Advancement of Psychological Theory*, 1996; Volume 7, Issue 4 참조.

63. Heike Thormann, "24 Tipps für Hochsensible", 2013년 8월 17일 작성(온라인 판 링크는 http://www.kreativesdenken.com/artikel/hochsensibel-tipps/html) 참조.

64. http://www.workforce.com 참조.

65. Doris Griesser, "Das Gemüt ist Chefsache", *Der Standard(derstandard.at)*, 2013년 1월 22일자(온라인 판 링크는 http://derstandard.at/1358304369121/Das-Gemuet-ist-Chefsache) 참조.

66. Dean Jackson, "An Amazing 9 Word Email That Revives Dead Leads", MarketingMonday.com(온라인 판 링크는 http://marketingmonday.com/amazing/) 참조.

67. Kerstin Bund, "Zukunft der Arbeit: Binden, ohne zu ketten", *Die Zeit*, 2013, No 46/2013 참조.

68. Katja Ridderbusch, "Circe des Cyberspace", *Handelsblatt*, 2006년 8월 24일자(온라인 판 링크는 http://www.handelsblatt.com/unternehmen/management/koepfe/marissa-mayer-von-google-circe-des-cyberspace/v_microsite/2696872.html) 참조.

69. Elaine N. Aron, *The Highly Sensitive Person: How to Thrive When the World Overwhelms You*, Harmony, 1997, 49쪽 참조.

70. http://www.monika-bylitza.de/ 참조.

71. Gerriet Danz, *Neu präsentieren: Begeistern und überzeugen mit den Erfolgsmethoden der Werbung*, Campus Verlag, 2010, 206쪽 참조.

72. Susan Cain, "Public Speaking for Introverts: Tip #1(Courtesy of Malcolm Gladwell)", Quiet Revolution(온라인 판 링크는 http://www.thepowerofintroverts.com) 참조.

73. Susan Cain, "The power of introverts", TED 2012(온라인 판 링크는 http://www.ted.com/talks/susan_cain_the_power_of_introverts) 참조.

74. Amy Cuddy, "Your body language shapes who you are", TED 2012(온라인 판 링크는 http://www.ted.com/talks/amy_cuddy_your_body_language_shapes_who_you_are) 참조.

75. Gerriet Danz, *Neu präsentieren: Begeistern und überzeugen mit den Erfolgsmethoden der Werbung*, Campus Verlag, 2010, 240쪽 참조.

76. Gabriela Herpell, "Ich muss unsicher sein", *Süddeutsche Zeitung(Magazin)*, 2014년 3월 21일자 (12호), 36쪽(온라인 판 링크는 http://sz-magazin.sueddeutsche.de/texte/anzeigen/41714/Ich-muss-unsicher-sein) 참조.

77. Christopher Hudspeth, "14 Things Loners Know To Be True", Thought Catalog, 2014년 3월 25일자(온라인 판 링크는 http://thoughtcatalog.com/christopher-hudspeth/2014/03/14-things-loners-know-to-be-true/) 참조.

혼자가 편한 사람들

초판 1쇄 발행 2016년 1월 4일
개정판 1쇄 발행 2022년 10월 7일

지은이 도리스 메르틴
옮긴이 강희진
펴낸이 이범상
펴낸곳 (주)비전비엔피 · 비전코리아

기획 편집 이경원 차재호 김승희 김연희 고연경 박성아 최유진 김태은 박승연
디자인 최원영 한우리 이설
마케팅 이성호 이병준
전자책 김성화 김희정
관리 이다정

주소 우)04034 서울특별시 마포구 잔다리로7길 12 (서교동)
전화 02) 338-2411 | **팩스** 02) 338-2413
홈페이지 www.visionbp.co.kr
이메일 visioncorea@naver.com
원고투고 editor@visionbp.co.kr
인스타그램 www.instagram.com/visionbnp
포스트 post.naver.com/visioncorea

등록번호 제313-2005-224호

ISBN 978-89-6322-193-9 03320

· 값은 뒤표지에 있습니다.
· 잘못된 책은 구입하신 서점에서 바꿔드립니다.

도서에 대한 소식과 콘텐츠를
받아보고 싶으신가요?